BEM BRASIL

CURSO DE PORTUGUÊS PARA ESTRANGEIROS

O GEN | Grupo Editorial Nacional – maior plataforma editorial brasileira no segmento científico, técnico e profissional – publica conteúdos nas áreas de ciências humanas, juridicas, concursos, exatas, saúde e sociais aplicadas, além de prover serviços direcionados à educação continuada.

As editoras que integram o GEN, das mais respeitadas no mercado editorial, construíram catálogos inigualáveis, com obras decisivas para a formação acadêmica e o aperfeiçoamento de várias gerações de profissionais e estudantes, tendo se tornado sinônimo de qualidade e seriedade.

A missão do GEN e dos núcleos de conteúdo que o compõem é prover a melhor informação científica e distribuí-la de maneira flexível e conveniente, a preços justos, gerando benefícios e servindo a autores, docentes, livreiros, funcionários, colaboradores e acionistas.

Nosso comportamento ético incondicional e nossa responsabilidade social e ambiental são reforçados pela natureza educacional de nossa atividade e dão sustentabilidade ao crescimento contínuo e à rentabilidade do grupo.

BEATRIZ MIRANDA CÔRTES
MARLY ESTELA LUNSHOF
NATALIA CRISTINA QUINTERO ERASSO

BEM BRASIL

CURSO DE PORTUGUÊS PARA ESTRANGEIROS

gen | E.P.U.

■ **Atendimento ao cliente: (11) 5080-0751 | faleconosco@grupogen.com.br**

■ Direitos exclusivos para a língua portuguesa
Copyright © 2025 by
Publicado pelo selo **E. P. U. – Editora Pedagógica e Universitária Ltda**
Uma editora integrante do **GEN | Grupo Editorial Nacional**

Travessa do Ouvidor, 11
Rio de Janeiro – RJ – 20040-040
www.grupogen.com.br

■ Capa: Leonidas Leite
■ Imagens de capa: kondratya
johavel
JuliarStudio
Nadzeya_Dzivakova
Nadezda_Grapes

■ **CIP-BRASIL. CATALOGAÇÃO NA PUBLICAÇÃO**
SINDICATO NACIONAL DOS EDITORES DE LIVROS, RJ

C857b

 Côrtes, Beatriz Miranda
  Bem Brasil : curso de português para estrangeiros / Beatriz Miranda Côrtes, Marly Estela Lunshof, Natalia Cristina Quintero Erasso. - 1. ed. - Rio de Janeiro : LTC, 2025.

  Inclui índice
  Contém: material suplementar
  ISBN 978-85-2163-873-5

  1. Língua portuguesa - Estudo e ensino - Falantes estrangeiros. 2. Língua portuguesa - Compêndios para estrangeiros. I. Lunshof, Marly Estela. II. Erasso, Natalia Cristina Quintero. III. Título.

25-96001   CDD: 469.824
       CDU: 811.134.3(81)'243

Gabriela Faray Ferreira Lopes - Bibliotecária - CRB-7/6643

Respeite o direito autoral

Sobre as Autoras

BEATRIZ MIRANDA CÔRTES

Graduada em Letras pelo Centro de Ensino Unificado de Brasília (UNICEUB). Especialista em Formação de Professores de Português para Estrangeiros pela Pontifícia Universidade Católica do Rio de Janeiro (PUC-Rio). Mestre em Relações Internacionais pela Universidad Nacional Autónoma de México (UNAM). Doutora em História pela Universidad Nacional de Colombia (UNAL). Diretora-executiva do Instituto de Cultura Brasil-Colômbia (IBRACO). Coordena o exame Celpe-Bras na Colômbia desde 1999. Conselheira da Sociedade Internacional de Português Língua Estrangeira (SIPLE) desde 2017. Colunista do Jornal *El Espectador* desde 2012.

MARLY ESTELA LUNSHOF

Professora de Português no IBRACO e em universidades colombianas há quase 25 anos, com experiência no exame Celpe-Bras. Ministra aulas de Inglês e realiza traduções de Inglês e Espanhol para o Português. Recebeu o Prêmio de Melhor Docente do Ano pelo IBRACO em 2011. Em março de 2022, concluiu o curso de Ensino de Português como Língua Estrangeira oferecido pelo IBRACO e pela SIPLE.

NATALIA CRISTINA QUINTERO ERASSO

Graduada em Estudos Literários pela UNAL. Mestre e doutora em Literatura e Cultura Russas pela Universidade de São Paulo (USP). Lecionou e produziu materiais pedagógicos para o curso de português para estrangeiros no IBRACO. Dedica-se ao ensino de português para russos no Consulado-Geral da Federação da Rússia, em São Paulo. Leciona russo na USP e, inclusive, já publicou traduções desse idioma. Em 2022, graduou-se em Ensino de Português como Língua Estrangeira pelo IBRACO/SIPLE. Atualmente, atua na República Democrática do Timor-Leste como professora de Língua Portuguesa.

À memoria da professora Alzira Rodrigues Barbosa, mestra e amiga, pelo seu amor incondicional e devoção à língua Portuguesa. Às professoras Emma Eberlein Lima e Samira Iunes, por desbravarem caminhos e levarem a língua portuguesa aos quatro cantos do mundo, com imenso carinho e gratidão.

Prólogo

Desenvolvido por professoras com vasta experiência no campo, o *Bem Brasil* surge como o fruto de mais de trinta anos de trabalho dedicado ao ensino e à promoção da língua e cultura brasileira para estrangeiros. Durante esse período, as autoras coletaram evidências valiosas sobre as nuances e interesses específicos desse público, dando origem ao livro didático que agora está em suas mãos.

Estou segura de que vocês, caros colegas professores e alunos de língua portuguesa, encontrarão neste guia uma fonte robusta e confiável para seu trabalho em sala de aula. Isso é possível considerando que todas as atividades listadas nas 15 unidades temáticas – e mais 3 destinadas a revisões – deste material foram extensivamente testadas e revisadas. Ademais, tais propostas foram delineadas a partir da noção da integração das habilidades, isto é, tal como ocorre em nossas interações cotidianas, acionamos mais de uma habilidade linguística para agir no mundo. Essa integração é, portanto, fundamental para que os aprendentes possam se comunicar de maneira efetiva na língua-alvo.

Este material não apenas atende, mas também reflete, de maneira genuína, as exigências dos tempos em que vivemos de constantes reconfigurações culturais e contínuas transformações sócio-históricas que influenciam o processo de ensino-aprendizagem da língua portuguesa. Esse reflexo é evidenciado pelo cuidadoso processo de revisão, no qual valiosas contribuições de professores e aprendentes foram incorporadas. Essa ação é também alicerçada na perspectiva de que é por meio do diálogo contínuo e colaborativo entre todos os envolvidos nesse processo que construímos um material eficaz e adaptado às necessidades reais da sala de aula. Assim, como bem nos lembra Paulo Freire, conduzimos nossa práxis a partir da reflexão sobre a ação, com vistas a uma educação linguística humanista e reflexiva, que prescinde de meros exercícios de repetições e memorizações.

Motivada por esse espírito colaborativo de troca de saberes e experiências, desejo a você muito êxito na sua trajetória pedagógica, certa de que o *Bem Brasil* proporcionará oportunidades incríveis de ingresso no mundo da língua portuguesa. Bom trabalho a todos!

Profa. Dra. Tábata Quintana Yonaha
Universidade de Brasília (UnB)

Material Suplementar

Este livro conta com QRCodes para acesso aos Materiais Suplementares.

Neles, estarão disponíveis conteúdos importantes para suporte e ampliação de seu aprendizado: áudios, diálogos, vídeos, textos e exercícios para fixar e praticar seus conhecimentos. Além disso, ao final de cada capítulo, você terá acesso ao gabarito e à transcrição dos áudios da respectiva unidade.[1]

---

[1] Esse conteúdo será disponibilizado durante a vigência desta edição. Não obstante, a editora poderá franquear o acesso por mais uma edição.
Há conteúdos de acesso externo – como YouTube – que podem ser retirados da plataforma sem aviso prévio ou qualquer tipo de comunicação/notificação. A editora se responsabiliza pelo acesso até a data de fechamento desta edição.

Apresentação

Ao longo dos últimos 30 anos, diversas transformações históricas e geopolíticas têm contribuído para colocar o português em um lugar de relevância como uma língua que passou de um diferencial no currículo de algumas pessoas a uma língua amplamente buscada para fins acadêmicos, profissionais e comerciais. Esse cenário tem gerado uma crescente demanda por cursos de português para estrangeiros e, consequentemente, por materiais didáticos e metodologias que respondam às expectativas e necessidades dos alunos contemporâneos.

Por outro lado, os desafios impostos pela pandemia da covid-19 mostraram-nos a importância de criar materiais que pudéssemos usar quer a distância, quer presencialmente. Essa preocupação levou-nos à concepção de uma obra que, apesar de aproveitar os recursos da tecnologia a fim de dinamizar o processo de ensino-aprendizagem, não depende deles, pois a intenção é que estudantes e professores, nas mais diversas condições de trabalho, consigam atingir o domínio do português que perseguem.

Com essas reflexões em mente e graças a uma experiência em sala de aula de várias décadas, nasce o *Bem Brasil,* um livro-texto de Português Língua Estrangeira em que nós, as autoras, tentamos responder a desafios que percebemos como ineludíveis no contexto de ensino atual. Precisamos de uma linguagem clara, adequada e, no entanto, viva. Por isso, além de nos preocuparmos com a necessidade de os alunos entenderem a estrutura gramatical, buscamos textos e atividades que os coloquem em contato não apenas com a língua, mas com a realidade de que se nutre a cultura brasileira, pois entendemos que a língua não é um fenômeno isolado, mas o produto da interação social nos mais diversos níveis em que ela acontece. É por isso que temos a preocupação de dar a nosso público a possibilidade de compreender os registros formal e informal que são naturais ao uso de qualquer língua.

Por outra parte, como autoras formadas no âmbito acadêmico e cultural da América Latina, fizemos do *Bem Brasil* uma obra que compartilha com o mundo a **variante brasileira do português**. Contudo, mais do que nunca, estamos conscientes do pluricentrismo da nossa língua.

O *Bem Brasil* procura integrar as habilidades linguísticas de maneira natural, assim como ocorre nas interações cotidianas. O objetivo é proporcionar aos alunos um desempenho comunicativo eficaz em diversos contextos, seja no ambiente familiar, profissional ou em outras situações do dia a dia. Assim, o material é desenhado para desenvolver todas as habilidades linguísticas de forma integrada, com foco na comunicação, e não apenas na memorização mecânica de regras gramaticais.

O projeto se estrutura em 15 unidades temáticas – e mais 3 destinadas a revisões –, que abordam diferentes aspectos da cultura brasileira. Cada unidade é repleta de expressões cotidianas e referências culturais que ajudam os estudantes a mergulharem não apenas no idioma, mas também nos costumes e na forma de viver dos brasileiros. Exemplos dessas unidades incluem temas como "Arroz com feijão", "O mundo das marcas" e "Tá ligado? – Redes sociais", que conectam o aprendizado do português com a vida real no Brasil.

O método adotado pelo *Bem Brasil* é o ensino híbrido, dentro da abordagem de Instrução Baseada em Conteúdos (CBI, na sigla em inglês). Esse método combina o uso de conteúdos autênticos e textos adaptados, com o estudo de tópicos gramaticais introduzidos de forma contextualizada. O equilíbrio entre materiais autênticos e adaptações didáticas é o que tem mostrado os melhores resultados no aprendizado do português. Pesquisas indicam que alunos que trabalham com materiais próximos da sua realidade são mais motivados, e esse estímulo os ajuda a construir esquemas mentais mais complexos, melhorando a retenção da informação.

O material oferece diferentes seções dedicadas ao desenvolvimento de cada habilidade linguística:

Praça da língua: leitura e compreensão de textos.

Fique de olho: dicas importantes.

Torre de Babel: gramática: por que e para quê?

Antenado: focado em compreensão auditiva.

Batucando: música, ritmo e ginga.

Martelando: exercícios para treino e fixação da matéria estudada.

Eu f@lo português: prática de produção oral.

Bora lá!: voltado para a produção escrita.

Galeria Brasil: destaca a importância de conhecer os contextos histórico e cultural para uma compreensão mais profunda do idioma.

No *Bem Brasil*, seguimos as orientações do Quadro Comum Europeu de Referência para as Línguas, aplicando a Abordagem Acional, que coloca o aluno no centro do processo de aprendizagem. As aulas são predominantemente comunicativas, promovendo o uso do português em contextos diversos de forma prática e eficiente.

Nesse contexto, o aluno assume um papel ativo e relevante em sua jornada de aprendizado, com o professor atuando como mediador. A metodologia do *Bem Brasil* está alinhada aos três pilares propostos pelo Quadro Europeu: Aprender, Ensinar e Avaliar. Essa abordagem descentraliza o ensino, oferecendo aos estudantes autonomia e responsabilidade em seu desenvolvimento.

Compreendemos a linguagem como uma atividade colaborativa, em que os participantes interagem com objetivos sociais compartilhados. Dessa forma, consideramos língua e cultura inseparáveis, uma vez que a cultura reflete as experiências e práticas vividas por uma comunidade.

Este livro permitirá que os alunos obtenham o nível **B2** segundo o Quadro Comum Europeu de Referência para as Línguas, o que equivale à certificação **Intermediário Superior** no **Exame Celpe-Bras** (Certificado de Proficiência em Língua Portuguesa para Estrangeiros). No entanto, ao testarmos esta obra, muitos alunos obtiveram certificação **Avançado** ou **Avançado Superior** nesse exame.

Bem-vindos ao mundo da língua portuguesa! Todas as noites milhões de pessoas sonham em português. Vamos sonhar juntos?

Um abraço,

Beatriz

Marly

Natalia

Quadro Comum Europeu de Referência para Línguas

A — Básico

A1 Iniciante	É capaz de compreender e usar expressões familiares e cotidianas, assim como enunciados muito simples, que visam satisfazer necessidades concretas. Pode apresentar-se e apresentar outros e é capaz de fazer perguntas e dar respostas sobre aspectos pessoais como, por exemplo, o local onde vive, as pessoas que conhece e as coisas que tem. Pode comunicar de modo simples, se o interlocutor falar lenta e distintamente e se mostrar cooperante.
A2 Básico	É capaz de compreender frases isoladas e expressões frequentes relacionadas com áreas de prioridade imediata (p. ex.: informações pessoais e familiares simples, compras, meio circundante). É capaz de comunicar em tarefas simples e em rotinas que exigem apenas uma troca de informação simples e direta sobre assuntos que lhe são familiares e habituais. Pode descrever de modo simples a sua formação, o meio circundante e, ainda, referir assuntos relacionados com necessidades imediatas.

B — Independente

B1 Intermediário	É capaz de compreender as questões principais, quando é usada uma linguagem clara e estandardizada e os assuntos lhe são familiares (temas abordados no trabalho, na escola e nos momentos de lazer etc.). É capaz de lidar com a maioria das situações encontradas na região onde se fala a língua-alvo. É capaz de produzir um discurso simples e coerente sobre assuntos que lhe são familiares ou de interesse pessoal. Pode descrever experiências e eventos, sonhos, esperanças e ambições, bem como expor brevemente razões e justificações para uma opinião ou um projeto.
B2 Usuário Independente	É capaz de compreender as ideias principais em textos complexos sobre assuntos concretos e abstratos, incluindo discussões técnicas na sua área de especialidade. É capaz de comunicar com certo grau de espontaneidade com falantes nativos, sem que haja tensão de parte a parte. É capaz de exprimir-se de modo claro e pormenorizado sobre uma grande variedade de temas e explicar um ponto de vista sobre um tema da atualidade, expondo as vantagens e os inconvenientes de várias possibilidades.

C — Proficiente

C1 Proficiência Operativa Eficaz	É capaz de compreender um vasto número de textos longos e exigentes, reconhecendo os seus significados implícitos. É capaz de se exprimir de forma fluente e espontânea sem precisar procurar muito as palavras. É capaz de usar a língua de modo flexível e eficaz para fins sociais, acadêmicos e profissionais. Pode exprimir-se sobre temas complexos, de forma clara e bem estruturada, manifestando o domínio de mecanismos de organização, de articulação e de coesão do discurso.
C2 Domínio Pleno	É capaz de compreender, sem esforço, praticamente tudo o que ouve ou lê. É capaz de resumir as informações recolhidas em diversas fontes orais e escritas, reconstruindo argumentos e fatos de um modo coerente. É capaz de se exprimir espontaneamente, de modo fluente e com exatidão, sendo capaz de distinguir finas variações de significado em situações complexas.

Recursos Didáticos

- Áudios e vídeos.
- Exercícios extras e exercícios interativos.
- Recursos visuais para aprendizado.
- Seções desenvolvidas para cada tipo de aprendizado.
- Acesso a conteúdos distintos sobre a Cultura e a História do Brasil.
- Índice com principais verbetes da obra e sua classificação gramatical.

Como Usar o seu
Bem Brasil

Esta obra é destinada a estudantes de qualquer nacionalidade que desejem aprender o Português brasileiro. Como aprender uma língua é também compreender uma cultura, ficou indissociável trazer elementos históricos e artísticos que fizeram parte da construção social do país. Para isso, além dos recursos visuais que compõem o livro impresso – ilustrações e fotos didáticas que acompanham as atividades, além de imagens de personalidades e de momentos históricos do país – e da iconografia que caracteriza cada seção, trouxemos elementos digitais que maximizam a apreensão do aluno, conectando-o a novas experiências e solidificando o aprendizado da respectiva unidade. Para acessar esse conteúdo, basta usar o leitor de QRCode de seu celular por meio da câmera ou de aplicativo específico ou, ainda, pelo link disponibilizado junto de cada código.

Após concluir cada unidade, o aluno também encontrará, por QRCode, as transcrições dos diálogos gravados e o gabarito dos exercícios do respectivo capítulo. Será possível, portanto, checar sua compreensão e ter papel ativo em seu aprendizado.

Por fim, o *Bem Brasil* conta com o "vocabulário alfabético": um índice com os principais termos utilizados, sua classificação gramatical – sempre essencial para a compreensão plena do idioma – e sua localização no interior da obra. Dessa forma, o aluno poderá ter apreensão gramatical, além da aplicação prática do vocábulo.

Cada verbete está disposto da seguinte forma: "vocábulo (classificação gramatical) – seção da obra, página". Por ex., "a gente (pron. pessoal) – PL, 2"; ou seja, a expressão "a gente" está sendo utilizada como pronome pessoal na seção "Praça da Língua", na página 2. As siglas das classificações gramaticais e das seções estão desenvolvidas na página 219, na qual se inicia o vocabulário.

Com isso, nosso objetivo é conduzir o aluno a um recorte da língua portuguesa, mas também – e principalmente – da língua em uso no Brasil, levando-o, ao final desta jornada, à compreensão e à produção escrita e oral em nível intermediário/independente e à imersão na cultura brasileira, sem estereótipos ou clichês.

Sumário

UNIDADE

1

Que país é este?

O que você sabe do Brasil? Escreva ou desenhe no mapa alguns lugares e festas que você conhece. Depois, o professor corrigirá com a turma. Divirta-se!

Vamos nos conhecer?

Façam uma roda. Cada um vai dizer o seu nome e os demais vão repetir o nome do(a) colega e cumprimentá-lo(a) de acordo com o exemplo ao lado:

Rodolfo: Bom dia, meu nome é Rodolfo.
Grupo: Oi, Rodolfo, tudo bem?
Rodolfo: Tudo legal!

Por que aprender português?

1) É a língua mais falada no Hemisfério Sul e a nona no mundo.

2) É falado em dez países.

3) É uma língua que encanta.

4) O mercado brasileiro tem grande potencial.

5) Para conhecer melhor o Brasil, Portugal e os demais países que têm o português como língua oficial: Angola, Cabo Verde, Guiné-Bissau, Guiné Equatorial, Moçambique, São Tomé e Príncipe e Timor-Leste.

E você? Por que você quer estudar português?

Eu quero estudar português porque...

_____

_____

_____

_____

_____

_____

_____

_____

_____

_____

O que os estrangeiros pensam sobre o Brasil em uma só palavra?

Alfabeto

A – Abraço

B – Brasil

C – Cor

D – Dança

E – Emoção

F – Futebol

G – Grande

H – Horizonte

I – Iguaçu

J – Jogo

K – Karaokê

L – Língua

M – Morumbi

N – Natureza

O – Obrigado

P – Pipoca

Q – Quindim

R – Rio de Janeiro

S – Sol

T – Trópico

U – União

V – Violão

W – Windows

X – Xará

Y – Yara

Z – Zumbi

Vamos aprender esses sons?

Alfabeto e pronúncia

Agora que você já conhece o alfabeto, ouça como falam os brasileiros da região Sudeste. É importante saber que neste país multicultural há diferentes sotaques e todos são válidos.

http://uqr.to/1wizb

Torre de Babel

Conheça os verbos **ser**, **estar** e **ir** no **presente simples do indicativo**.

Pronomes pessoais	Ser	Estar	Ir
Eu	sou	estou	vou
Ele Ela Você A gente	é	está	vai
Nós	somos	estamos	vamos
Eles Elas Vocês	são	estão	vão

O verbo **SER** se refere também a uma qualidade permanente, e o verbo **ESTAR**, a algo temporário.

Martelando

Agora, vamos praticar!

Acesse o QRCode e pratique o que você acabou de aprender. Depois, conte-nos um pouco sobre você!

* O pronome pessoal "tu" é utilizado em alguns estados do Nordeste, no Rio de Janeiro e na região Sul. No entanto, o pronome de tratamento "você" substitui o "tu" em muitas regiões do Brasil. A expressão "a gente", no registro informal, equivale ao pronome pessoal "nós".

Com o verbo **SER**, podemos expressar:

- nome e sobrenome
- apelido
- nacionalidade
- naturalidade
- profissão
- estado civil
- data

http://uqr.to/1wizc

Brincando com o alfabeto

De pé, formem um círculo. Uma pessoa vai receber a bola e dizer a primeira letra do alfabeto. Em seguida, jogará a bola para um colega, que deve dizer "B", e assim sucessivamente.

 **Praça da Língua**

Sobre Bruna Caricati

Sou uma nômade digital, apaixonada por conhecer lugares novos e culturas diferentes. Enquanto viajo pelo mundo, busco trabalhos como *freelancer* que alimentem meu interesse pela comunicação. Eu gosto de ajudar pessoas a expressarem suas ideias e a divulgarem seus serviços de maneira clara e honesta.

Sou formada em Jornalismo e pós-graduada em Marketing Digital, então constantemente tento conectar o melhor dessas áreas para criar conteúdos e estratégias e fazer com que empresas/empreendedores atinjam os seus públicos-alvo de forma mais humanizada.

> **Entre em contato:**
>
> E-mail: bcaricati@gmail.com
>
> LinkedIn: Bruna Caricati
>
> Conheça um pouco mais sobre meu trabalho no meu site profissional.
>
> Leia meu blog no jornal on-line HuffPost Brasil.

Projetos pessoais

Eu escrevo há 8 anos para o meu blog de viagens, o *Go to Gate*, que tem parceria com a MTV Brasil desde 2014. Através dos meus posts, tento inspirar as pessoas a saírem da zona de conforto. Também estou criando um aplicativo que vai ajudar viajantes independentes a organizarem suas viagens.

Me interesso muito pelo tema Nomadismo Digital e, através de palestras e congressos, compartilho a minha experiência de viajar pelo mundo enquanto trabalho remotamente. Gosto especialmente de debater sobre minimalismo e como vamos moldar o futuro do trabalho.

Fonte: adaptado de CARICATI, Bruna. Sobre Bruna Caricati. *Cargo*. Disponível em: http://cargocollective.com/brunacaricati/filter/blog/Sobre-Bruna-Caricati. Acesso em: 18/04/2023.

1 **De acordo com a Bruna, marque Falso (F) ou Verdadeiro (V):**

A. ( ) A Bruna auxilia as pessoas que estão em sua zona de conforto.

B. ( ) Ela divulga seus conhecimentos e suas experiências de viagem somente no seu blog.

C. ( ) Como jornalista e especialista em Marketing Digital, ela tenta humanizar os projetos das empresas.

2 **Marque a resposta correta:**

Um nômade digital é:

A. Alguém que vive de país em país.

B. Uma pessoa que utiliza a tecnologia para trabalhar a distância.

C. Uma pessoa que viaja através da internet.

Bora lá! **Depois de conhecer a Bruna, escreva uma apresentação para seu blog em uma folha avulsa.**

Data: _____ *Hora:* _____

Blog do(da) _____ (apelido)

Meu nome **é** _____. **Sou** _____ (nacionalidade).

Atualmente **moro** em _____.

Sou formado(a) em/Estudo _____.

Meus projetos pessoais **são** _____.

Sou apaixonado(a) por _____

e no meu tempo livre **gosto de** _____.

Interesso-me muito por _____.

Eu f@lo português

O Brasil visto por brasileiros

"Sou brasileiro e bem brasileiro. Na minha música, deixo cantar os rios e os mares deste grande Brasil."
Heitor Villa-Lobos

"Eu sou muito otimista, muito. O Brasil é um país com uma força enorme. Nós somos um continente, meu amor, [...] com um povo extraordinário."
Jorge Amado

"Não é o ângulo reto que me atrai, nem a linha reta, dura, inflexível, criada pelo homem. O que me atrai é a curva livre e sensual, a curva que encontro nas montanhas do meu país, no curso sinuoso dos seus rios, nas ondas do mar, no corpo da mulher preferida."
Oscar Niemeyer

"Antes dos portugueses descobrirem o Brasil, o Brasil tinha descoberto a felicidade."

Oswald de Andrade, *Manifesto Antropófago*

"Minha obra é todo um canto de amor ao Brasil, minha terra, povo, flora e fauna. À vista da minha janela ou da janela do avião.

O Brasil não é para principiantes."

Tom Jobim

Canção do Exílio

Minha terra tem palmeiras,
Onde canta o sabiá;
As aves que aqui gorjeiam,
Não gorjeiam como lá.

Nosso céu tem mais estrelas,
Nossas várzeas têm mais flores,
Nossos bosques têm mais vida,
Nossa vida mais amores

Gonçalves Dias

Você sabe quem foram esses brasileiros? Relacione as colunas a seguir.

1. Heitor Villa-Lobos

2. Oscar Niemeyer

3. Oswald de Andrade

4. Jorge Amado

5. Tom Jobim

6. Gonçalves Dias

( ) Teatrólogo e importante poeta indianista da geração romântica.

( ) Músico e cantor carioca, foi um dos criadores da Bossa Nova junto com Vinicius de Moraes.

( ) Compositor e maestro carioca considerado um expoente da música erudita no Brasil.

( ) Famoso arquiteto carioca que desenhou os edifícios mais importantes de Brasília.

( ) Escritor e jornalista paulista que participou da Semana de Arte Moderna de 1922.

( ) Escritor baiano, autor de várias obras, como *Dona Flor e seus dois maridos* e *Gabriela, cravo e canela*.

Muitos estrangeiros dizem que, quando os brasileiros falam, cantam. O que você acha?

"Tomei a decisão de estudar português porque é uma língua linda, que soa bonito e doce. O português tem frases que, quando ouvimos, são musicais e suaves. Além disso, a música brasileira tem uma sonoridade especial que me conecta com sensações agradáveis e me faz sentir tranquila."

Natalia Garavito – Colômbia

"Antes de ir para o Brasil, eu comecei a estudar português brasileiro com um CD e o que eu gostei foi que eu conseguia identificar o início e o final das palavras, mas, quando eu cheguei a São Paulo, eu não entendia o que as pessoas na rua falavam. As palavras mais bonitas, eu acho, são aquelas relacionadas ao mar: navio e náutico e, também, nave e bicicleta."

Alexandr Kornev – Rússia

"Penso que a língua portuguesa não é somente encantadora pela sonoridade, pelo ritmo e pelos sons que fazem parte dela, mas também pela história que a própria língua conta. Às vezes me pego escutando lentamente as pessoas enquanto falam, tentando reproduzir os sons que ouço, mas ainda acho que nunca terei os mesmos sons. É encantador pensar em poder reproduzir uma boa versão deles."

Miguel Angel Vesga – Colômbia

Praça da Língua

Cumprimentos curiosos pelo mundo

Os cumprimentos são marcas de identidade de um povo. Quanto mais viajamos, física ou virtualmente, mais aprendemos que há distintas saudações pelo mundo afora, mas o melhor é cumprimentar direitinho para não arrumarmos confusão longe de casa. No texto a seguir, você vai ler sobre modos diferentes de cumprimentar as pessoas. Após a leitura, comente com seus colegas qual foi o mais surpreendente para você.

- Você já imaginou chegar a um lugar onde todo mundo põe a língua para fora? Pois é, no **Tibete**, naquela altura toda, algumas pessoas, especialmente monges, fazem assim.

- Na **Índia**, o cumprimento Namastê significa "curvo-me perante ti". Essa saudação demonstra respeito ao próximo e à vida. Quando cumprimentam, as pessoas juntam as palmas da mão e as aproximam do coração.

- Na **Nova Zelândia**, o cumprimento é denominado Hongi, que, simbolicamente, significa "compartilhar o sopro da vida". Quando eles se encontram, não se abraçam nem se beijam, mas tocam ou esfregam o seu nariz no nariz do outro.

- No **Oriente Médio**, o cumprimento tradicional é "Salamaleico" (*Salaam aleikum*), cujo significado é: "Que a paz esteja contigo". Eles tocam com a mão direita o coração, depois a testa e, por último, fazem um gesto sobre a cabeça.

- Quem nunca viu um cumprimento **japonês**? No Japão, quando homens, mulheres e crianças se encontram com amigos, eles inclinam ligeiramente a cabeça, mas, quando vão cumprimentar pessoas de alto status social, eles podem se curvar até 90 graus.

- Os **argentinos** costumam ser muito efusivos na hora de cumprimentar. Aperto de mão, só em ocasiões de muita formalidade, mas no dia a dia eles se beijam na face.

- Em zonas urbanas do **Vietnã**, a maioria das pessoas, quando se encontra, não abaixa o corpo. No entanto, em algumas ocasiões, em áreas rurais, lugares religiosos e reuniões formais, você pode ver jovens com braços cruzados, abaixando o corpo para cumprimentar as pessoas mais velhas. Durante muito tempo, o aperto de mão era visto como indelicado, mas, devido à influência ocidental, agora é considerado normal. Contudo, as mulheres do campo ainda evitam aperto de mão, sobretudo com os homens.

Antenado

E no Brasil como é?

Você sabia que no Brasil não temos cumprimentos tão curiosos? Aqui, o pessoal dá um aperto de mão em uma situação mais formal, especialmente entre homens. As mulheres, geralmente, se cumprimentam com beijinho(s) na face. Entre amigos, é normal o abraço, além do beijinho na face. No entanto, em geral, os brasileiros são muito expressivos, falam alto e gesticulam muito.

http://uqr.to/1wizd

Assista ao vídeo *Beijar ou não? Como cumprimentar um desconhecido*, de Fernanda de Morais.

Coloque as afirmações a seguir de acordo com a ordem de apresentação do vídeo:

( ) Nunca encoste o lábio no rosto da outra pessoa.

( ) Se você estiver gripado, não beije.

( ) Saiba com quem você vai falar.

( ) Saiba o nível hierárquico da pessoa.

( ) Em caso de dúvida, não beije a pessoa, mas estenda a sua mão.

Eu f@lo português

Adivinhe!

Faça uma mímica para que os seus colegas descubram o país de origem dos cumprimentos.

Praça da Língua

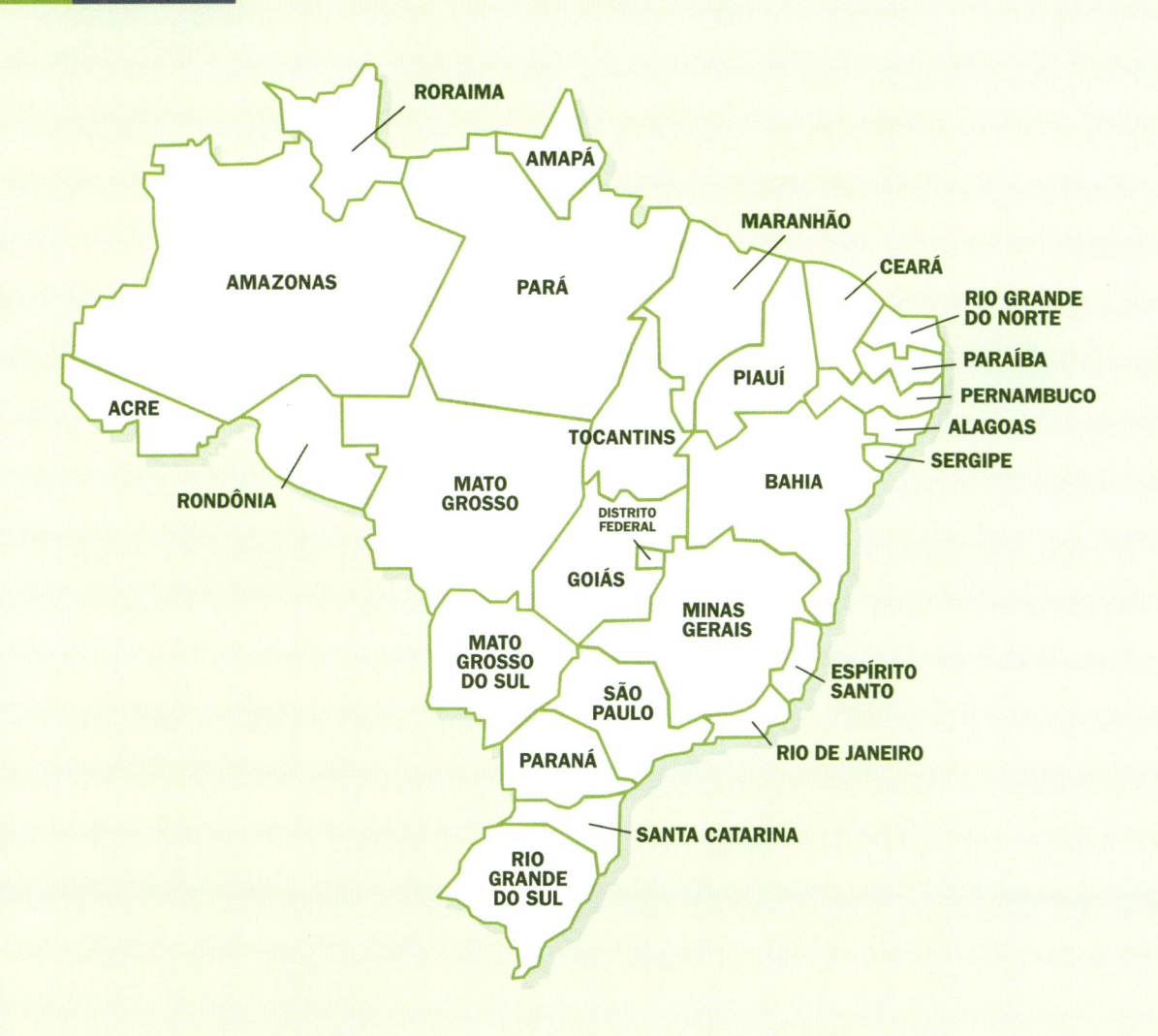

Brasil, um país continental

O Brasil é dividido em cinco regiões – marcadas por grandes diferenças culturais – e 27 unidades federativas, seus estados.

Na região Norte, a mais extensa do País, encontra-se a Floresta Amazônica e importantes reservas indígenas. A Amazônia representa 59% do território brasileiro, porém somente 8,5% da população brasileira reside nessa área.

O Nordeste brasileiro reúne nove estados. Sua costa conta com grande número de praias, muitas ainda preservadas ou mesmo desertas. É também no Nordeste que se encontra o sertão, área mais seca do Brasil.

Do Centro-Oeste fazem parte três estados e o Distrito Federal, onde fica a capital brasileira, Brasília. O Pantanal, região que abriga uma das maiores reservas de biodiversidade do planeta, também está nessa região.

O Sudeste é composto de quatro estados, é a região mais industrializada do País e tem o maior PIB do Brasil. O Sul brasileiro é formado por três estados e reúne os melhores índices de desenvolvimento humano do País.

Utilize as palavras abaixo e complete as lacunas:

> Distrito Federal   milhões   japoneses   26   América do Sul
> europeus   quinto   Linha do Equador   Trópico   alemães   cinco

O Brasil é o maior país da (1) _____ e o (2) _____ do

mundo em extensão territorial. Com proporções continentais, estende-se por uma área de

8.510.417,771 km². Ao norte, é cortado pela (3) _____, enquanto, ao sul,

pelo (4) _____ de Capricórnio. Mais de 207 (5) _____

de habitantes vivem, em sua maioria, nas cidades, segundo o censo de 2022.

A população é uma mistura de (6) _____, africanos e indígenas. Depois

da libertação dos povos escravizados, o País recebeu várias correntes imigratórias

(7) (_____, italianos, espanhóis, (8) _____

e sírio-libaneses) que contribuíram também para a formação étnica atual da população.

O Brasil está dividido em (9) _____ regiões – marcadas por grandes

diferenças culturais – e 27 unidades federativas: (10) _____ estados

e o (11) _____ .

Fonte: adaptado de PNUD Brasil. Disponível em: https://www.ibge.gov.br/estatisticas/sociais/populacao/22827-censo-demografico-2022.html. Acesso em: 18/04/2023.

Mapa interativo

Acesse o QRCode, descubra os nomes dos estados brasileiros e suas regiões brincando com o mapa interativo.

http://uqr.to/1wize

Torre de Babel

Verbos regulares no presente do indicativo

Presente simples do indicativo			
Pronomes pessoais	**Morar**	**Escrever**	**Decidir**
Eu	moro	escrevo	decido
Ele, ela, você, a gente	mora	escreve	decide
Nós	moramos	escrevemos	decidimos
Eles, elas, vocês	moram	escrevem	decidem

1 Preencha as lacunas com os verbos a seguir.

adorar   *gostar*   *estudar*   *nadar*

malhar   *escrever*   *acompanhar*   *promover*

João é um jovem inteligente e dedicado. Ele (1) _____ Engenharia Ambiental na Universidade Federal do Paraná e (2) _____ muito de aprender sobre sustentabilidade.

No semestre passado, João decidiu lançar um blog sobre o meio ambiente. Desde então, (3) _____ regularmente artigos sobre reciclagem e consumo consciente. Além disso, João e seus colegas (4) _____ ações para diminuir o aquecimento global e preservar o planeta. Recentemente, eles lançaram uma campanha com o seguinte lema: "Recicle, apague a luz e gaste menos água!".

Nos finais de semana, ele (5) _____ na piscina do clube e (6) _____ na academia. No seu tempo livre, João (7) _____ sair e fazer caminhadas pelo Jardim Botânico. Ele tem um cachorro labrador chamado Rocco, que o (8) _____ em todas as suas aventuras.

2 Como é o dia do João?

João **acorda** às 6h da manhã, **toma** banho e, em seguida, **prepara** o café. **Pega** a mochila e **corre** para o ponto de ônibus. **Chega** ao campus antes das 8h, "**bandeja**" ao meio-dia, **estuda** na biblioteca e **fica** na universidade até as 6h da tarde. Depois **pratica** *crossfit* na academia e **volta** para casa às 9h da noite. Enquanto **janta**, **assiste** às notícias e **acessa** o Instagram.

Agora, complete as lacunas conjugando os verbos destacados.

Eu (1) _____ às 6h da manhã, (2) _____ banho e, em seguida, (3) _____ o café. (4) _____ a mochila e (5) _____ para o ponto de ônibus. (6) _____ ao campus antes das 8h, (7) "_____" ao meio-dia, (8) _____ na biblioteca e (9) _____ na universidade até as 6h da tarde. Depois (10) _____ *crossfit* na academia e (11) _____ para casa às 9h da noite. Enquanto (12) _____ , (13) _____ às notícias e (14) _____ o Instagram.

Martelando

Agora, **no QRCode**, faça as atividades com os verbos aprendidos.

http://uqr.to/1wizf

Praça da Língua

Sei que sou brasileiro...

Leia o fragmento do texto escrito pelo antropólogo Roberto DaMatta.

"Sei que sou brasileiro e não norte-americano, porque gosto de comer feijoada e não hambúrguer; porque sou menos receptivo a coisas de outros países, sobretudo costumes e ideias; porque tenho um agudo sentido do ridículo para roupas, gestos e relações sociais; porque vivo no Rio e não em Nova York; porque falo português e não inglês; porque, ouvindo música popular, sei distinguir imediatamente um frevo de um samba; porque futebol para mim é um jogo que se pratica com os pés e não com as mãos; porque vou à praia para ver amigos, ver as mulheres e tomar sol, jamais para praticar um esporte..."

Fonte: DAMATTA, Roberto. *O que faz o brasil, Brasil?*. Rio de Janeiro: Rocco, 1986. p. 16-17.

Bora lá!

Agora, tente:

Sei que sou...

_____

_____

_____

_____

Eu f@lo português

Acesse o QRCode e aprenda como pronunciamos S, Z, Ç, C, V, B.

http://uqr.to/1wizg

Batucando

http://uqr.to/1wizh

Escute a música e preencha as lacunas a seguir.

País Tropical

Jorge Ben Jor

Moro num país tropical, abençoado por Deus

E (1) _____ por natureza (mas que beleza)

Em fevereiro (em fevereiro)

Tem (2) _____ (tem (3) _____)

Eu tenho um fusca e um violão

Sou Flamengo e (4) _____ uma nêga chamada Tereza

(...)

Sambaby, sambaby

Eu posso não ser um *bandleader* (pois é)

(5) _____ assim mesmo lá em casa todos meus amigos

(6) _____ camaradinhas me respeitam (pois é)

Essa é a razão da simpatia

Do poder, do algo mais e da (7) _____

> **Moro num país tropical abençoado por Deus [...]**
>
> **Jorge Ben Jor**

Depois de escutar a música, cite alguns passatempos preferidos no Brasil e algumas características dos brasileiros.

Passatempos

_____

_____

_____

_____

_____

Características

_____

_____

_____

_____

_____

Praça da Língua

Sol e praia o ano inteiro

O **Brasil** tem mais de 7.400 km de **litoral**, uma **diversidade** cultural e socioambiental enriquecida pela combinação de **sol**, **mar** e belezas naturais, mas não é somente a aparência paradisíaca que seduz os turistas. Além de **bonito** por **natureza**, o Brasil tem um **clima** que faz com que suas **praias** possam receber visitantes o ano todo. As praias de Salvador, Rio de Janeiro, Búzios, Fernando de Noronha, Fortaleza, Jericoacoara e Natal são algumas dessas.

No caça-palavras a seguir, busque as palavras destacadas no texto:

B	O	N	I	T	O	F
R	R	E	X	D	C	N
A	P	R	A	I	A	S
S	C	N	L	V	G	S
I	L	A	B	E	H	O
L	I	T	O	R	A	L
W	M	U	Q	S	V	V
F	A	R	O	I	L	O
E	J	E	P	D	H	W
O	D	Z	M	A	R	Q
I	R	A	C	D	D	D
S	L	H	T	E	I	F

Eu f@lo português

Escute a notícia sobre a Agenda Cultural do Recife. Em seguida, ouça a "Ciranda de Lia" (até 1'53") e, depois, leia a letra em voz alta para praticar a pronúncia. Escute a música novamente.

https://uqr.to/1wizj

Galeria Brasil

http://uqr.to/1wizi

Chegada dos portugueses ao Brasil

Assista ao vídeo *Pindorama*, com a dupla musical Palavra Cantada, da TV Cultura, e aprenda um pouquinho sobre a história do Brasil.

Acesse o gabarito e os textos transcritos desta unidade!

http://uqr.to/1wizk

UNIDADE

2

Com os braços abertos

Praça da Língua

Com os braços abertos

Poucos lugares no **mundo** são capazes de oferecer aos visitantes um **cardápio** tão variado de atrações como o Brasil, e não somente suas **belezas** naturais, tais como: as **Cataratas** do Iguaçu, os Lençóis Maranhenses, a **paisagem** única da Amazônia e as **praias** do **Rio de Janeiro**. A lista poderia continuar, mas o **Brasil** é muito mais que cartões-postais.

Com a **energia** e a **alegria** tão características do **povo** brasileiro, o **País** recebe os turistas deixando-os tão à vontade que, antes de perceberem, já estão desfilando no **Carnaval** de Pernambuco ou do Rio, participando da cerimônia da Lavagem da Igreja do Nosso Senhor do Bonfim, na Bahia, ou desfrutando do **desfile** folclórico de Parintins, no Amazonas, e aproveitando as **festas** de São João do Nordeste. Os **museus**, peças de teatro e exposições de arte, a **vida** noturna, os **passeios** que revelam belos cenários nos parques nacionais e a **possibilidade** de levar para **casa** alguns exemplos do variado **artesanato** típico já seriam, por si só, atrativos suficientes, mas nada teria o mesmo **valor** se não fosse a hospitalidade local.

Na **mesa**, a acolhida se revela ainda melhor. Não existe brasileiro que não confraternize com os visitantes com uma dose de **cachaça** ou **caipirinha**, que não mostre o **sabor** de um **prato** típico. Desde pratos simples, servidos em **restaurantes** caseiros, até **receitas** das casas mais sofisticadas, a **gastronomia** local é memorável e convida todos a voltarem a provar mais e mais.

O Brasil – assim como o Cristo Redentor, um dos seus maiores **símbolos** – está de braços abertos para receber os visitantes.

Bem-vindos ao Brasil!

Fonte: adaptado de EMBRATUR. Brasil Sensacional, 2017.

Você reparou nas palavras destacadas no texto? **Acesse o QRCode** e descubra o gênero delas. Depois, escolha cinco delas e faça frases com os verbos que você já conhece.

http://uqr.to/1wizl

Antenado

Movimento Supera Turismo Brasil

Assista ao vídeo *Movimento Supera Turismo Brasil* e anote as palavras de que você mais gostou.

http://uqr.to/1wizm

_____

_____

_____

_____

_____

_____

_____

_____

Árvore de palavras

Em janeiro, você vai viajar para o Ceará. Jericoacoara é imperdível, mas, antes de arrumar sua mala com o que é realmente importante, pesquise sobre o clima e os principais pontos turísticos desse local. Para as meninas, um bom par de tênis, sandália rasteirinha, sapatilha e sapato social. Também se lembre de levar blusinhas ou camisetas básicas, shorts jeans, conjunto de moletom, duas camisolas, dois vestidos e uma roupa especial para um jantar, evento ou festa. Não se esqueça de colocar, na sua mala, suficiente roupa íntima, pelo menos dez para uma semana! Já os rapazes devem levar calça jeans, camiseta, bermuda, calça e camisa social e pijama. Relacione as roupas, os calçados e os acessórios com o respectivo desenho:

(   ) **A** minissaia
(   ) **A** sandália Havaianas verde
(   ) **A** blusa amarela
(   ) **As** sandálias de salto alto azul e preta
(   ) **O** vestido listrado
(   ) **O** vestido pink
(   ) **O** chapéu
(   ) **Os** colares
(   ) **O** sapato de salto alto verde
(   ) **O** short
(   ) **A** camisa de manga curta
(   ) **A** gravata
(   ) **A** calça jeans
(   ) **A** camisa polo
(   ) **A** bermuda branca
(   ) **A** jaqueta bege
(   ) **O** cinto
(   ) **Os** sapatos esportivos
(   ) **O** boné preto
(   ) **Os** tênis brancos

Artigos definidos e indefinidos

Vamos entendê-los?

Conheça os **artigos definidos** e **indefinidos**:

A   Um   O   Umas

Os   Uns   Uma   As

	Gênero		
Definidos	**Masculino**		**Feminino**
Singular	O		A
Plural	OS		AS
Indefinidos	**Masculino**		**Feminino**
Singular	UM		UMA
Plural	UNS		UMAS

(Coluna lateral: **Número**)

Bora lá!

Agora, faça algumas recomendações a seus amigos que vão viajar para Grama-do no inverno. Continue o texto usando os **artigos indefinidos** (um, uns, uma, umas) e alguns conectores como "e", "também", "além disso", "mas" etc.

Não se esqueça de levar na sua bagagem **um** _____

_____

_____

_____

_____

Cachecol, luvas, gorro, botas, suéter,
jeans, brincos e óculos de sol

Martelando

https://uqr.to/1wizo

Artigos definidos e indefinidos

Você lembra que usamos os artigos definidos o(s) e a(s) e os indefinidos um(uns) e uma(s) antes de nomes de pessoas e objetos? Vamos revisar!

Batucando

http://uqr.to/1wizn

Criança não trabalha

Ouça a música "Criança não Trabalha", de Arnaldo Antunes, interpretada pela dupla Palavra Cantada, e complete as lacunas. Depois, preste atenção à pronúncia das palavras destacadas na canção.

Torre de Babel

Gênero das palavras

Em geral, palavras terminadas em **-a** são femininas e palavras terminadas em **-o** são masculinas, mas preste atenção:

Feminino Palavras terminadas em:	Masculino Palavras terminadas em:
-a cama, mesa, casa, geladeira, caneta, bolsa, pessoa, loja, janela, música	**-á** guaraná, sofá, Canadá, Panamá **-ema** cinema, teorema, sistema, fonema **-oma** axioma, sintoma
-agem viagem, imagem, paisagem, garagem	**-o, -i, -u e consoantes em geral** jabuti, táxi, guri, abacaxi urubu, vírus cachorro, caderno, livro, banheiro aluguel, trem
-e Podem ser tanto femininas como masculinas. Contudo, existem as seguintes dicas:	
-dade cidade, universidade, faculdade	**-ume** costume, legume, ciúme
-or	
Monossílabas cor, dor, flor	**Polissílabas** computador, aspirador, liquidificador
-ão	
Substantivos abstratos ilusão, emoção, condição.	**Substantivos concretos** avião, coração, televisão. Observação: televisão é palavra feminina!

 **Fique de olho!**

O samb**a**   **A** trib**o**

O di**a**   **O** capital/**A** capital

O map**a**

Preencha as lacunas com os artigos definidos e indefinidos O, OS, A, AS, UM, UNS, UMA, UMAS.

1. Comprei _____ mapas antigos na nossa última viagem à Europa.

2. _____ mar de Copacabana é frio.

3. _____ samba-enredo da Mangueira "História para ninar gente grande" conta _____ história do Brasil e de seus heróis populares.

4. _____ primeira capital do Brasil foi Salvador.

5. _____ tribos urbanas são grupos sociais formados nas metrópoles.

6. _____ Canadá tem como símbolo nacional _____ folha de bordo.

7. _____ primeira viagem de circum-navegação foi liderada por Fernão de Magalhães.

8. Em alguns lugares do Brasil existe _____ costume de bater palmas e dizer "Ô de casa! Tô entrando!".

9. _____ Sistema Único de Saúde (SUS) é _____ dos maiores sistemas de saúde pública do mundo, desde a atenção básica até transplantes.

10. _____ Panamá tem _____ canal que liga _____ oceano Atlântico ao oceano Pacífico.

11. _____ alambiques são utilizados para fazer cachaça artesanal.

12. Consegui _____ fitinhas do Senhor do Bonfim para dar aos meus amigos.

Antenado

Clube do Livro da Expressão Popular completa 3 anos entregando obras em todo o País

http://uqr.to/1wizp

Escute o *podcast* da Rádio Brasil de Fato e, em seguida, responda às perguntas:

1 Nestes três anos de trabalho, o que a Editora Expressão Popular tem feito?
 a. Lançado um livro por mês, entregando-o aos assinantes em todo o País.
 b. Entregado um livro de sua coleção a todos os assinantes no País.
 c. Lançado livros mensalmente, deixando-os disponibilizados em sua página web.

2 Segundo o coordenador da equipe da Editora, por que nasceu essa iniciativa?
 a. Para ampliar o gosto das pessoas pela leitura.
 b. Para distribuir os livros já editados pelo grupo e estreitar laços com os leitores.
 c. Para que os jovens se tornem mais conscientes das necessidades do País.

3 Quanto à Editora Expressão Popular, marque a alternativa correta.
 a. Nasceu em 1997 a partir de movimentos populares.
 b. Tem o objetivo de possibilitar aos trabalhadores o acesso a livros com baixo custo.
 c. Quer chegar a todas as classes sociais urbanas.

Torre de Babel

Agora, vamos ver como usar os artigos com nomes de continentes, países, cidades e lugares em geral.

Lugar	Uso de artigo	Exemplos	Exceções
Continentes	A	A África, a América, a Ásia, a Antártida, a Europa e a Oceania.	—
Países	O, OS, A, AS	O México, a Espanha, os Estados Unidos, as Filipinas.	Portugal, Israel, Cuba, Honduras, El Salvador, Angola, Moçambique, Cabo Verde.
Cidades	NÃO TÊM ARTIGO	Brasília, Nova York, Paris, Tóquio, Canberra.	O Rio de Janeiro, o Porto, o Cairo, a Cidade do México.
Nomes de lugares	SEMPRE COM ARTIGO	O bairro, a avenida, a rua, o parque, o mercado, a feira, o restaurante, a escola, o museu, o cinema, o hospital etc.	

Caso necessário, complete os espaços em branco e revise o que você acabou de aprender.

(1) ___ América do Sul é composta de 12 países. (2) ___ Brasil tem fronteira com (3) ___ Argentina, (4) ___ Uruguai, (5) ___ Paraguai, (6) ___ Bolívia, (7) ___ Peru, (8) ___ Colômbia, (9) ___ Venezuela, (10) ___ Guiana, (11) ___ Guiana Francesa e (12) ___ Suriname, isto é, com todos os países da América do Sul, exceto com (13) ___ Chile e (14) ___ Equador.

Muitas capitais dos estados brasileiros se localizam no litoral, como (15) ___ Salvador, (16) ___ Recife, (17) ___ Rio de Janeiro e (18) ___ Fortaleza.

Em português, quando certas preposições se juntam com artigos definidos, elas são denominadas contrações ou combinações. Observe no quadro a seguir como elas são:

Preposições	Contrações			
	Feminino		Masculino	
	Singular	Plural	Singular	Plural
DE	de + a = da	de + as = das	de + o = do	de + os = dos
EM	em + a = na	em + as = nas	em + o = no	em + os = nos
A	a + a = à	a + as = às	a + o = ao*	a + os = aos*
POR	por + a = pela	por + as = pelas	por + o = pelo	por + os = pelos

*Combinações.

Vamos ver como é fácil?

Cristóvão Colombo chegou (1) _____(a) América em 1492, e Pedro Álvares Cabral chegou (2) _____(a) Brasil em 1500. Entre os séculos XVI e XIX, cerca de quatro milhões de homens, mulheres e crianças africanas desembarcaram (3) _____ (em) Brasil como escravos. Eles vieram, sobretudo, (4) _____(de) Angola e (5) _____(de) Moçambique – colônias (6) _____(de) Portugal –, (7) _____(em) África.

Martelando

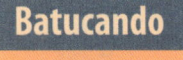

http://uqr.to/1wizr

Acesse o QRCode
e vamos treinar!

Batucando

Agora, ouça a cantiga de roda "Hoje é Domingo".

http://uqr.to/1wizq

Hoje é Domingo

Minha mãe mandou bater neste daqui
Mas como eu sou teimoso
Eu vou bater neste daqui

Hoje é domingo
Pé de cachimbo
O cachimbo é de barro
Bate no jarro

O jarro é de ouro
Bate no touro
O touro é valente
Machuca a gente

A gente é fraco
Cai no buraco
O buraco é fundo
Acabou-se o mundo

Árvore de palavras

Se você não entendeu tudo, anote as palavras novas e procure o significado.

Eu f@lo português

Observe as palavras destacadas com pronúncia nasal, J e G, e os dígrafos: NH, CH e LH. Ouça a gravação e repita em seguida.

http://uqr.to/1wizs

Praça da Língua

Dias da semana

Segunda, terça, quarta...

Em algumas línguas, os dias da semana homenageiam os astros do Sistema Solar e alguns deuses: Sol (Sunday, em inglês), Lua (lunes, em espanhol), Marte (martes, em espanhol), Mercúrio (miércoles, em espanhol), Júpiter (jueves, em espanhol), Vênus (viernes, em espanhol) e Saturno (sábado).

Em português, antigamente, os nomes dos dias da semana também faziam referência a deuses pagãos e astros. Naquela época, durante a Páscoa, havia mercados ao ar livre diariamente. Esses mercados eram denominados "feiras". Com o tempo, a igreja católica eliminou os nomes pagãos e os substituiu pela palavra "feira".

No entanto, devido à influência do catolicismo, os nomes referentes a sábado e domingo não foram alterados. Como os domingos eram um dia de encontro entre as pessoas para trocarem os mais diversos produtos, considerou-se esse dia como a primeira feira. A partir daí, todos os dias da semana passaram a ser numerados e acompanhados pela palavra "feira", mas não existe um chamado "primeira-feira", mas, sim, segunda-feira, terça-feira, quarta-feira, quinta-feira e sexta-feira.

Meses do ano

Em **janeiro**, em pleno verão, férias, sol e praia.

Em **fevereiro**, tem Carnaval.

No fim de **março**, começa o outono e, em **abril**, tem ovo de Páscoa.

O segundo domingo de **maio** é o dia das mães.

Em **junho**, temos inverno e festa junina: quentão, fogueira, quadrilha e correio elegante.

Julho é o mês mais frio nas regiões Sudeste e Sul do Brasil.

Em **agosto**, comemoramos o dia dos pais e os ipês amarelos ficam floridos.

No dia 7 de **setembro**, comemoramos a Independência do Brasil e, logo depois, começa a primavera.

O dia 12 de **outubro** é Dia de Nossa Senhora Aparecida, padroeira do Brasil, e Dia das Crianças.

No dia 15 de **novembro**, comemoramos a proclamação da República.

Em **dezembro**, começa o verão e temos Natal e Réveillon.

JANEIRO	FEVEREIRO	MARÇO
D S T Q Q S S	D S T Q Q S S	D S T Q Q S S
1 2	1 2 3 4 5 6	1 2 3 4 5 6
3 4 5 6 7 8 9	7 8 9 10 11 12 13	7 8 9 10 11 12 13
10 11 12 13 14 15 16	14 15 16 17 18 19 20	14 15 16 17 18 19 20
17 18 19 20 21 22 23	21 22 23 24 25 26 27	21 22 23 24 25 26 27
24 25 26 27 28 29 30	28	28 29 30 31
31		

ABRIL	MAIO	JUNHO
D S T Q Q S S	D S T Q Q S S	D S T Q Q S S
1 2 3	1	1 2 3 4 5
4 5 6 7 8 9 10	2 3 4 5 6 7 8	6 7 8 9 10 11 12
11 12 13 14 15 16 17	9 10 11 12 13 14 15	13 14 15 16 17 18 19
18 19 20 21 22 23 24	16 17 18 19 20 21 22	20 21 22 23 24 25 26
25 26 27 28 29 30	23 24 25 26 27 28 29	27 28 29 30
	30 31	

JULHO	AGOSTO	SETEMBRO
D S T Q Q S S	D S T Q Q S S	D S T Q Q S S
1 2 3	1 2 3 4 5 6 7	1 2 3 4
4 5 6 7 8 9 10	8 9 10 11 12 13 14	5 6 7 8 9 10 11
11 12 13 14 15 16 17	15 16 17 18 19 20 21	12 13 14 15 16 17 18
18 19 20 21 22 23 24	22 23 24 25 26 27 28	19 20 21 22 23 24 25
25 26 27 28 29 30 31	29 30 31	26 27 28 29 30

OUTUBRO	NOVEMBRO	DEZEMBRO
D S T Q Q S S	D S T Q Q S S	D S T Q Q S S
1 2	1 2 3 4 5 6	1 2 3 4
3 4 5 6 7 8 9	7 8 9 10 11 12 13	5 6 7 8 9 10 11
10 11 12 13 14 15 16	14 15 16 17 18 19 20	12 13 14 15 16 17 18
17 18 19 20 21 22 23	21 22 23 24 25 26 27	19 20 21 22 23 24 25
24 25 26 27 28 29 30	28 29 30	26 27 28 29 30 31
31		

Eu f@lo português

Qual é o dia mais puxado e qual o mais tranquilo para você durante a semana? Por quê?

Torre de Babel

Ouça a música do Palavra Cantada.

http://uqr.to/1wizt

Um, Dois, Feijão com Arroz

Um, dois,

Feijão com arroz;

Três, quatro,

Feijão no prato;

Cinco, seis,

Falar inglês;

Sete, oito,

Comer biscoitos;

Nove, dez,

Comer pastéis.

Números

Complete o quadro a seguir:

0	Zero	11	Onze
1	Um/Uma	12	Doze
2	Dois/Duas	13	
3		14	
4	Quatro	15	Quinze
5		16	Dezesseis
6		17	
7	Sete	18	Dezoito
8		19	Dezenove
9	Nove	20	
10			

Agora, observe as fichas de dominó e escreva, por extenso, a soma dos pontos no espaço correspondente.

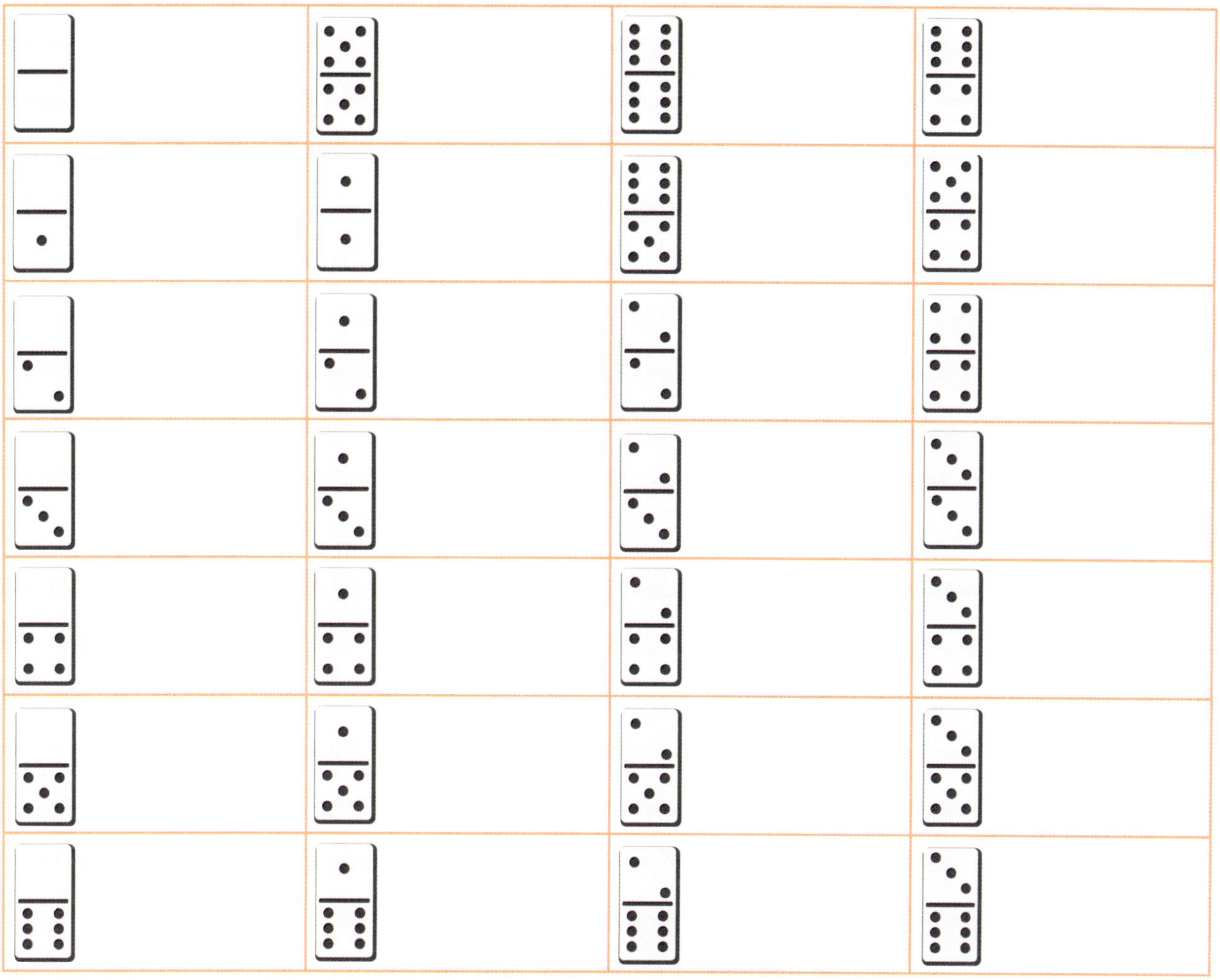

Observe a ortografia das dezenas:

10	Dez
20	Vinte
30	Trinta
40	Quarenta
50	Cinquenta
60	Sessenta
70	Setenta
80	Oitenta
90	Noventa
100	Cem

Siga o exemplo e escreva os seguintes números:

34 – Trinta e quatro

76 – _____

28 – _____

49 – _____

62 – _____

21 – _____

99 – _____

85 – _____

53 – _____

Batucando

Quando é seu aniversário?

Conte para os companheiros:

Meu aniversário é no dia 6 de abril.

*Faço **25 anos** no dia 22 de dezembro.*

Eu nasci no dia 15 de dezembro.

Você sabe o que os brasileiros cantam no dia do aniversário? **Acesse o QRCode** e aprenda a cantar "Parabéns pra você".

http://uqr.to/1wizu

Antenado

Como são comemorados os aniversários em seu país? No Brasil, aniversário é sinônimo de alegria, família e amigos reunidos, bolo e docinhos para as crianças e churrasco para os adultos. Um doce que nunca pode faltar é o brigadeiro. Você já ouviu falar nele? Já experimentou? Ouça a receita e divirta-se preparando essa delícia com seus amigos. Faça um vídeo de você preparando o brigadeiro e mande para o grupo.

http://uqr.to/1wizv

Galeria Brasil

Assista ao vídeo *Os Indígenas – Raízes do Brasil.*

Agora que você conhece um pouco sobre a história dos indígenas do Brasil, pesquise sobre a Guerra dos Tamoios.

http://uqr.to/1wizw

Acesse o gabarito e **os textos transcritos desta unidade!**

http://uqr.to/1wizx

UNIDADE 3

Eu curto...

Eu curto as redes sociais!

Eu amo viajar!

Eu adoro sair com meus amigos!

Eu quero curtir a minha família.

Eu prefiro Instagram a Facebook.

Praça da Língua

Como conquistar a geração do milênio

Ana Vitória Paz

"*Como vocês viviam sem o Google, cara?*" Essa é a típica frase de um *millennial*. Deu uma risadinha? Provavelmente você é um deles!

Conectados, antenados ou "viciados em tecnologia"... podem chamar como quiserem! Alguns estudiosos diferem sobre datas exatas, mas estima-se que a geração *millennial*, ou geração Y, tenha nascido entre o período da década de 1980 e o começo dos anos 2000. Por isso, essas pessoas realmente nasceram atreladas aos grandes avanços tecnológicos que surgiam nessa época de prosperidade econômica. O surgimento da internet é um deles e não é de se estranhar tamanha facilidade que os jovens têm em resolver problemas de modo prático e rápido.

Com as interações aumentando, cada vez mais, a forma de se relacionar, de modo social ou midiático, mudou! Por essa razão, as marcas que prezam por continuar no mercado precisam se readaptar, até porque, em 2016, os *millennials* já representavam 20% da população mundial (no Brasil, 58,7 milhões de pessoas, entre os 18 e os 34 anos de idade).

Como vender para uma geração totalmente antenada, que nasceu em meio a tanta globalização e informação?

Consumo

78% da geração *millennial* prefere gastar o seu dinheiro com experiências, como eventos, viagens e lazer, em vez de coisas e bens, como carros, móveis etc. Isso justifica em parte a crescente na economia colaborativa, cujas pessoas passam a compartilhar mais (hospedagem, caronas etc.) para poupar mais (dinheiro, sustentabilidade etc.). Ao contrário das gerações mais antigas que consideram luxo como a possibilidade de terem casas, carros e uma renda estável, para cerca de 40% dos *millennials* o luxo é definido como a simples possibilidade de ter tempo para fazer as coisas de que mais gostam.

Uma forte tendência desse grupo é buscar refeições práticas e, muitas vezes, simples. Cerca de 40% afirmam que estão dispostos a pagar mais por alimentos ou produtos que lhes facilitem a vida. Entretanto, sendo preocupados com a saúde, mais da metade (51%) evita fast-food e 63% escolhem alimentos e bebidas que lhes proporcionam mais qualidade de vida e saúde.

É muito difícil influenciar um *millennial* por meio da propaganda. Por estarem cercados de informações, consideram que, na maioria das vezes, a publicidade não é autêntica. É exatamente por isso que serviços de *streaming on-line* e bloqueadores de propaganda no Facebook e no YouTube fazem tanto sucesso com esse pessoal.

1 De acordo com o texto, quem são os *millennials*?

_____

_____

_____

_____

_____

2 **Quais são as diferenças entre os *millennials* e as gerações anteriores?**

_____

_____

_____

_____

3 **Como os *millennials* compram?**

_____

_____

_____

_____

_____

Antenado

Segundo o texto, os *millennials* nasceram a partir de 1980, mas essa geração vai somente até o começo dos anos 2000. Então, quem veio depois?

Acesse o QRCode e conheça a geração IGEN/Z.

http://uqr.to/1wizz

Torre de Babel

Plurais

Leia o fragmento do texto *Como conquistar a geração do milênio* e sublinhe as palavras no plural.

Conectados, antenados ou "viciados em tecnologia"... podem chamar como quiserem! Alguns estudiosos diferem sobre datas exatas, mas estima-se que a geração *millennial*, ou geração Y, tenha nascido entre o período da década de 1980 e o começo dos anos 2000. Por isso, essas pessoas realmente nasceram atreladas aos grandes avanços tecnológicos que surgiam nessa época de prosperidade econômica. O surgimento da internet é um deles e não é de se estranhar tamanha facilidade que os jovens têm em resolver problemas de modo prático e rápido.

Como você viu, todos os substantivos e adjetivos no plural terminam com "s". Vamos aprender outras regras de plural?

Vamos aprender as regras do plural?

Vogal + s	cerveja – cervejas elefante – elefantes táxi – táxis carro – carros meu – meus
Ã + s	irmã – irmãs maçã – maçãs fã – fãs
ÃO **ão + ões** **+ ãos** **+ ães**	melão – melões irmão – irmãos alemão – alemães
M **m + ns**	paisagem – paisagens imagem – imagens homem – homens
R + es	mulher – mulheres cor – cores flor – flores
Z + es	rapaz – rapazes feliz – felizes luz – luzes
S **Tônicas: + es** **Átonas – ficam invariáveis**	francês – franceses país – países um ônibus – uns ônibus um atlas – muitos atlas
L **AL – EL – OL – UL + is**	real – reais papel – pap**é**is farol – far**ó**is azul – azuis

IL tônico -is + is **IL átono -il + eis**	barril – barris civil – civis útil – úteis fácil – fáceis
X – ficam invariáveis	o fax – os fax a fênix – as fênix

Agora, pratique o que você acabou de aprender.

http://uqr.to/1wj00

Eu f@lo português

http://uqr.to/1wj01

Fonética do "X"

Você já sabe como pronunciamos a letra "x" em português? É um grande desafio, pois ela tem quatro pronúncias diferentes!

Ouça e aprenda quais são.

Torre de Babel

Vamos fazer planos!

*Neste fim de semana, eu **vou acampar** com meus amigos e a gente **vai se divertir** muito.*

*Nas nossas próximas férias, **vamos viajar** para o Finisterra, o Caminho do Fim do Mundo.*

*A Janaína, minha amiga, **vai estudar** na Universidade de Brasília — UnB.*

*Meus pais **vão se aposentar** em dezembro.*

*Eles **vão se formar** em Economia e vão abrir uma empresa.*

Futuro imediato

Para indicar uma ação no futuro, devemos usar dois verbos:

VERBO IR (presente do indicativo)	+	INFINITIVO
Eu vou		falar
Ele, ela, você vai		
Nós vamos		
Ele, elas, vocês vão		

Observe: SEM preposição A.

Pronomes	Viajar	Conhecer	Curtir
Eu	vou viajar	vou conhecer	vou curtir
Ele, ela, você	vai viajar	vai conhecer	vai curtir
Nós	vamos viajar	vamos conhecer	vamos curtir
Eles, elas, vocês	vão viajar	vão conhecer	vão curtir

1 **Complete o seguinte texto com os verbos no futuro imediato:**

Um dia...

Um dia, todo mundo (1) _____ (poder) expressar livremente sua personalidade e ninguém (2) _____ (ser) discriminado, pois todos (3) _____ (ser) amados pelo que realmente são.

Um dia, o mundo (4) _____ (ter) muita paz e amor e todas as crianças (5) _____ (poder) ser crianças e não (6) _____ (existir) a pobreza nem a desigualdade. Um dia, todas as pessoas (7) _____ (trabalhar) naquilo que gostam por prazer e realização.

Um dia, a humanidade (8) _____ (cuidar) melhor da terra, do ar e da água e (9) _____ (respeitar) a natureza, já que dependemos dela para a nossa sobrevivência. E as construções e edificações não (10) _____ (destruir) o planeta, mas (11) _____ (estar) em harmonia com ele.

Um dia, todo ato de comércio (12) _____ (ser) uma oportunidade para aproximar as pessoas e os produtos (13) _____ (servir) para melhorar a vida delas. As empresas (14) _____ (ser) uma riqueza para a sociedade e, além de oferecer produtos e serviços, (15) _____ (ter) um propósito social para ajudar todos, especialmente aqueles que não têm as mesmas oportunidades.

Um dia...

2 **Você já ouviu falar em "iniciativa social"? O que será que isso significa?**

Pois é! Hoje em dia, uma das principais preocupações de qualquer empresa é a responsabilidade social. Ela se reflete em compromissos que envolvem tanto a proteção do meio ambiente quanto o apoio ou a criação de iniciativas que promovem o reconhecimento e o respeito pela diversidade do mundo a fim de termos uma sociedade mais igualitária e preservarmos o nosso planeta para as gerações futuras. Você conhece algumas iniciativas sociais existentes no Brasil ou no seu país?

Dê uma olhadinha na internet para descobrir algumas iniciativas e, depois, escolha a iniciativa de que mais gostou e compartilhe com seus colegas sobre ela.

 **Bora lá!** Após ler o texto "Um dia..." e discutir sobre várias iniciativas sociais, você e sua família decidem empreender diferentes ações para fazer uma diferença na sociedade. Escreva um artigo de opinião para ser publicado no jornal do bairro descrevendo o que cada um vai fazer.

Você pode começar assim:

– Minha família, amigos e eu vamos ...

– Hoje em dia, é muito importante a participação de todos em projetos sociais; por isso, eu vou...

Para argumentar:

– Vamos incentivar a criação de...

– Meus amigos e eu vamos promover um encontro...

– No meu bairro, vamos criar...

Finalmente, para concluir:

– Todo mundo deve participar dessas iniciativas porque...

– Trabalhar juntos vai...

> **TÍTULO**
>
> **Por: nome completo**
> **Correio eletrônico**
>
> **1º parágrafo: introdução ao tema**
> **2º parágrafo: desenvolvimento**
> **3º parágrafo: conclusão**

Futuro do presente

Na linguagem cotidiana, geralmente usamos o futuro imediato para falarmos de nossos planos e acontecimentos que estão por vir. Em uma situação mais formal ou na linguagem escrita, recomenda-se usar o futuro do presente. Ele é bem simples! Quer ver? Você precisa apenas adicionar terminações pessoais específicas a qualquer verbo no infinitivo, inclusive aos verbos irregulares.

Veja como se forma a conjugação:

Pronomes	Verbo no infinitivo + terminação
Eu	-ei
Ele Ela Você	-á
Nós	-emos
Eles Elas Vocês	-ão

Fique de olho!

Temos apenas três exceções na conjugação do futuro do presente. Trata-se dos verbos "fazer", "trazer" e "dizer".

No futuro do presente, eles têm as mesmas terminações dos demais verbos, mas com uma alteração na raiz: a perda do sufixo "-ze" em todos os casos:

Pronomes	Fazer	Trazer	Dizer
Eu	far**ei**	trar**ei**	dir**ei**
Ele Ela Você	far**á**	trar**á**	dir**á**
Nós	far**emos**	trar**emos**	dir**emos**
Eles Elas Vocês	far**ão**	trar**ão**	dir**ão**

Martelando

Agora que você sabe como usar o futuro do presente, anote seus planos para os próximos cinco anos em uma folha avulsa, sem se identificar. Troque as folhas com seus colegas e tente adivinhar de quem são os planos.

Já que você aprendeu como conjugar esses verbos no futuro, está mais do que na hora de saber como eles se conjugam no presente. Preste atenção! Eles são irregulares, mas há semelhanças entre eles. Observe as terminações:

Presente

Pronomes	Fazer	Trazer	Dizer
Eu	fa**ço**	tra**go**	di**go**
Ele Ela Você	f**az**	tra**z**	d**iz**
Nós	fa**zemos**	tra**zemos**	di**zemos**
Eles Elas Vocês	fa**zem**	tra**zem**	di**zem**

Vamos praticar? Preencha as lacunas com o verbo adequado (fazer, trazer ou dizer), de acordo com o sentido:

1. Quando Janaína vem a minha casa, ela sempre _____ o seu cachorrinho.

2. Teresa sempre _____ a Pedro que estude bastante para as provas de Matemática.

3. Davi _____ os deveres de casa sozinho.

4. João _____ muitas travessuras.

5. Cada vez que vou ao Brasil, _____ comidas brasileiras.

6. Nós _____ aos nossos alunos que vale a pena conhecer o Brasil.

7. Quando Luísa e Chico vêm nos visitar, eles sempre _____ muitos presentes.

8. Maria e Fabiana sempre _____ que a comida da casa da vovó é a melhor.

9. Felipe _____ que ele sempre fala a verdade

10. Meus primos gêmeos _____ Direito.

Praça da Língua

Competência global: consumo responsável

Nos últimos tempos, a forma de consumir está mudando. Devido aos problemas ambientais, às novas tendências e a um maior senso de responsabilidade com o planeta, a palavra de ordem é compartilhar: espaços de trabalho, casas de amigos, apartamentos ao redor do mundo e até mesmo meios de transporte privados. Atualmente, há duas grandes preocupações: consumir menos e cuidar mais dos recursos naturais.

Falando em consumo responsável e sustentável, hoje em dia, muitas pessoas estão mudando seus hábitos, comprando em brechós e sebos. Você sabe o que se pode encontrar nessas lojas?

Antenado

Assista aos vídeos *Conheça o Brechó Goiano – Aproveite a cidade* e *Brechós e sebos: Uma viagem econômica e sustentável no tempo* para saber mais. Em seguida, complete a propaganda a seguir:

http://uqr.to/1wj02

Brechó Goiano

Av. Anhanguera, 4295 – St. Central, Goiânia – GO, 74040-010

"Um lugar para entrar, mas que não tem hora para sair!"
Em cada cantinho há algo!

O brechó Goiano está aberto nos seguintes dias e horários:

De (1) _____ a (2) _____ , das (3) _____h às (4) _____h,

e aos (5) _____ , das (6) _____h às (7) _____h.

Abriu há (8) _____ (_____) anos como uma loja de roupas, mas

há (9) _____ (_____) o dono criou um antiquário com objetos entre

R$ (10) _____ e R$ (11) _____.

Alguns dos objetos que estão à venda lá são: (12) _____,

(13) _____ , (14) _____ , (15) _____,

(16) _____ , (17) _____ e (18) _____.

Venha e conheça!

Torre de Babel

Conheça os verbos **querer**, **poder**, **ter**, **preferir** e **curtir** no presente do indicativo.

Pronomes	Querer	Poder	Ter	Preferir	Curtir
Eu	quero	posso	tenho	prefiro	curto
Ele, ela, você	quer	pode	tem	prefere	curte
Nós	queremos	podemos	temos	preferimos	curtimos
Eles, elas, vocês	querem	podem	têm	preferem	curtem

http://uqr.to/1wj03

Acesse o QRCode e faça as atividades com os verbos aprendidos.

Eu f@lo português

Agora é sua vez. Traga algumas roupas, objetos e livros antigos de sua casa. Juntos, vamos armar um sebo e um brechó. Vocês vão ser compradores e vendedores!

No **QRCode**, veja os diferentes tipos de notas brasileiras (reais), além de vocabulário relacionado a compras. Divirta-se!

http://uqr.to/1wj04

Galeria Brasil

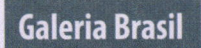

Quilombos

Assista ao vídeo *Quilombo*, da TV Escola, e conte-nos o que você entendeu.

http://uqr.to/1wj05

Eu f@lo português

Eu curto ser doador

1. O que você curte doar? Amor, carinho, tempo?
2. O que mais você gosta de fazer para ajudar as pessoas?
3. O que podemos fazer para melhorar o mundo?

Acesse o gabarito e os textos transcritos desta unidade!

http://uqr.to/1wj06

UNIDADE

4

Arroz com feijão

Praça da Língua

Gastronomia brasileira, tão misturada como seu povo

Qual é a comida típica brasileira? Esta é uma pergunta que muitos já fizeram. Afinal, sendo o Brasil um país continental que possui uma gastronomia tão rica, fica difícil responder objetivamente a essa pergunta.

Ao longo da nossa história, recebemos muitas influências culturais distintas. Com fortes contribuições indígenas, africanas, europeias e de outros imigrantes, a gastronomia brasileira é tão misturada como seu povo. Cada região tem sabores próprios e pratos típicos preparados com ingredientes regionais.

Vamos viajar pelas regiões do Brasil para conhecer pratos tipicamente brasileiros?

No **Sudeste**, temos a **feijoada**, que não só é o prato mais conhecido do Rio de Janeiro, como também do Brasil. Ela consiste em uma mistura de feijão-preto cozido, carne de porco, linguiça e carne-seca. Normalmente vem acompanhada de couve, arroz e rodelas de laranja. Acredita-se que a feijoada tenha sido inventada por negros trazidos da África.

O **pão de queijo** tem a cara de Minas. É um dos maiores símbolos da gastronomia mineira. Ele é preparado com polvilho, um produto proveniente da mandioca. Segundo a história, ele surgiu nas fazendas mineiras devido à escassez de farinha de trigo. Com pé na estrada, ganhou muitas caras novas ao redor do mundo.

Você já imaginou uma carne salgada e exposta ao sol para secar? A **carne de sol** é típica do **Nordeste**. Antigamente era assim, mas hoje em dia a preparação é diferente. No entanto, continua deliciosa e pode ser acompanhada de mandioca frita, queijo coalho e feijão-verde, mas também pode aparecer em pratos como o escondidinho.

Pelas ruas do Nordeste, alguém canta "O que é que a baiana tem?". Com certeza, ela sempre terá ginga e **acarajé** em seu tabuleiro. Essa especialidade gastronômica recorda a forte influência africana no Brasil. O acarajé é um bolinho de feijão, frito em azeite de dendê, recheado com vatapá, camarão seco, vinagrete e pimenta. Ah! Baiano adora pimenta!

A **tapioca**, como o próprio nome indica, tem origem indígena. Foi chegando devagar e se espalhou pelo Nordeste. Ela agora virou moda. Em alguns lugares, substitui o pão e pode ser recheada com ingredientes salgados ou doces. Além de deliciosa, a tapioca é versátil.

Existe prato mais exótico do que um pato assado com molho preparado com tucupi (líquido amarelo extraído da mandioca-brava)? No **Norte**, o **pato no tucupi** vem da tradição indígena.

O **tacacá** também traz consigo a influência indígena e é preparado com goma de mandioca, camarão seco e jambu, planta amazônica exótica que pode adormecer os lábios. Quer experimentar?

O **açaí**, embora seja da região Norte, está na mesa do brasileiro em geral. Quando pensamos nele, imaginamos sol, praia, barraquinhas, muito calor e um monte de gente sarada. Ele pode ser batido com guaraná, banana e morango ou pode ser servido com granola, calda de sorvete e muitas outras coisas. Originalmente, essa fruta é servida com peixe frito, camarão e farinha de mandioca. E não se esqueça: açaí dá energia.

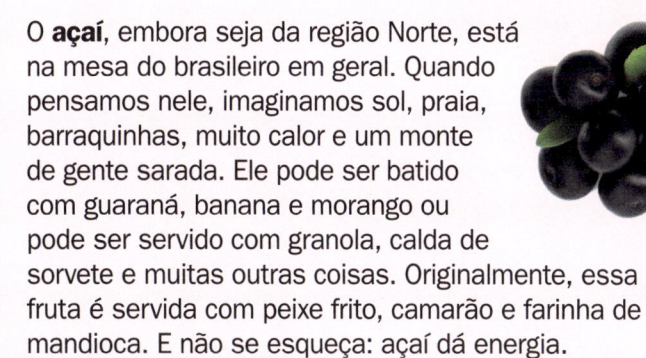

E o **Sul**, o que tem? Quando pensamos no Rio Grande do Sul, imaginamos os pampas gaúchos e sentimos o sabor do seu **churrasco**. Não há dúvida: gaúcho entende de carnes e, como são especialistas de verdade, somente as temperam com sal grosso. O churrasco brasileiro sofisticou-se e hoje é chamado de rodízio em várias partes do mundo, sendo a fartura e a generosidade da mesa brasileira evidentes.

O **barreado** é um prato tradicional do estado do Paraná. Dizem que provém de um ritual açoriano de mais de 300 anos e que chegou ao Brasil pelas mãos dos portugueses no século XVIII. Normalmente é preparado em uma panela de barro com altas temperaturas durante 20 horas, aproximadamente. Seus ingredientes são carne bovina, alho, cebola, pimenta-do-reino, folha de louro e cominho. O prato é servido com arroz, farinha de mandioca e banana-da-terra.

Na região **Centro-Oeste**, o pequi é o rei do cerrado e o **arroz com pequi** é uma receita tradicional passada de geração para geração. O sabor do pequi é meio adocicado, quase agridoce, e vale a pena experimentar. O pintado ao urucum, um dos maiores peixes do Pantanal, e o caldo de piranha, peixe temido, mas com propriedades afrodisíacas, estão presentes nos almoços de fim de semana com a família.

São milhares de sabores que dão água na boca, mas tudo isso tem mais sentido quando o brasileiro se reúne com a família, com os amigos e com os que chegam, com muita hospitalidade. Venha conhecer os sabores do Brasil. A casa é sua!

Prepare com seus colegas uma feira gastronômica com o objetivo de mostrar ingredientes e iguarias regionais. Em grupo, organize um stand de exibição, escolha um prato típico, compartilhe a receita com seus colegas e conte sobre a importância desse prato na culinária regional. Um júri avaliará os pratos, o stand e a apresentação. Os três primeiros colocados receberão uma menção de honra e serão convidados especiais para o festival do ano seguinte.

Escute a gravação do texto *Para sentir* e faça a sua própria versão!

Assista ao videoclipe *Família*, dos Titãs. Em seguida, leia um trecho da letra da música.

http://uqr.to/1wj07

Família

Titãs

Papai, **mamãe**, **titia**

Família, família

Almoça junto todo dia

Nunca perde essa mania

Mas quando a **filha** quer fugir de casa

Precisa descolar um ganha-pão

Filha de família se não casa

Papai, **mamãe** não dão nem um tostão

Família eh

Família ah

Família, família

Vovô, **vovó**, **sobrinha**

Família, família

Janta junto todo dia

Nunca perde essa mania

Mas quando o **neném** fica doente (uô, uô)

Procura uma farmácia de plantão

(...)

Árvore de palavras

E sua família, como ela é?

Conte um pouquinho para a gente quem eles são e como eles se chamam:

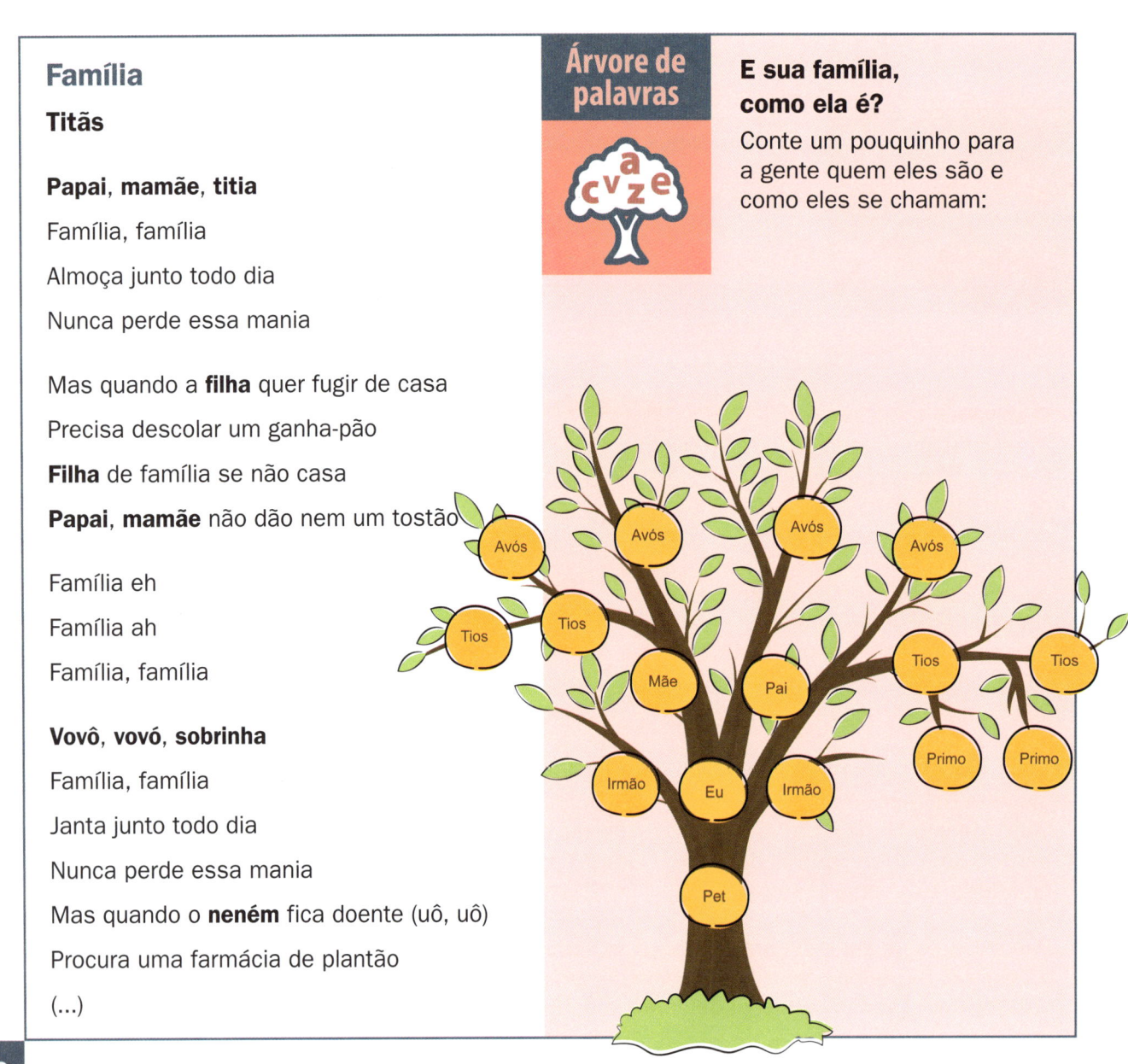

Torre de Babel

Sempre que falamos de algo que nos pertence, usamos os pronomes possessivos. Em português, eles devem concordar em gênero e em número com o objeto que possuímos. Observe:

O meu carro é novo e **meu** apartamento também é.

Minha viagem ao Brasil foi adiada.

Seu filho é muito inteligente e carismático.

Nossa casa fica em um bairro nobre.

Nosso escritório fica no centro.

Sua filha é bonita.

Seus filhos são muito estudiosos.

Atenção! Quando **falamos sobre** alguma pessoa, o possessivo concorda com o proprietário, e não com o objeto que a pessoa possui. Veja:

(Mariana) **O** cargo **dela** é de muita responsabilidade.
(Pedro José) **A** casa **dele** é espaçosa, ensolarada e arejada.

Pronomes pessoais	Pronomes possessivos			
	Masculino		Feminino	
	Singular	Plural	Singular	Plural
Eu	meu	meus	minha	minhas
Você(s)	seu	seus	sua	suas
Nós	nosso	nossos	nossa	nossas
Ele(s)/Ela(s)	dele	deles	dela	delas

 Fique de olho!

Diante dos pronomes possessivos podemos ou não usar artigos definidos. Com os artigos, a fala fica mais informal, mas o significado não se altera. Por isso podemos dizer "**O meu** carro é novo e **o meu** apartamento também é" ou "**Meu carro** é novo e **meu** apartamento também é." Ambas as formas são corretas.

Agora, complete as lacunas com o pronome possessivo adequado:

1. Eu emprestei o _____ (eu) livro *Grande Sertão: Veredas*, de Guimarães Rosa, e agora preciso dele.

2. — Oi, Marcelo! Olha _____ (eu) *bike* nova! Comprei ontem!

   — É bem bonita, Ricardo! _____ (você) *bike* é dobrável, perfeita para a cidade!

   — Sim! Posso ir ao _____ (eu) trabalho e para a casa da _____ (eu) namorada, mas, quando quero treinar, uso _____ (eu) velha *mountain bike*!

3. O _____ (eu) filho Eduardo passou no vestibular para Medicina.

4. A amiga _____ (eles) foi transferida para Moçambique.

5. O _____ (nós) hóspede é de Portugal.

6. O carro da _____ (eu) melhor amiga é um Jeep antigo.

7. Hoje começou _____ (nós) novo curso de português. _____ (nós)

professora é brasileira. O sotaque _____ (ela) é muito bonito.

Martelando

Agora, pratique um pouco mais com os exercícios pelo **QRCode**!

https://uqr.to/1yzig

Antenado

Ouça a gravação *A família ontem e hoje* e, em seguida, transcreva o texto.

http://uqr.to

Torre de Babel

Pronomes demonstrativos

Dia de família

— Oi, Lu! Que fotos lindas são **essas**?

— Oi, Carol! Pois é! Aqui, longe da família, bateu uma saudade e quis dar uma organizada em minhas fotos.

— Você está linda com **esse** vestido verde **aí**! E quem é que está aí do seu lado?

— Olha, **estes aqui**, do meu lado, são Juliana, minha irmã, e Pedro, o marido dela. E **essa** menininha linda aí, no meio deles, é minha sobrinha, Clara. E **aquele lá** de camisa azul é o Caio, o palhaço da família.

— E quem é o outro casal?

— São o André e a Paula, nossos amigos de toda a vida. Crescemos juntos. Eles têm dois filhinhos: Júlia e Artur. Quando a gente se reúne é uma festa só. A gente tira histórias do fundo do baú e dá boas risadas.

As palavras destacadas no texto são **pronomes demonstrativos**. Usamos esses pronomes para apontar ou para localizar pessoas, coisas ou acontecimentos no espaço ou no tempo. É por isso que, com frequência, usamos os demonstrativos acompanhados por advérbios que indicam lugares específicos. Veja o quadro a seguir:

Advérbio	Pronomes demonstrativos				
	Masculino		Feminino		Neutro
	Singular	Plural	Singular	Plural	Invariável
Aqui	Este	Este**s**	Esta	Esta**s**	Isto
Aí	Esse	Esse**s**	Essa	Essa**s**	Isso
Ali/Lá	Aquele	Aquele**s**	Aquela	Aquela**s**	Aquilo

E, por falar em pronomes demonstrativos, você sabia que, quando eles estão acompanhados pelas preposições "de" e "em", formam uma contração com elas? Vamos ver como!

Preposição	Pronomes demonstrativos		
	Masculino	Feminino	Neutro Invariável
De+	Este(**s**) = **D**este(**s**)	Esta(**s**) = **D**esta(**s**)	Isto = **D**isto
	Esse(**s**) = **D**esse(**s**)	Essa(**s**) = **D**essa(**s**)	Isso = **D**isso
	Aquele(**s**) = **D**aquele(**s**)	Aquela(**s**) = **D**aquela(**s**)	Aquilo = **D**aquilo

Preposição	Pronomes demonstrativos		
	Masculino	Feminino	Neutro Invariável
Em+	Este(**s**) = **N**este(**s**)	Esta(**s**) = **N**esta(**s**)	Isto = **N**isto
	Esse(**s**) = **N**esse(**s**)	Essa(**s**) = **N**essa(**s**)	Isso = **N**isso
	Aquele(**s**) = **N**aquele(**s**)	Aquela(**s**) = **N**aquela(**s**)	Aquilo = **N**aquilo

Preencha as lacunas a seguir com pronomes demonstrativos ou suas contrações.

1. _____ férias aqui em Jericoacoara estão incríveis!

2. _____ mês está muito tranquilo, sem muito trabalho. Que maravilha!

3. Mário, _____ é minha professora Maria.

4. Você poderia me passar _____ aí? Há muito tempo queria lê-lo.

5. Olha só! Quem são _____ pessoas que acabaram de chegar?

6. _____ blusa lá está linda!

7. Garçom, o que é _____ neste prato?

8. _____ lá no canto está livre?

9. Eu gosto _____ móveis aqui.

10. Eu moro _____ casa aqui desde que nasci.

Martelando

Vamos praticar
um pouco mais?
Acesse o QRCode
a arregace as
mangas.

http://uqr.to/1wj09

**Eu f@lo
português**

Família que come unida...

O corre-corre dos dias atuais tem dificultado as reuniões familiares. As refeições já não acontecem em família, todos juntos e no mesmo horário, como era antigamente. No entanto, esses momentos, aparentemente simples, podem significar muito para nossa saúde física e emocional.

Segundo alguns pesquisadores, as crianças e os adolescentes que comem em família costumam ter melhor desempenho acadêmico, maior facilidade de comunicação e são mais recursivos na hora de resolver os problemas. Além disso, nessas famílias há menor incidência de uso de drogas, gravidez precoce, anorexia, bulimia e depressão.

Os benefícios das refeições familiares são inumeráveis, pois fortalecem os vínculos afetivos e a identidade familiar, contribuem para a resolução de conflitos e para uma maior harmonia entre os membros da família. Durante as refeições, sentados em volta da mesa, há troca de experiências, mantêm-se as tradições e permanecem vivas as receitas e as bênçãos das avós.

Família que come unida permanece unida.

1. Você concorda com as afirmações feitas no texto? Justifique a sua resposta.

2. O que você entende por "família nunca perde essa mania"?

3. No seu país, as famílias ainda conseguem almoçar ou jantar juntas?

4. O que as reuniões familiares representam para você?

**Árvore de
palavras**

Almoço típico brasileiro

Você sabe o que é um prato-feito (PF)? Veja tudo o que ele pode ter.

1. _____

2. _____

3. _____

4. _____

5. _____

6. _____

7. _____

Torre de Babel

Imperativo (conjugação regular)

Receita de uma vitamina de frutas

Ingredientes

- 1 maçã picada
- 1 banana cortada em pedaços
- 2 pedaços de mamão em tiras
- 1/2 copo de leite
- 1/2 copo de água filtrada
- 1 pera cortada em cubos
- Pedaços de pêssego
- 1 kiwi pequeno em rodelas
- 1 pequeno pedaço de melancia
- 4 morangos partidos

Variação deliciosa: faça um suco de laranja e **prepare** a vitamina com esse suco em vez de água e leite.

Modo de preparo

Corte todas as frutas como indicado.

Coloque as frutas no liquidificador.

Depois **adicione** o leite.

Acrescente a água filtrada.

Em seguida, **sirva**-se e **saboreie**!!

Na maioria das receitas, usamos o imperativo. Vamos ver como se forma?

Primeiro, devemos lembrar como é a primeira pessoa do singular do presente do indicativo, sejam os verbos regulares ou não. Depois, eliminamos a terminação "**o**" do verbo, **seja ele do grupo que for**. No fim, adicionamos a terminação "**e**" para os verbos terminados em -AR, e a terminação "**a**" para os verbos terminados em -ER e -IR. Veja como é fácil!

Cortar	1ª pessoa do presente do indicativo Verbos terminados em -AR	Imperativo Verbos terminados em -AR
Cortar		
Eu	cort**e** + **e**	–
Você		cort**e**
Nós		cort**emos**
Vocês		cort**em**

Mexer/Dividir	1ª pessoa do presente do indicativo Verbos terminados em -ER/-IR		Imperativo Verbos terminados em -ER/-IR	
	Mexer	Dividir	Mexer	Dividir
Eu	mexe + a	divide + a	–	–
Você			mexa	divida
Nós			mexamos	dividamos
Vocês			mexam	dividam

Agora, observe que a mesma formação funciona quando os verbos são de conjugação irregular no presente:

Pronomes	Ter		Fazer	
	Presente	Imperativo	Presente	Imperativo
Eu	tenho	–	faço	–
Ele Ela Você	tem	tenha	faz	faça
Nós	temos	tenhamos	fazemos	façamos
Eles Elas Vocês	têm	tenham	fazem	façam

Você percebeu que, quando usamos o imperativo, só conjugamos os verbos para "você", "nós" e "vocês"?

Contudo, no português do Brasil, quando utilizamos o imperativo, preferimos a conjugação do "tu", sobretudo na linguagem coloquial. Para os brasileiros, esse é um ato natural que torna a comunicação menos rude, ou seja, os brasileiros "abrasileiraram" o uso do imperativo.

Por exemplo:

Pronomes	Presente do indicativo Verbos terminados em -AR	Imperativo Verbos terminados em -AR
	Cortar	
Tu	cortas	–
Você		corta

Pronomes	Presente do indicativo Verbos terminados em -ER/-IR		Imperativo Verbos terminados em -ER/-IR	
	Mexer	Dividir	Mexer	Dividir
Tu	mexes	divides	–	–
Você			mexe	divide

Quando criamos uma receita, usamos o imperativo para dar instruções. No entanto, o imperativo tem vários usos:

- **Conselho ou recomendação:** Tome uma aspirina para sua dor de cabeça, você vai se sentir melhor!
- **Advertência:** Cuidado! Não discuta com o chefe!
- **Súplica:** Ajude-me, por favor!
- **Pedidos:** Você pode me ajudar? Compre esse ingrediente na mercearia, por favor?
- **Ordem:** Vá dormir já!

Bora lá!

Agora é sua vez!
Escreva pelo menos cinco frases no imperativo explorando seus vários usos. Leia as frases para que seus colegas identifiquem se é um conselho, ordem, súplica, advertência ou pedido.

Torre de Babel

Imperativo (conjugação irregular)

Agora que você conhece bem o modo imperativo, é importante que saiba que, em português, existem seis verbos irregulares nesse modo. Eles são:

Verbos irregulares no imperativo			
	Ser	Estar	Ir
Você	seja	esteja	vá
Nós	sejamos	estejamos	vamos
Vocês	sejam	estejam	vão

Verbos irregulares no imperativo			
	Dar	Saber	Querer
Você	dê	saiba	queira
Nós	demos	saibamos	queiramos
Vocês	deem	saibam	queiram

Eu f@lo português

Quer apresentar uma receita bem brasileira para sua família?

Você é um chef de cozinha especializado em sobremesas. Prepare o **Bolo de Cenoura da Sonia Romanello** ou outra receita de sua preferência. Faça um vídeo explicando todos os passos da preparação e compartilhe com seus colegas.

Massa – Ingredientes

- 3 cenouras médias descascadas e raspadas
- 4 ovos
- 1 xícara de óleo
- 2 xícaras de farinha
- 2 xícaras de açúcar
- 1 colher de sopa de fermento em pó

Modo de preparo

Bata no liquidificador os três primeiros ingredientes.

Depois misture os ingredientes secos em uma tigela: a farinha, o açúcar e o fermento.

Em seguida, junte tudo na tigela para misturar todos os ingredientes e, finalmente, despeje a massa em uma forma de furo untada.

Cobertura – Ingredientes

3 colheres de achocolatado ou cacau em pó

2 colheres de leite

2 colheres de açúcar

1 colher de margarina

Modo de preparo

Misture todos os ingredientes em uma panela e leve ao fogo, mexendo sempre até ficar uma calda grossa.

Retire do fogo e cubra o bolo com essa cobertura.

Bom apetite!

Galeria Brasil

Assista ao vídeo *A Família Real vem morar no Brasil*, da TV Senado.

Agora que você já conheceu um pouquinho sobre a vinda da Família Real portuguesa ao Brasil, fale sobre algum acontecimento marcante na história do seu país.

http://uqr.to/1wj0a

Bora lá!

Em seguida, escreva uma resenha sobre esse vídeo para a coluna da sessão cultural do jornal *A Tribuna*.

Elaborar uma resenha é fazer, de maneira breve, uma crítica sobre determinado assunto e descrições da obra em questão. Além disso, é necessário justificar as críticas positivas ou negativas feitas na resenha. Tenha cuidado, pois não é um simples resumo!

RESENHA

TÍTULO

Nome do autor

Introdução

É uma exposição inicial sobre a obra, o tema e o autor.

Desenvolvimento

É a maior parte do texto e deve incluir os argumentos e as apreciações do resenhista sobre a leitura, o vídeo ou o filme analisado.

Conclusão

Envolve o fechamento das ideias e, geralmente, não é muito extensa.

Acesse o gabarito e os textos transcritos desta unidade!

http://uqr.to/1wj0b

UNIDADE 5

Dia de cão

Praça da Língua

Um dia de cão

Millôr Fernandes

Chegou em casa pelas últimas. Não aguentava mais. Jogou a pasta no chão da sala, jogou-se ele próprio em cima do sofá sem nem tirar o paletó e, quando o filho entrou vindo da rua, estranhando ele ali, desolado, na semiescuridão da sala, perguntou, assustado: "Que é que foi, papai, o senhor tem alguma coisa?". Ele, pela primeira vez na vida desabafou, atirou tudo que tinha dentro de si em cima do garoto de oito anos, de olhos arregalados: "Ah, meu filho, coitado de teu pai: foi um dia terrível! Eu e a tua mãe, você sabe, ela te telefonou, logo de manhã assinamos o desquite. Eu esperava que o juiz mandasse dar a ela 6.000 por mês, mas ele decretou 12.000 e eu ainda tive que pagar, na hora, todas as despesas do advogado, meu e dela: 83.000,73 cruzeiros. Assinei ali mesmo uns cheques pré-datados que ambos os advogados aceitaram...

Acesse o QRCode e veja como acaba essa história.

http://uqr.to/1wj0c

1 De acordo com a crônica de Millôr Fernandes, o que você entende por "dia de cão"?

_____

_____

_____

2 Enumere cinco acontecimentos citados no texto que descrevam o difícil dia do pai.

_____

_____

_____

_____

_____

3 Qual sua opinião sobre a recomendação que o filho dá ao pai?

_____

_____

_____

Torre de Babel

Você quer saber quem foi o Millôr Fernandes?
Acesse o QRCode e descubra!

http://uqr.to/1wj0d

O século XX em 14 descobertas marcantes

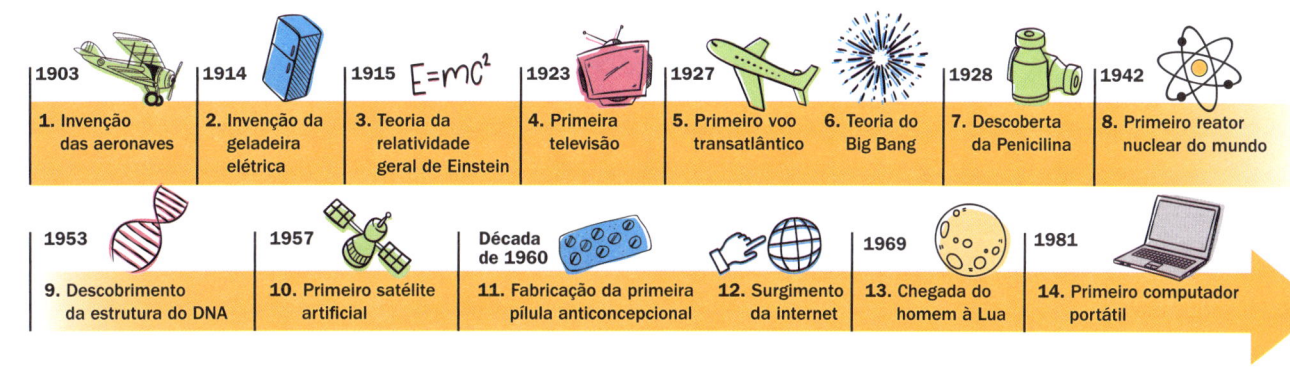

1903	1914	1915 $E=mc^2$	1923	1927		1928	1942
1. Invenção das aeronaves	**2.** Invenção da geladeira elétrica	**3.** Teoria da relatividade geral de Einstein	**4.** Primeira televisão	**5.** Primeiro voo transatlântico	**6.** Teoria do Big Bang	**7.** Descoberta da Penicilina	**8.** Primeiro reator nuclear do mundo

1953	1957	Década de 1960		1969	1981
9. Descobrimento da estrutura do DNA	**10.** Primeiro satélite artificial	**11.** Fabricação da primeira pílula anticoncepcional	**12.** Surgimento da internet	**13.** Chegada do homem à Lua	**14.** Primeiro computador portátil

- Qual desses acontecimentos do século XX você considera mais marcante?
- Quais deles foram positivos e quais foram negativos para o mundo?
- Que acontecimento você acrescentaria a essa linha do tempo?

Torre de Babel

Nossa memória, nossas lembranças, nossa saudade

O passado é muito importante para entendermos o presente e planejarmos nosso futuro. É por isso que, para falarmos do passado, usamos formas diversas que nos permitem, graças à conjugação, expressar nuances de significado e organizar nossa memória no tempo. Quer ver?

Pretérito perfeito

Usamos o pretérito perfeito quando queremos falar de acontecimentos que ocorreram em determinado momento do passado e já foram concluídos. Geralmente, as ações expressas por meio dele têm efeito visível até o momento da fala.

Verbos regulares

Pronomes	Acordar	Esquecer	Insistir
Eu	acord**ei**	esquec**i**	insist**i**
Ele, ela	acord**ou**	esquec**eu**	insist**iu**
Você, a gente	acord**amos**	esquec**emos**	insist**imos**
Eles, elas, vocês	acord**aram**	esquec**eram**	insist**iram**

Verbos irregulares

Pronomes	Ser	Ir	Ter	Estar	Fazer
Eu	fui	fui	tive	estive	fiz
Ele, ela, você, a gente	foi	foi	teve	esteve	fez
Nós	fomos	fomos	tivemos	estivemos	fizemos
Eles, elas, vocês	foram	foram	tiveram	estiveram	fizeram

Bora lá!

Em dupla, escreva um diálogo utilizando os verbos, as situações e as expressões sugeridas ao lado. Em seguida, faça uma apresentação para seus colegas.

Que dia de cão!
Que azar!
Hoje não é meu dia!
A bruxa tá solta!
Nossa!
Não me diga!
Que legal!
Que bom!
Que máximo!

1. Cinema: ir, assistir, gostar/não gostar.
2. Chegar atrasado ao trabalho: chegar, ter, começar.
3. Viagem de férias: voltar, curtir, conhecer.
4. Escrever artigo: escrever, trabalhar, corrigir.
5. Caixa eletrônico com problema: sacar, ir, ficar preso.

Martelando

Vamos praticar um pouquinho mais? **Acesse o QRCode** e conheça a história dos garotos de Liverpool.

http://uqr.to/1wj0e

Vamos arregaçar as mangas!

Pesquisem, em grupos, sobre um dos fatos mencionados a seguir e gravem um *podcast* para ser apresentado em sala de aula.

Brasil, século XX

1. Primeiro voo do 14-Bis de Santos Dumont – **1906**
2. Chegada dos primeiros imigrantes japoneses ao Brasil – **1908**
3. Semana de Arte Moderna – **1922**
4. Voto feminino – **1932**
5. Início da Bossa-Nova – **1958**
6. Inauguração de Brasília – **1960**
7. Brasil tricampeão na Copa do Mundo do México – **1970**
8. Rachel de Queiroz, primeira mulher a entrar para a Academia Brasileira de Letras – **1977**
9. Primeiro Rock in Rio – **1985**
10. Ayrton Senna, tricampeão de Fórmula 1 – **1991**
11. Entrada em vigor do Mercosul – **1991**
12. Plano Real – **1994**
13. Primeira Cúpula Sul-Americana – **2000**

 **Praça da Língua**

Infância perdida em meus pensamentos, uma crônica inacabada

Aureliano Peixoto

Quero voltar aos tempos da infância e novamente correr pelas calçadas daquelas ruas onde fui feliz, ruas onde brincava com amigos da longínqua infância. Fernando, Fabiana e Jannaína, por vários anos amigos inseparáveis, depois mudaram e continuamos amigos, até que o tempo se encarregou de nos separar. Destinos diferentes, vidas opostas, sejam pelas escolhas ou ironia da vida. Mas a amizade nunca se foi.

Todas as noites, brincávamos livremente pelas ruas do bairro Santa Luzia e naquela época a liberdade e a tranquilidade eram irmãs inseparáveis. Ruas de terra batida, a poeira, a lama, tudo fazia parte das brincadeiras e sempre traz saudades imensas daquela incrível época, pessoas que se foram com o tempo, brincadeiras que ficaram perdidas no tempo, vidas que mudaram épocas de adolescência onde cabelos compridos e gírias eram comuns para nossa idade e que hoje, para alguns, se perderam no tempo, na memória.

O bar do Maízo era o ponto de referência do bairro, ali inúmeras vezes fui buscar açúcar, café e tantas outras coisas para minha mãe. Lembro-me também de um acidente de carro na esquina de casa foi um barulhão danado.

Triste quando as crianças precisam ficar presas em casa, sem liberdade e os pais sempre procurando tranquilidade para a família. Portas trancadas, grades, alarmes e cercas elétricas são comuns nos dias de hoje.

1 **O que o autor fala sobre os seus amigos de infância?**

_____

_____

_____

_____

2 **Segundo o autor, como era a vida dele naquela época?**

_____

_____

_____

_____

3 **O que ele pensa sobre a infância de hoje?**

_____

_____

_____

_____

Pretérito imperfeito

Em comparação com o perfeito, é um tempo que expressa ações não concluídas. Por meio do imperfeito, falamos de processos, ações repetitivas ou que foram interrompidas em algum momento do passado. Veja as situações:

- Uma ação prolongada no passado:
  **Antigamente, as crianças liam mais que hoje.**

- Uma ação que era habitual no passado:
  **Todos os sábados, brincávamos no parque.**

- Uma ação no passado, que foi interrompida por outra:
  A família estava jantando quando a vizinha chegou.

- Duas ações no passado que ocorreram ao mesmo tempo:
  Enquanto Antônio lia, Sara escrevia.

Pronomes	Jogar	Entender	Sentir
Eu	jog**ava**	entend**ia**	sent**ia**
Ele, ela, Você, a gente	jog**ava**	entend**ia**	sent**ia**
Nós	jog**ávamos**	entend**íamos**	sent**íamos**
Eles, elas, vocês	jog**avam**	entend**iam**	sent**iam**

⚠ Fique de olho! Existem só quatro verbos irregulares no pretérito imperfeito.

Pronomes	Ser	Vir	Pôr	Ter
Eu	era	vinha	punha	tinha
Ele, ela, Você, a gente	era	vinha	punha	tinha
Nós	éramos	vínhamos	púnhamos	tínhamos
Eles, elas, vocês	eram	vinham	punham	tinham

Torre de Babel

Verbos "Vir" e "Pôr"

E, por falar em "vir" e "pôr", você sabia que esses verbos são irregulares também no presente e no pretérito perfeito? Vamos ver como eles se conjugam?

- João e eu sempre **vimos** de ônibus para o trabalho, mas, ontem, teve uma greve de transporte, por isso eu **vim** de carro e ele **veio** de bicicleta. Já nossos colegas, normalmente, **vêm** de metrô, e ontem **vieram** de táxi.

- Sempre que **venho** ao Brasil, **trago** presentes para toda a família. No ano passado, meu namorado e eu **viemos** passar o Natal e trouxemos uma mala cheia de lembrancinhas típicas.

- Quando meu filho **vem** me visitar, geralmente ele traz umas flores lindas, que eu **ponho** num vaso chinês, mas ontem ele me trouxe umas empadinhas de camarão que eu **pus** no forno para comer no lanche.

- No verão, nós **pomos** shortinho e camiseta, e, no inverno, a gente **põe** malha e casaco porque somos friorentos. E no seu país, o que vocês **põem**?

- — Vocês já **puseram** sal na comida?
  — Sim, **pusemos**, mas a Ana não **pôs** pimenta.

Agora é sua vez!

Depois de ler essas frases, você consegue completar o quadro a seguir com a conjugação desses verbos irregulares?

Pronomes	Vir		Pôr	
	Presente	P. Perfeito	Presente	P. Perfeito
Eu				
Ele Ela Você				
Nós				
Eles Elas Vocês				

Martelando

Pratique um pouco mais pelo **QRCode**.

http://uqr.to/1wj0f

Antenado

Assista ao vídeo *Karnal: não existiam crianças antes do século XX*. Depois, comente com seus colegas:

1. Você já tinha ouvido falar que "não havia crianças na Idade Média"?
2. O que você achou da história contada por Leandro Karnal?
3. Qual é o papel das crianças em sua sociedade?

http://uqr.to/1wj0g

Agora, prepare uma pequena entrevista a seus pais, avós ou pessoas de uma geração mais velha que a sua, perguntando como foi a infância deles e se veem mudanças importantes em relação à contemporaneidade. Compartilhe a entrevista com seus colegas. Pode ser em formato de texto, para ser publicado em um jornal no Dia das Crianças, ou em formato de vídeo para apresentar em sala de aula.

Eu f@lo português

A partir das imagens, conte como as crianças se divertiam antes e como o fazem agora. Quais eram seus brinquedos e brincadeiras favoritos?

Martelando

Complete as lacunas a seguir:

Eu moro em Belo Horizonte há 10 anos, mas passei minha infância no interior de Minas. Lá, as crianças (1) _____ (correr) pelas ruas, (2) _____ (subir) nas árvores, (3) _____ (nadar) nas cachoeiras, (4) _____ (fazer) trilhas e (5) _____ (acampar). Nós (6) _____ (adorar) brincar de esconde-esconde, pula-sela e amarelinha. As meninas (7) _____ (ter) bonecas de trapo e (8) _____ (jogar) bolinha de gude e pião.

   A gente (9) _____ (ir) para a escola caminhando, o tempo (10) _____ (passar) lentamente, todo dia (11) _____ (ser) dia de aprender e de brincar. Na hora do recreio, nós (12) _____ (jogar). À tarde, (13) _____ (andar) de bicicleta e (14) _____ (pular) corda. (15) _____ (ter) muita energia. À noite, ainda (16) _____ (encontrar) tempo para jogar videogame.

   Bons tempos aqueles!

Bora lá!

Leve o **diário de classe** para casa e escreva sobre fatos, lembranças de viagem ou de que ou de quem você tem saudades. Você pode usar expressões como:

ontem, anteontem, na semana passada, no mês passado, no ano passado, em dezembro, em julho, de manhã, de tarde, de noite, antes, antigamente.

Batucando

Escute a música *João e Maria*, de Chico Buarque, e veja como eram as brincadeiras de criança.

João e Maria
Chico Buarque

Agora eu era o (1) _____

E o meu cavalo só (2) _____ inglês

A (3) _____ do cowboy

Era você além das (4) _____ três

Eu (5) _____ os batalhões

Os (6) _____ e seus canhões

Guardava o meu bodoque

E (7) _____ um rock para as matinês

(8) _____ eu era o rei

Era o bedel e era (9) _____ juiz

E pela (10) _____ lei

A (11) _____ era obrigada a ser feliz

E você era a princesa que eu (12) _____ coroar

E era (13) _____ linda de se admirar

Que (14) _____ nua pelo meu país

(15) _____, não fuja não

Finja que agora eu era o seu (16) _____

Eu era o seu (17) _____

O seu (18) _____ preferido

Vem, me dê a (19) _____

A gente agora já não tinha (20) _____

No tempo da maldade

(21) _____ que a gente nem (22) _____ nascido

Acesse o QRCode e descubra o significado de algumas das palavras da música *João e Maria*.

Árvore de palavras

E você, o que queria ser quando era criança? Herói, cowboy, juiz? Talvez astronauta, bombeiro, professora, modelo, médica, engenheira, escritora ou atriz?

Por quê?

Relacione as colunas corretamente de acordo com as profissões.

1. Ele está atendendo um paciente no Posto de Saúde.
2. Elas estão apoiando os refugiados.
3. Eu estou indo para Nova York para participar de uma reunião de diretoria.
4. Nós estamos defendendo um caso bastante complicado ante a opinião pública.
5. Ele está preparando um relatório sobre o resultado econômico da empresa.
6. Elas estão pesquisando sobre a dengue.
7. Eles estão se preparando para ingressar na carreira diplomática.
8. Vocês estão desenvolvendo um software para o Ministério da Educação.
9. Ele está trabalhando na reabilitação de pacientes que tiveram AVC.
10. Eu estou decidindo se vamos ou não construir um edifício inteligente.

( ) Arquiteto
( ) Executivo, empresário
( ) Médico, pesquisador, cientista
( ) Engenheiro de sistemas
( ) Médico
( ) Fisioterapeuta
( ) Economista
( ) Relações internacionais
( ) Psicólogo, assistente social, sociólogo
( ) Advogado

Escolha uma das profissões a seguir e faça a mímica para que os seus colegas descubram qual é.

Dentista
Jornalista
Atriz
Professor
Cabeleireiro
Chef
Motorista
Veterinário
Arqueólogo
Faxineira
Flanelinha
Encanador
Bombeiro
Eletricista
Policial
Aeromoça

Eu f@lo
português

Algumas profissões, como engenheiro, advogado e arquiteto, continuam sendo valorizadas no mercado de trabalho, outras nem tanto, mas a maioria das empresas está procurando profissionais com habilidades específicas. Veja a lista a seguir:

1. Ser proativo.	**6.** Ser hábil para resolver problemas complexos.
2. Estar aberto a mudanças.	**7.** Ter inteligência emocional.
3. Dominar novas tecnologias.	**8.** Possuir flexibilidade cognitiva.
4. Falar outros idiomas.	**9.** Tomar decisões rapidamente.
5. Aprender sempre.	**10.** Saber estimular sua equipe.

- Quais dessas habilidades você considera mais relevantes para um bom desempenho?
- Quais delas você tem ou precisa desenvolver?
- Qual é imprescindível para ser líder?

Torre de Babel

Gerúndio

O que você está pensando?

Com o que você está sonhando?

O que você está fazendo?

Com quem você está se conectando?

O **gerúndio** é utilizado para expressar uma ação que está ocorrendo no momento da fala:

— Eu falo francês, mas agora **estou estudando** português.

O gerúndio também pode vir acompanhado do verbo "estar" em outros tempos verbais, como pretéritos perfeito e imperfeito ou futuro do presente:

— Eu já **estive falando** com ele, mas não adiantou. Ele não mudou de ideia.

— Quando você ligou para mim, eu **estava trabalhando**, por isso não pude atender.

— Amanhã, a esta hora, **estaremos viajando**.

VERBO ESTAR + verbo com as terminações -ando, -endo, -indo, -ondo

AR	ER	IR	OR
-ando	-endo	-indo	-ondo
Conversando	Comendo	Dividindo	Compondo

⚠ Fique de olho!

A terminação "-or" é exclusiva do verbo pôr e seus derivados tais como "compor", "impor", "supor", "dispor", "repor", "expor", entre outros. Todos eles seguem o mesmo modelo de conjugação.

Complete as lacunas a seguir com os verbos no gerúndio.

1. As crianças _____ (nadar) na piscina.

2. Eles _____ (ver) um filme e _____ (comer) pipoca.

3. Ela _____ (compor) uma música para o Festival de Verão.

4. Você _____ (ir) para casa ou para a faculdade?

5. Nós _____ (arrumar) a mesa enquanto ela _____ (fazer) o jantar.

http://uqr.to/1wj0j

Agora é a sua vez! **Acesse o QRCode** e descubra o que as pessoas estão fazendo.

Árvore de palavras

Divirta-se e aprenda mais sobre estas expressões idiomáticas que usam a palavra "cachorro" ou "cão"! Relacione as duas colunas:

1. Estar num mato sem cachorro.

2. Cão que ladra não morde.

3. Vida de cão.

4. Bom pra cachorro.

5. Frio do cão.

6. Soltar os cachorros.

7. Quem não tem cão caça com gato.

8. Não se ensina truque novo a cachorro velho.

9. Matando cachorro a grito.

10. Brigar como cão e gato.

( ) Usa-se quando está muito frio.

( ) Significa que algo é muito bom.

( ) Refere-se a alguém que age de forma agressiva, por meio de insultos.

( ) Usa-se para indicar que, quando a pessoa não pode fazer algo de determinada maneira, procura outra forma de fazê-lo.

( ) Refere-se a uma pessoa que leva uma vida difícil, por trabalhar muito.

( ) Utiliza-se para falar de duas pessoas que não param de brigar.

( ) Usa-se para aqueles que falam muito, mas, na hora de agir, nada fazem.

( ) É usado para os que estão desesperados, passando por um momento difícil.

( ) É usado para se referir à resistência que pessoas mais velhas podem ter às inovações.

( ) Indica que a pessoa não tem os recursos necessários para resolver um problema.

Em grupo, simule algumas situações em que você poderia utilizar as expressões apresentadas.

Antenado

Ouça e transcreva o texto *Uma viagem incrível à Amazônia*. Depois, faça o exercício proposto.

http://uqr.to/1wj0k

Galeria Brasil

Independência do Brasil

Assista ao vídeo *Histórias do Brasil – Independência ou Morte* da TV Senado e responda às perguntas:

http://uqr.to/1wj0l

1. O que os portugueses pretendiam depois da volta de D. João VI a Portugal?
2. O que os deputados portugueses fizeram?
3. Qual é o papel de José Bonifácio na independência do Brasil?
4. O que você entendeu pelo "Dia do Fico"?
5. Qual é a importância da Princesa Leopoldina no processo de independência?
6. O que foi a Confederação do Equador?
7. Como o Brasil independente se relacionou com a Inglaterra?
8. Quantos imperadores o Brasil teve?

Acesse o gabarito e os textos transcritos desta unidade!

http://uqr.to/1wj0m

UNIDADE 6
REVISÃO – UNIDADES 1-5

Unidade 1
1. Pronúncia brasileira.
2. Verbos irregulares "ser", "estar" e "ir" no presente do indicativo.
3. Verbos regulares terminados em "-ar", "-er" e "-ir" no presente do indicativo.

Unidade 2
1. Gênero e artigos.
2. Contrações obrigatórias.
3. Números até 100.

Unidade 3
1. Formação do plural dos substantivos.
2. Futuro imediato e futuro do presente.
3. Verbos irregulares "querer", "poder", "ter", "preferir" e "curtir".

Unidade 4
1. Pronomes possessivos.
2. Pronomes demonstrativos.
3. Imperativo.

Unidade 5
1. Pretéritos perfeito e imperfeito de verbos regulares e irregulares.
2. Verbos "vir" e "pôr" no presente e pretérito perfeito do indicativo.
3. Gerúndio.

Complete o texto a seguir com artigos, preposições ou contrações, de acordo com a necessidade.

A Velha Contrabandista

Stanislaw Ponte Preta

Diz que era _____ velhinha que sabia andar _____ lambreta. Todo dia ela passava _____ fronteira montada _____ lambreta, com um bruto saco atrás da lambreta. O pessoal _____ Alfândega – tudo malandro velho – começou a desconfiar da velhinha.

Um dia, quando ela vinha na lambreta com _____ saco atrás, o fiscal da Alfândega mandou ela parar. A velhinha parou e então o fiscal perguntou assim pra ela:

— Escuta aqui, vovozinha, a senhora passa por aqui todo dia, com esse saco aí atrás. Que diabo _____ senhora leva nesse saco?

A velhinha sorriu com _____ poucos dentes que lhe restavam e mais outros, que ela adquirira no odontólogo, e respondeu:

— É areia!

Aí quem sorriu foi o fiscal. Achou que não era areia nenhuma e mandou a velhinha saltar da lambreta para examinar o saco. A velhinha saltou, o fiscal esvaziou o saco e dentro só tinha areia. Muito encabulado, ordenou à velhinha que fosse em frente. Ela montou na lambreta e foi embora, com o saco de areia atrás.

Mas o fiscal ficou desconfiado ainda. Talvez a velhinha passasse _____ dia com areia e _____ outro com muamba, dentro daquele maldito saco. No dia seguinte, quando ela passou na lambreta com o saco atrás, o fiscal mandou parar outra vez. Perguntou o que é que ela levava no saco e ela respondeu que era areia, uai! O fiscal examinou e era mesmo. Durante um mês seguido o fiscal interceptou a velhinha e, todas as vezes, o que ela levava no saco era areia. Diz que foi aí que o fiscal se chateou:

— Olha, vovozinha, eu sou fiscal de alfândega com 40 anos de serviço. Manjo essa coisa de contrabando pra burro. Ninguém me tira da cabeça que a senhora é contrabandista.

— Mas no saco só tem areia! – insistiu a velhinha. E já ia tocar a lambreta, quando o fiscal propôs:

— Eu prometo à senhora que deixo a senhora passar. Não dou parte, não apreendo, não conto nada a ninguém, mas a senhora vai me dizer: qual é o contrabando que a senhora está passando por aqui todos os dias?

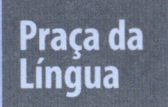 **Bora lá!** Como você imagina que vai terminar essa história? Escreva o final e compartilhe com seus colegas.

_____

_____

_____

_____

_____

 **Praça da Língua** Depois, **acesse o QRCode** e descubra o final criado pelo autor.

http://uqr.to/1wj0o

 **Árvore de palavras**

Muamba
Lambreta
Manjo
Malandro velho
Pra burro
Alfândega

 **Antenado** Ouça e transcreva as palavras.

http://uqr.to/1wj0p

Você entendeu o que significam as expressões apresentadas? Elabore frases com elas.

Eu f@lo português Pesquise a biografia de Sérgio Porto/Stanislaw Ponte Preta, conheça um pouquinho mais sobre a importância de sua obra, a sua contribuição para a música brasileira e conte para seus colegas o que foi o Febeapá.

Batucando

Vamos treinar um pouco com verbos no presente? Escute a música *Lourinha Bombril*, de Os Paralamas do Sucesso, e complete as lacunas:

Lourinha Bombril
Os Paralamas do Sucesso

Para e repara

_____ como ela _____

Olha como ela _____

Olha que _____

_____ crioula tem o olho _____

Essa lourinha tem _____ bombril

Aquela índia tem sotaque do _____

Essa _____ é da cor do _____

A _____ tá falando _____

A _____ tá falando no pé

A _____ cozinhando o _____

A _____ se _____ com _____

Häagen-Dazs de mangaba, Chateau canela-preta

_____ made in Carmo dando a volta no planeta

_____ presidente

_____ a _____

_____ pra comida, prato pra _____

Martelando

Preencha as lacunas com os verbos conjugados no tempo adequado.

1. Ela _____ (estar) na praia com os amigos dela.

2. Ontem ela não _____ (poder) estudar porque _____ (estar) doente.

3. Pedro _____ (perder) todos os seus documentos.

4. Marina _____ (ir) ao teatro assistir à peça *O Lago dos Cisnes*.

5. Ontem nós não _____ (querer) sair porque _____ (estar) chovendo muito.

6. Ela _____ (preferir) estudar Medicina.

7. Na semana passada, a gente _____ (fazer) uma festa-surpresa para o Paulo.

http://uqr.to/1wj0q

8. Os meninos _____ (decidir) doar brinquedos ao orfanato.

9. Ontem eu _____ (dar) de cara com minha orientadora no bandejão da universidade.

10. Na quarta-feira, nós _____ (ter) um treinamento sobre protocolo de biossegurança.

Vamos bugigangar com pronomes possessivos e demonstrativos?

O professor e todos os alunos deverão colocar objetos no centro da sala. O professor chamará um estudante para ir até o centro pegar um objeto e perguntar "De quem é...?", utilizando corretamente o pronome demonstrativo. O dono do objeto deve responder utilizando corretamente o pronome possessivo e o demonstrativo.

Leia o fragmento de *A Menina do Mar*, de Sophia de Mello Breyner Andresen, e complete as lacunas utilizando o plural.

Nessa casa morava um rapazito que passava o__ dia__ a brincar na praia. Era uma praia muito grande e quase deserta onde havia rochedo__ maravilhoso__. Mas durante a maré alta os rochedos estava__ coberto__ de água. Só se via__ a__ onda__ que vinha__ crescendo do longe até quebrarem na areia com barulho de palma__. Mas na maré vazia a__ rochas aparecia__ coberta__ de limo, de búzio__, de anémona__, de lapa__, de algas e de ouriço__. Havia poça__ de água, rio__, caminho__, gruta__, arco__, cascata__. Havia pedra__ de toda__ a__ cor__ e feitio__, pequenina__ e macia__, polida__ pela__ onda__. E a água do mar era transparente e fria. Às vezes passava um peixe, mas tão rápido que mal se via. Dizia-se "Vai ali um peixe" e já não se via nada. Mas a__ vinagreira__ passava__ devagar, majestosamente, abrindo e fechando o seu manto roxo. E o__ caranguejo__ corria__ por todo__ o__ lado__ com uma cara furiosa e um ar muito apressado.

Fonte: ANDRESEN, Sophia de Mello Breyner. *A Menina do Mar*. p. 1. Disponível em: https://maioresdepensamento.files.wordpress.com/2015/01/menina_do_mar.pdf. Acesso em: 19/04/2023.

Gincana

Você, com certeza, já jogou o jogo da velha.

Faz muito tempo, as senhoras britânicas se reuniam para jogar "zeros e cruzes" enquanto batiam papo e bordavam. É por isso que o passatempo ganhou o nome de "jogo das velhas" e, depois, simplesmente, "jogo da velha". Vamos jogar?

Divida a sala em várias equipes. Cada uma deve escolher um nome e uma cor para se identificar. Está na hora de ver o que aprendemos: complete os espaços em branco e conjugue os verbos de acordo com os sujeitos e tempos verbais indicados.

Mãos à obra!

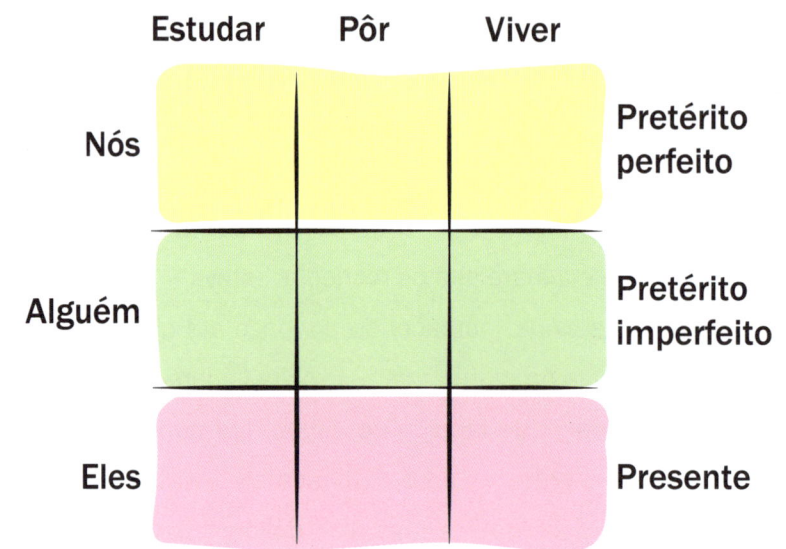

	Estudar	Pôr	Viver	
Nós				Pretérito perfeito
Alguém				Pretérito imperfeito
Eles				Presente

 **Bora lá!** Imagine que você é diretor da fundação Educando para Transformar e deverá apresentar ao conselho consultivo as suas linhas de ação para os próximos cinco anos. Utilize o futuro imediato.

Acesse o gabarito e os textos transcritos desta unidade!

http://uqr.to/1wj0r

UNIDADE 7

Pé na estrada

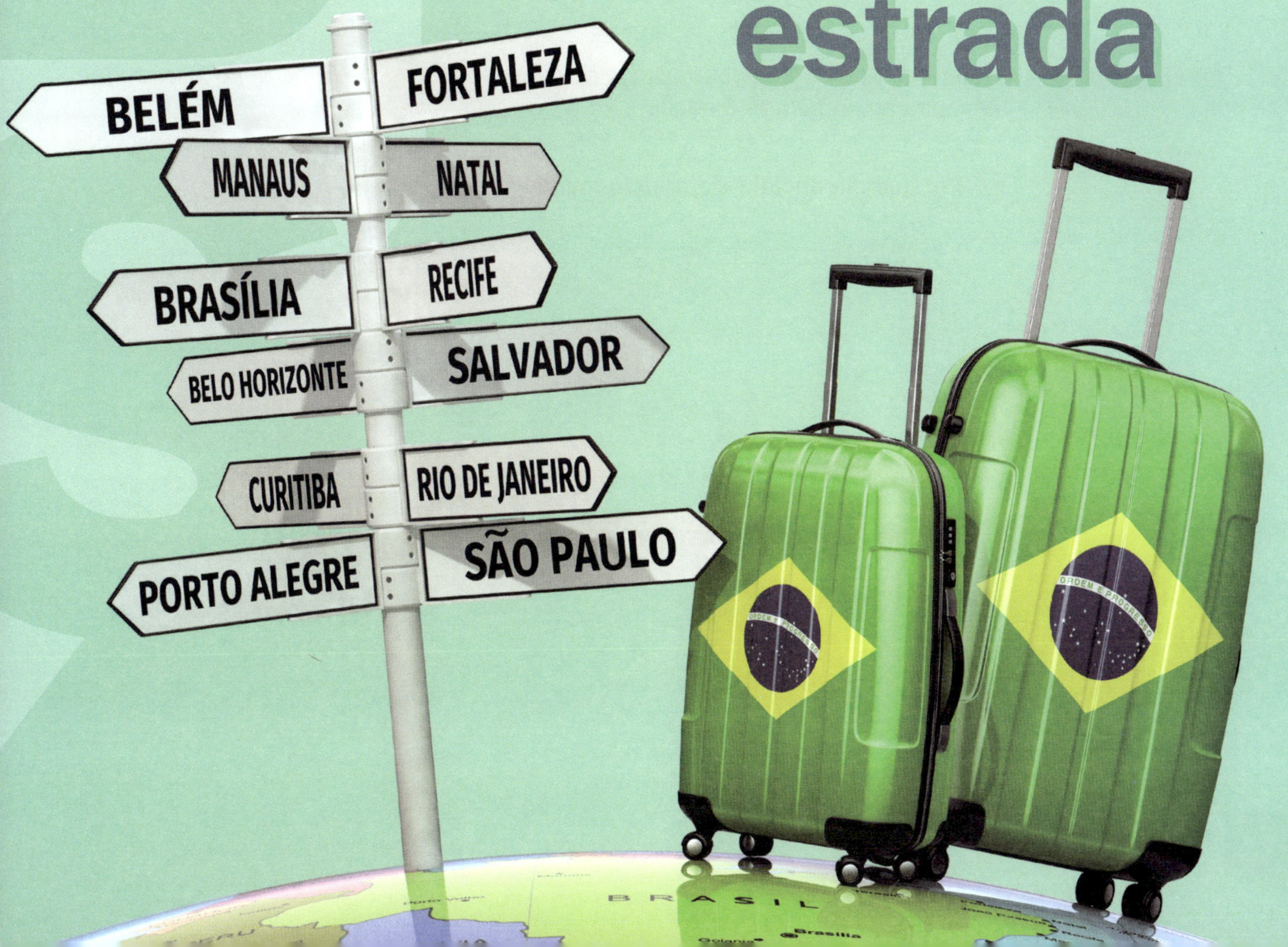

BELÉM
FORTALEZA
MANAUS
NATAL
BRASÍLIA
RECIFE
BELO HORIZONTE
SALVADOR
CURITIBA
RIO DE JANEIRO
PORTO ALEGRE
SÃO PAULO
BRASIL
Brasília

Praça da Língua

Ninguém viaja do mesmo jeito

"[...] viajar é ir mirando o caminho, vivendo-o em toda sua extensão e, se possível, em toda a sua profundidade, também. É entregar-se à emoção que cada pequena coisa contém ou suscita. É expor-se a todas as experiências e todos os riscos, não só de ordem física, – mas, sobretudo, de ordem espiritual. Viajar é uma outra forma de meditar", assim pensava a poeta Cecília Meireles.

Segundo ela, "há um momento feliz em todas as viagens: quando na bruma da distância já se adivinha a presença dos amigos; quando se descobre o primeiro sorriso de boas-vindas e o coração se emociona sobre o primeiro ramo de flores".

Cecília Meireles relata suas viagens pelo mundo e compartilha com os seus leitores no livro *Crônicas de viagem* a sua sensível impressão de cada lugar por onde passou. No entanto, sabemos que existem muitas formas de viajar: nossa mente, os livros, as histórias relatadas por pessoas que amamos ou desconhecidos podem se transformar em uma travessia mágica.

Ninguém viaja do mesmo jeito nem permanece o mesmo depois de colocar o pé na estrada. Há quem diga que uma coisa é ser turista e outra é ser viajante. Cecília dizia que o turista "é uma criatura feliz que parte por esse mundo com a sua máquina fotográfica a tiracolo", ao passo que o viajante é aquele que quer "morar em cada coisa, descer à origem de tudo, amar loucamente cada aspecto do caminho".

E você, é um turista ou viajante? Você já pôs o pé na estrada ou conhece alguém que já fez isso?

Você gostaria de botar o pé na estrada?

Antenado

http://uqr.to/1wj0s

Assista ao vídeo *Sete anos viajando pelo mundo afora – um mochileiro inspirador* e responda às perguntas a seguir:

1 **Por que ele decidiu viajar pelo mundo?**

_____

_____

_____

_____

2 **Por que as viagens representavam uma fuga?**

_____

_____

_____

_____

3 **O viajante relatou várias mudanças vivenciadas por ele. Cite algumas e diga com qual delas você se identifica mais.**

_____

_____

_____

_____

_____

E aí, você ficou com vontade de viajar?

Ouça e transcreva as *Dicas para elaborar seu diário de viagem*.

http://uqr.to/1wj0t

Futuro do pretérito

O que você faria se fosse convidado para fazer uma viagem a um desses lugares?

Eu gostaria de...

Eu aceitaria...

Eu viajaria...

Eu ficaria...

Como você pôde ver, usamos o futuro do pretérito para falar de ações hipotéticas que dependem da realização ou do cumprimento prévio de determinada condição. É por isso que, geralmente, vem a integrar orações compostas que chamamos de condicionais, mas essa não é a única situação em que usamos esse tempo. Observe:

Lençóis Maranhenses

Manaus

Chapada Diamantina

Fernando de Noronha

Pirenópolis

Ouro Preto

Inhotim

UNIDADE 7

Situações

1. Condicional: Eu estudaria mais se tivesse tempo.

2. Incerteza: Eu não saberia dizer onde fica.

3. Ironia: Ah, sim, claro que ele faria melhor do que nós!

4. Ordens e pedidos: Você poderia falar mais alto?
            Será que você não poderia falar mais alto?

5. Desejo ou necessidade: Gostaria de conhecer o mundo inteiro!

A formação do futuro do pretérito é bem simples: basta adicionar as terminações pessoais adequadas aos verbos no infinitivo, sejam eles regulares ou não.

Formação				
Pronomes	Infinitivo +	Viajar	Aprender	Decidir
Eu	-ia	viajar**ia**	aprender**ia**	decidir**ia**
Ele Ela Você	-ia	viajar**ia**	aprender**ia**	decidir**ia**
Nós	-íamos	viajar**íamos**	aprender**íamos**	decidir**íamos**
Eles Elas Vocês	-iam	viajar**iam**	aprender**iam**	decidir**iam**

Utilize o futuro do pretérito e responda a uma das perguntas a seguir:

1. Se pudesse presenciar a conversa entre dois líderes ou celebridades, quem seriam eles?
2. Se você pudesse fazer uma viagem no tempo, o que você escolheria: o passado ou o futuro?
3. O que seria mais difícil: uma semana sem tomar banho ou uma semana sem trocar de roupa?
4. Se você pudesse ser presidente do seu país, qual seria sua primeira medida?

Torre de Babel

Verbos de formação irregular no futuro do pretérito

Existem apenas três verbos de formação irregular: "fazer", "trazer" e "dizer". Na formação deles, perde-se o sufixo "-ze" e adicionam-se as terminações regulares. Veja:

Pronomes	Fazer	Trazer	Dizer
Eu	far**ia**	trar**ia**	dir**ia**
Ele Ela Você	far**ia**	trar**ia**	dir**ia**
Nós	far**íamos**	trar**íamos**	dir**íamos**
Eles Elas Vocês	far**iam**	trar**iam**	dir**iam**

Complete o diálogo com os verbos conjugados no futuro do pretérito.

— Se eu pudesse, eu (1) _____ (adorar) tirar umas férias longas em um lugar onde não exista pressa, onde não tenha que estar de olho no relógio e as pessoas ainda vivam a vida.

— Nossa! Mas que lugar é esse? Existe? Para onde você (2) _____ (ir)?

— Eu (3) _____ (pegar) minhas coisas, (4) _____ (jogar) tudo pro alto, (5) _____ (arrumar) as minhas malas e (6) _____ (fugir) para Fernando de Noronha.

— Mas isso não é muito longe? Tem certeza de que você (7) _____ (aguentar) ficar desconectada desse jeito?

— Eu? Não tenha dúvida de que (8) _____ (aproveitar) ao máximo. (9) _____ (aprender) a viver de uma forma diferente, (10) _____ (conhecer) todas as praias, (11) _____ (fazer) a trilha do Morro do Pico, (12) _____ (comer) frutos do mar e peixe à beça, (13) _____ (passear) de barco e não (14) _____ (perder) nenhuma excursão.

— Ah, mas pra isso você (15) _____ (ter) que ganhar na loteria, porque Fernando de Noronha é caríssimo.

— Ah, mas eu vou ganhar mesmo! Sonhar ainda é de graça.

 **Bora lá!**

Imigrantes, refugiados e apátridas

Pôr o pé na estrada é, para muitos, uma experiência fascinante; no entanto, há milhões de pessoas no mundo que são obrigadas a deixarem os seus lugares de origem. Segundo a ACNUR, aproximadamente 117 milhões de pessoas deixaram seus países, 43,4 milhões são refugiados, grande parte deles provenientes do Afeganistão, Síria, Venezuela, Ucrânia e Sudão (informação disponível em: https://www.acnur.org/portugues/dados-sobre-refugiados/. Acesso em: 1º ago. 2024). Muitos deles chegaram ao Brasil e são muito gratos ao país por tê-los recebido. No entanto, ainda persiste um lado sombrio nessa história. Há milhões de pessoas no mundo que não possuem nacionalidade, não podem comprovar de onde vieram nem onde nasceram. São os apátridas. Eles não perderam somente a possibilidade de demonstrar sua origem, mas também seus direitos básicos: educação, atenção médica, emprego e liberdade de movimento. Praticamente, deixaram de existir. Tornaram-se invisíveis.

 **Eu f@lo português**

Você é um jornalista estrangeiro que visitou o Brasil e se surpreendeu com o número de imigrantes no País. Escute a música com que os refugiados homenageiam o Brasil e escreva uma matéria para o seu blog contando quais foram os motivos que levaram esses refugiados para o Brasil, de onde eles vieram e o que o País representa para eles.

http://uqr.to/1wj0u

Torre de Babel

Presente do subjuntivo

*Nossa! Com esse trânsito, talvez ele não **consig**a chegar até o aeroporto.*

*Ih! É provável que **chov**a hoje.*

*Embora **com**a muito, ela não é gorda.*

*Depois de tudo o que aconteceu, duvido que elas **continu**em amigas.*

*Tomara que você **pass**e no vestibular para Engenharia Mecatrônica. Estou torcendo por você!*

*Para ter sucesso, é imprescindível que você **am**e sua profissão.*

Quando falamos de sentimentos, dúvidas, desejos, recomendações e fatos incertos, usamos o modo subjuntivo. Todas essas emoções podem ocorrer no presente, no passado ou no futuro. É por isso que, no modo subjuntivo, temos conjugações em todos os tempos. Nas formas simples do subjuntivo, esses tempos são o presente, o imperfeito e o futuro. Vamos ver como é o subjuntivo no presente?

 Fique de olho

São dois os modelos de conjugação existentes no presente do subjuntivo: um para os verbos terminados em **-ar** e outro para os terminados em **-er** e **-ir**. Esses modelos são idênticos aos modelos do imperativo, o que significa que, para formarmos o presente do subjuntivo, precisamos lembrar a conjugação da 1ª pessoa do singular do presente do indicativo de qualquer verbo. A única diferença é que, no subjuntivo, temos conjugação para a 1ª pessoa do singular (eu), mas, no imperativo, não. Observe:

Conjunção	Pronome pessoal	Verbos na 1ª pessoa do singular do presente do indicativo		
		-AR	-ER	-IR
		eu viaje + e	eu faço + a	eu durme + a
QUE	Eu	viaje	faça	durma
	Ele Ela Você	viaje	faça	durma
	Nós	viajemos	façamos	durmamos
	Eles Elas Vocês	viajem	façam	durmam

 **Fique de olho!** No presente do subjuntivo, existem três tipos de verbos pertencentes ao grupo de terminados em "-ar" que apresentam alteração ortográfica:

Verbos com mudança ortográfica no presente do subjuntivo

1ª pessoa do presente do indicativo		-car	-çar	-gar
		Eu fico + e	Eu almoço + e	Eu ligo + e
		QU	C	GU
QUE	Eu	fique	almoce	ligue
	Você	fique	almoce	ligue
	Nós	fiquemos	almocemos	liguemos
	Vocês	fiquem	almocem	liguem

Complete as frases a seguir com o verbo indicado no presente do subjuntivo.

1. **Ainda que** _____ (morar) longe, não quero deixar minha casa.

2. Não vou pedir demissão **mesmo que** _____ (ter) muito trabalho.

3. Você pode descansar, **contanto que** _____ (fazer) um bom relatório.

4. Temos que mudar o cardápio do restaurante **a fim de que** os clientes _____ (retornar).

5. Não deixe de ligar para mim, **caso** _____ (ver) que está atrasado!

6. **Embora** _____ (gostar) de chocolate, estou tentando comer menos.

7. Nós não vamos parar de estudar **até que** _____ (aprender) a falar e escrever muito bem em português.

8. **Por mais que** _____ (fingir) calma, Miguel tem pavor de avião.

9. **Por menos que** me _____ (importar) com preconceitos, vou cuidar do meu peso por uma questão de saúde.

Martelando

Acesse o QRCode e divirta-se fazendo a atividade proposta.

http://uqr.to/1wj0v

Batucando

http://uqr.to/1wj0w

Vamos batucar? Escute e preencha as lacunas da música *Amor pra recomeçar*, de Frejat, e veja a presença do subjuntivo na vida cotidiana.

Amor pra recomeçar

Frejat

Eu te desejo não parar tão cedo

Pois toda idade tem prazer e medo

E com os que (1) _____ feio e bastante

Que você (2) _____ ser tolerante

Quando você ficar triste, que (3) _____ por um dia

E não o ano inteiro

E que você (4) _____ que rir é bom

Mas que rir de tudo é desespero

Desejo que você (5) _____ a quem amar

E quando estiver bem cansado

Ainda (6) _____ amor pra recomeçar

Pra recomeçar

Eu te desejo muitos amigos

Mas que em um você (7) _____ confiar

E que tenha até inimigos

Pra você não (8) _____ de duvidar

Torre de Babel

Acentuação

Um dos mais importantes tradutores e figuras da cultura brasileira do século XX foi o húngaro Paulo Rónai. Assim como muitos outros estrangeiros, ele se encantou pela língua portuguesa. A primeira notícia que teve sobre o português é que era "alegre e doce como uma língua de passarinhos". Mas por que será que, para tantos estrangeiros, o português é uma língua musical, que parece cantada?

Dizem que o português é rítmico, silabado, que o som mutante das vogais é um grande desafio para quem quer aprender português, que é uma língua alegre, melódica e que, em algumas ocasiões, parece que as consoantes desaparecem para que as vogais façam a festa em cada sílaba. Será que brasileiro fala o tempo todo "inho", "ão", essa nasalização que, às vezes, atazana a vida dos estrangeiros, mas que faz do português uma língua linda, cálida e acolhedora? Por isso é bem importante não se preocupar com o sotaque. Cada um de vocês falará o português da sua forma, com sua identidade, com a herança que vocês trazem da sua língua materna. No entanto, é bem importante sentir o ritmo dessa língua para poder compreender o som que ilumina a alma desse povo.

Na base dessa musicalidade está a tonicidade das palavras. Em cada palavra, algumas sílabas são pronunciadas de forma mais suave e apenas uma delas é pronunciada com mais força. Essa sílaba é a tônica.

De acordo com a tonicidade, as palavras são classificadas em oxítonas, paroxítonas e proparoxítonas.

As **oxítonas** são aquelas em que a última sílaba é tônica. Por exemplo:

Brasil, amor, coração, café, guaraná, forró.

As **paroxítonas** são aquelas em que a penúltima sílaba é tônica. Por exemplo:

Palavra, cidade, telefone, língua, táxi, lápis, fácil, amável, caráter.

As **proparoxítonas** são aquelas em que a antepenúltima sílaba é tônica. Por exemplo:

Pêssego, Atlântico, música, lâmpada, hipopótamo, cérebro.

 **Fique de olho!** A maioria das palavras em português é paroxítona e não é acentuada.

Vamos brincar um pouco com a tonicidade?

Identifique a sílaba tônica de cada uma das seguintes palavras. Depois disso, na ordem numérica indicada, anote essas sílabas nas lacunas abaixo para formar algumas expressões idiomáticas brasileiríssimas!

1   **1.** Bota   **2.** Laço   **3.** Prato   **4.** Sofrendo   **5.** Tela

_____	_____	_____
1 + 2	3	4 + 5

2   **1.** Tato   **2.** Mata   **3.** Senhora   **4.** Meninão   **5.** Época   **6.** Doce   **7.** Cume   **8.** Sentimento   **9.** Todo

_____	_____	_____	_____
1 + 2 + 3	4	5	6 + 7 + 8 + 9

Torre de Babel

Verbos com formação irregular no presente do subjuntivo

Conjunção	Pronomes pessoais	Ir	Ser	Estar	Saber
QUE	Eu	vá	seja	esteja	saiba
	Ele Ela Você	vá	seja	esteja	saiba
	Nós	vamos	sejamos	estejamos	saibamos
	Eles Elas Vocês	vão	sejam	estejam	saibam

Conjunção	Pronomes pessoais	Querer	Dar	Haver
QUE	Eu	queira	dê	haja
	Ele Ela Você	queira	dê	haja
	Nós	queiramos	demos	hajamos
	Eles Elas Vocês	queiram	deem	hajam

 **Fique de olho!**

Além das conjunções que você já aprendeu, o subjuntivo pode ser introduzido por expressões impessoais tais como "é bom que", "é recomendável que", "é desejável que", "é importante que", "é preferível que", "é possível que", entre outras. Usamos essas expressões para transmitir ideias que têm o sentido de recomendação ou um caráter generalizante.

 **Bora lá!**

Agora é a sua vez! Imagine que você é um consultor internacional que participou da elaboração do plano de desenvolvimento do turismo cultural da cidade de Paraty. Elabore um folheto para compartilhar com moradores e turistas as suas recomendações por ocasião da Festa Literária Internacional de Paraty – Flip.

O evento reúne autores nacionais e internacionais para participarem em debates literários e traz o melhor da literatura contemporânea ao Brasil. Nesta atividade, não se esqueça de usar conjunções, expressões impessoais e verbos irregulares no presente do subjuntivo.

UNIDADE 7

Árvore de palavras

Acesse o QRCode, observe as imagens e aprenda novas palavras.

http://uqr.to/1wj0x

Eu f@lo português

Agora, reúna-se com seus colegas e simule situações cotidianas, utilizando o vocabulário aprendido.

Torre de Babel

Sinais de acentuação do português

Em português existem quatro sinais que, além da tonicidade, indicam como determinada vogal deve ser pronunciada. Esses sinais são:

Acento agudo: ´

O acento agudo pode ser utilizado com **todas as vogais** e indica que a pronúncia da vogal acentuada deve ser aberta: á, é, í, ó, ú.

Por exemplo: xar**á**, p**é**, aça**í**, av**ó**, ba**ú**.

Acento circunflexo: ^

O acento circunflexo só pode ser usado com as **vogais "a", "e" e "o"**, e indica que essas vogais têm pronúncia fechada: â, ê, ô.

Por exemplo: **â**mbar, voc**ê**, metr**ô**.

Til: ~

O til é um sinal gráfico que indica pronúncia nasal. É usado unicamente com as **vogais "a" e "o"**: ã, õ.

Por exemplo: cidad**ã**os, mam**ã**e, emoç**õ**es, avel**ã**.

 **Fique de olho!**

Em alguns casos, o "~" indica apenas a pronúncia nasal, mas a sílaba tônica da palavra é marcada com acento agudo ou circunflexo.

Observe: **ó**rg**ã**o, b**ê**nç**ã**o, **í**m**ã**, s**ó**t**ã**o, **ó**rf**ã**o, **ó**rf**ã**.

Crase: `

A crase é um sinal que indica a contração da preposição "a" com o artigo feminino "a", ou com os pronomes demonstrativos "aquele", "aquela" e "aquilo". É por isso que é usada **apenas com a letra "a"**.

(a + a) = à Sempre assisto **à** televisão quando tenho tempo.

Nas minhas últimas férias, fui **às** Bahamas.

Este artigo se refere **à**quele tema que já aprendemos.

http://uqr.to/1wj0y

Ouça e transcreva as palavras e identifique as respectivas sílabas tônicas.

Galeria Brasil

Assista ao vídeo *Os imigrantes e o café no Brasil* e, depois, reúna-se com seus colegas para pesquisar sobre a imigração europeia, japonesa e árabe no Brasil. Em seguida, participe da feira internacional *Brasil Diverso*. Organize com seus colegas um stand e divulgue elementos relevantes de cada cultura: gastronomia, arte, literatura, música e tradições folclóricas. Não deixe de destacar como todas essas expressões estão presentes no cotidiano brasileiro.

http://uqr.to/1wj0z

Acesse o gabarito e os textos transcritos desta unidade!

http://uqr.to/1wj10

UNIDADE 7

UNIDADE
8
Açaí, guaraná, acerola e academia

Praça da Língua

Açaí: da Amazônia para o mundo

Segundo a lenda de uma tribo indígena localizada em Belém, capital do estado do Pará, houve um momento em que a população indígena cresceu muito rápido, o que provocou uma escassez de alimentos. Ao tentar solucionar o problema, o cacique Itaki condenou todos os recém-nascidos à morte. Sua filha Iaçã estava grávida e seu bebê também foi morto. No seu desespero, ela pediu ao deus Tupã que terminasse com o sofrimento da tribo.

De acordo com a tradição oral, era de noite quando ela ouviu o lamento de uma criança. Decidida, deixou-se guiar pelo som do choro até uma palmeira. Ao amanhecer, Iaçã foi encontrada sem vida, com os olhos abertos em direção àquela fruta que, quase imediatamente, salvou a tribo da fome. Em sua homenagem, a fruta recebeu o nome de "açaí", que é o nome "Iaçã" de trás pra frente. Se pensarmos, o significado do açaí para aquela tribo era a subsistência.

Não faz muito tempo que a fruta típica da Amazônia deixou a floresta para conquistar o mundo. Açaí pra lá, açaí pra cá, finalmente, o açaí se tornou um produto de exportação. Para isso, ele passou por um processo de profunda sofisticação. No Pará, seu lugar de origem, o açaí continua sendo consumido de forma tradicional, como acompanhamento de pratos salgados.

No entanto, ele invadiu as praias, shoppings e academias com o selo de saudável, energizante e antienvelhecimento. O açaí com guaraná na tigela, misturado com frutas, em suco ou vitamina, está no cotidiano da moçada.

Hoje, mais de um milhão de toneladas de açaí é produzida anualmente e 95% dessa produção vem do estado do Pará, que continua a ser o principal consumidor, sendo responsável por 60% da demanda total do produto. Apenas 30% são distribuídos no resto do Brasil e 10% vão para a exportação.

A história da internacionalização do açaí está vinculada ao sucesso da família Gracie, que internacionalizou o jiu-jítsu e o açaí. A partir daí, esporte e vida saudável passaram a rimar com açaí.

No ano 2000, em pleno verão, o açaí sai das praias brasileiras direto para Los Angeles. Desde então, ele não deixou de viajar pelo mundo e já é uma das caras do Brasil no exterior.

Com base no texto, responda às perguntas a seguir:

1 **Em que contexto surgiu o açaí?**

_____

_____

2 **Qual é a origem da palavra "açaí"?**

_____

_____

3 **Além do açaí, que outras frutas tropicais são exportadas pelo Brasil?**

_____

_____

UNIDADE 8

Antenado

Escute a música *O batuque do corpo* e sacuda o esqueleto.

http://uqr.to/1wj11

O batuque do corpo
Marco Torres

Corre, corre, corre
Sai logo do lugar
Vem mexer o corpo,
Vamos juntos batucar

Segue meu batuque
Primeiro com as mãos
Repete aqui comigo
(fazer um batuque que eles possam repetir com as palmas)

Corre, corre, corre,
Me mostra agora o pé
Marcham os soldados
(fazer um batuque para repetir com os pés)

Levanta agora os braços
Vem tocar o céu
Pula aqui comigo
Junta a mão com o pé!

E o quadril aí
Está fazendo o quê?
Dá uma reboladinha
E vamos lá outra vez!

Agora é a cabeça
Que mexe com os pés
Quem ficar parado
Não aprende português!

Corre, corre, corre
Sai logo do lugar
Vem mexer o corpo,
Vamos juntos batucar!

UNIDADE 8

Árvore de palavras

Encontre no caça-palavras algumas partes do corpo.

B	U	M	B	U	M	O	M	I	T	Y	C	R	V
A	N	L	R	I	Ã	Ç	U	T	O	H	A	C	E
R	H	P	Ç	N	O	A	P	É	R	H	U	A	Z
R	A	J	X	É	M	R	E	H	N	G	E	B	I
I	S	O	D	E	D	B	S	A	O	O	L	E	O
G	Á	E	V	F	G	A	C	B	Z	J	B	Ç	M
A	O	L	K	E	J	L	O	P	E	R	N	A	B
P	X	H	B	T	A	F	Ç	M	L	H	O	K	R
T	R	O	N	C	O	C	O	T	O	V	E	L	O

Adjetivos

Quando caracterizamos pessoas, objetos, lugares, sentimentos, emoções, utilizamos adjetivos. Geralmente, esses adjetivos vêm depois dos substantivos e, assim como eles, apresentam gênero, feminino e masculino, e número singular e plural. Observe:

■ Exemplos:

O português é uma língua **bonita**.

A bossa nova e o samba são os gêneros musicais mais **conhecidos** do Brasil.

O povo brasileiro é **alegre**.

Há outros povos **tão** **alegres** **como** o brasileiro.

Brasília, atual capital do Brasil, é uma cidade **moderna**. Salvador, a primeira capital, é uma cidade **colonial** e tem mais construções **antigas** do que Brasília.

Circule o adjetivo adequado para descrever as partes do rosto. Depois, escreva em seu caderno frases utilizando os adjetivos que não circulou.

Dentes	**Olhos**	**Cílios**
brancos macios	*grandes loiros*	*longos lisos*

Boca	**Bochecha**	**Sobrancelhas**
grande longa	*corada gorda*	*grossas retas*

Nariz	**Queixo**	**Testa**
fino grisalho	*quadrado retangular*	*alta baixa*

Eu f@lo português

Faça uma descrição física e psicológica de alguma pessoa famosa para que seus colegas descubram quem é. Utilize os adjetivos que você já aprendeu e também os apresentados abaixo.

líder	*esportista*	*ambicioso*	*carismático*	*rude*
egocêntrico	*preguiçoso*	*solidário*	*tímido*	*meigo*
generoso	*dinâmico*	*corrupto*	*simpático*	*bizarro*
imprudente	*sociável*			

Praça da Língua

Culto ao corpo

Para quem faz culto ao corpo e vive de dieta, o açaí é o melhor dos mundos. Tem muita gente que acorda cedo todos os dias, vai para a academia e se alimenta saudavelmente. Você é dessa turma ou é um daqueles que abre os olhos, sente preguiça e volta a dormir e todos os dias diz a mesma coisa: "amanhã, eu começo a fazer exercício pra valer"?

A bem da verdade, existe no Brasil um culto ao corpo, mas isso não é uma novidade. Cada época traz consigo seu padrão de beleza. No século XIX, corpos mais cheinhos e formas mais arredondadas eram sinônimo de beleza e saúde. No século XX, o estândar de beleza mudou rapidamente e as magrinhas conquistaram as passarelas, buscando transmitir uma imagem de segurança, sucesso e autoestima. Já no século XXI, a beleza deixa de ser natural e, em muitas ocasiões, ela surge nos consultórios dos cirurgiões plásticos.

Atualmente, adolescentes, adultos e pessoas idosas perseguem a imagem perfeita, o que inclui uma obsessão pelo mercado: sempre estão preocupados com a melhor roupa, carro importado, perfume caro, dietas exageradas, e, agora, as modernas academias se aliaram aos suplementos, mas nem tudo é tão bonito como parece.

Na vida de muitas pessoas, aparentemente saudáveis, surgiram vários tipos de transtornos alimentares, como anorexia, bulimia e efeitos colaterais do abuso de esteroides.

Bora lá!

Você é um estrangeiro que acabou de chegar ao Brasil e começou a frequentar uma academia. Você ouviu uma série de expressões que não faziam o menor sentido. Até parecia que você não tinha estudado português. Um amigo brasileiro disse que para malhar não bastava apenas conhecer os nomes dos exercícios, mas era necessário também conhecer as gírias de academia.

Escreva um diálogo com seus colegas utilizando as gírias de academia e mencionando alguns exercícios e suas funções.

_____

_____

_____

_____

_____

_____

_____

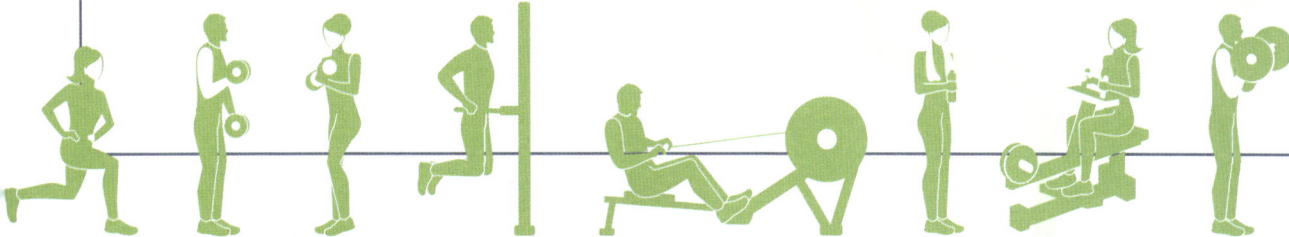

UNIDADE 8

Assista ao vídeo *O Sagrado – Vaidade e culto ao corpo*, observe a imagem da mulher e discuta com seus colegas sobre o culto ao corpo.

http://uqr.to/1wj12

Torre de Babel

Proparoxítonas

TODAS são acentuadas.

Sábado, proparoxítona, sílaba, xícara, médico, réplica, pássaro, tônica, lâmpada, cerâmica...

Colocamos acento agudo em qualquer vogal, mas o circunflexo somente pode ser usado em cima de **a**, **e** e **o**. Por isso, não haverá **î** nem **û** em português.

Usamos acento circunflexo quando a vogal tônica está seguida por consoante nasal (M ou N).

Observações:

A palavra p**ê**ssego não está seguida por consoante nasal, mas tem acento circunflexo porque a pronúncia do "e" nessa palavra é fechado. É uma questão de fonética.

 **Fique de olho!**

Os advérbios terminados em "-mente" **nunca** são acentuados:

Rapidamente, facilmente, drasticamente.

http://uqr.to/1wj13

Escute as palavras e coloque os acentos corretamente:

Academico	Fisica	Sonambulo	Toxico
Angulo	Ingreme	Unica	Especifico
Automatico	Miope	Minimo	Liquido
Circulo	Pessimo	Publico	Gravida
Duvida	Sintese		

UNIDADE 8

Batucando

Rosa dos ventos
Chico Buarque

E do amor gritou-se o (1) _____

Do medo criou-se o (2) _____

No rosto pintou-se o (3) _____

E não rolou uma (4) _____

Nem uma (5) _____
pra socorrer

E na gente deu o (6) _____

De (7) _____ pelas trevas

De murmurar entre as (8) _____

De (9) _____ leite das pedras

De ver o (10) _____ correr

Mas (11) _____ o sono dos (12) _____

Amanheceu o (13) _____

Como uma chuva de (14) _____

Como se o céu (15) _____ as penas

(16) _____ de pena

E (17) _____ o perdão

http://uqr.to/1wj14

Ouça a música de
Chico Buarque e
complete as lacunas.
Não se esqueça de
acentuar corretamente
as palavras.

UNIDADE 8

Torre de Babel

Comparativo

Com frequência, descrevemos e comparamos. Ao fazermos comparações, expressamos se uma qualidade está presente em maior, menor ou igual grau de intensidade que outra em um objeto ou em uma pessoa. Por isso dizemos que os adjetivos possuem um grau, que pode ser de superioridade, inferioridade ou igualdade. Observe como fazemos comparações:

Superioridade e inferioridade

Na hora de fazer comparações, usamos os termos "mais" para comparativo de superioridade e "menos" para comparativo de inferioridade. Em ambos os casos, utilizamos o termo de comparação "que". Na linguagem cotidiana, é mais comum que esse termo comparativo venha acompanhado pela preposição "de", mas não é obrigatório. Veja:

A) Qualidade

Ser + mais/menos + adjetivo + (do) que

Esta casa é **mais** antiga (do) que a minha.

Minha casa é **menos** antiga (do) que aquela.

B) Ação

Verbo + mais/menos + (do) que

Meus irmãos curtem futebol mais (do) que eu.

Eu durmo menos (do) que minha irmã.

C) Quantidade

Ter + mais/menos + substantivo + (do) que

Marília tem mais tempo (do) que eu.

Felipe tem menos arquivos no computador do que Marcos.

Casos especiais de comparativo de superioridade

Na atualidade, não se admite o uso do advérbio "mais" seguido dos adjetivos "bom/boa", "mau/má", "grande" ou "pequeno". Por isso, na formação do comparativo de superioridade, esses adjetivos têm formas próprias:

No lugar de		Dizemos
Mais	bom/boa	melhor
	mau/má – ruim	pior
	grande	maior
	pequeno/pequena	menor

Este livro é ~~(mais bom)~~ MELHOR (do) que aquele.

Esta casa é ~~(mais grande)~~ MAIOR (do) que aquela.

Este carro é ~~(mais pequeno)~~ MENOR (do) que aquele ônibus.

Este filme é ~~(mais mau)~~ PIOR (do) que aquele.

Igualdade

Quando afirmamos que algo ou alguém possui uma característica no mesmo grau de intensidade que outro objeto ou pessoa, os termos de comparação são diferentes. Observe com atenção:

A) Qualidade

Ser + TÃO + adjetivo + como/quanto

Este livro é **tão** interessante como/quanto aquele.

B) Ação

Verbo + **tanto como/quanto**

Eles trabalham **tanto quanto**/**como** eu.

C) Quantidade

Ter + TANTO(S) + substantivo masculino + **quanto**

Tenho tanto tempo **quanto** vocês.

Tenho tantos livros **quanto** vocês.

Ter + TANTA(S) + substantivo feminino + **quanto**

Estou com tanta pressa **quanto** vocês.

Tenho tantas tarefas **quanto** vocês.

> **(!) Fique de olho!**
>
> Na linguagem falada, há uma forte preferência pelo termo "quanto", ao passo que, na linguagem formal e escrita, é mais aconselhável usar o termo "como".

(A) Faça frases usando o comparativo de superioridade, inferioridade ou igualdade:

1. Ayrton Senna/Michael Schumacher (famoso/superioridade).

_____

_____

2. Gustavo Kuerten/Rafael Nadal (bom/inferioridade).

_____

_____

3. A jogadora de futebol Marta da Silva/Lieke Martens (talentoso/superioridade).

_____

_____

4. Os estádios Maracanã/Camp Nou (pequeno/superioridade).

_____

_____

5. A equipe americana/a equipe russa de ginástica artística (admirado/igualdade).

_____

_____

B **Complete as lacunas com o comparativo adequado.**

1. O diretor _____ o gerente-geral. (viajar/igualdade)

2. Este gato _____ eu. (dormir/superioridade)

3. Meu apartamento atual _____ dormitórios _____ o anterior. (ter/inferioridade)

4. Nós _____ obras de arte _____ os vizinhos. (comprar/igualdade)

5. No fim de semana passado, meus amigos _____ filmes _____ eu. (assistir a/superioridade)

Martelando

Agora, vamos jogar com adjetivos. **Acesse o QRCode**, escolha um adjetivo e encontre o comparativo correto.

http://uqr.to/1wj15

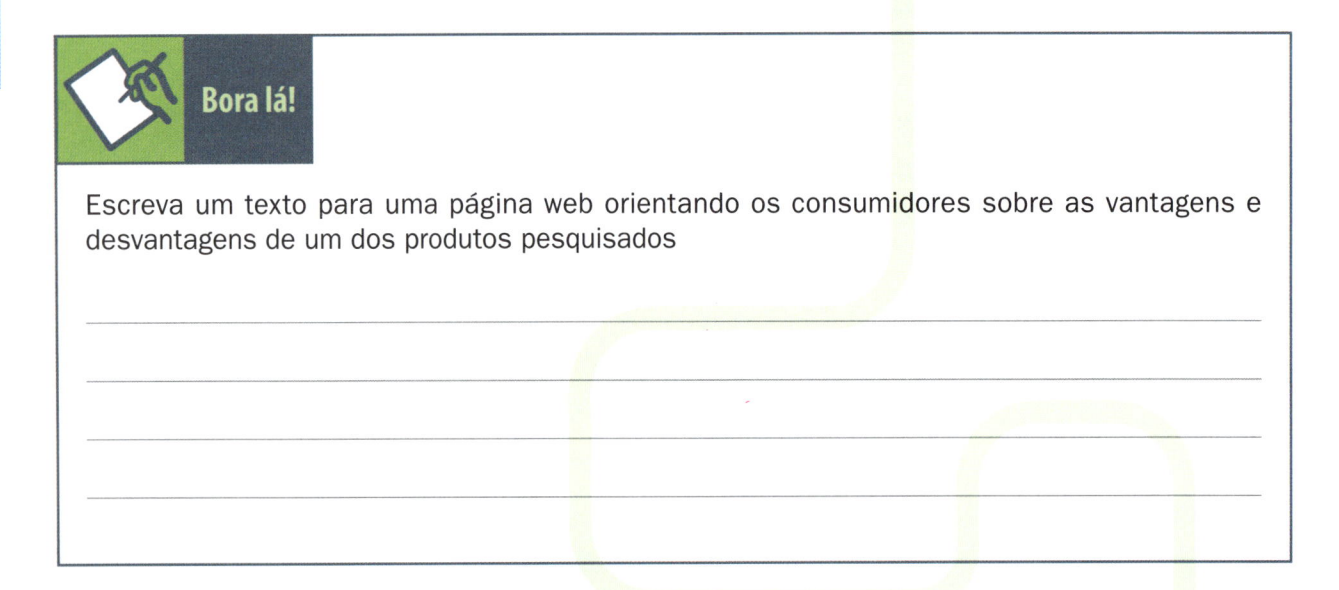

Bora lá!

Escreva um texto para uma página web orientando os consumidores sobre as vantagens e desvantagens de um dos produtos pesquisados

_____

_____

_____

_____

Antenado

Ouça a gravação _Vida saudável_ e transcreva.

http://uqr.to/1wj16

Torre de Babel

Como seria se o mundo falasse a mesma língua?

Você poderia embarcar no Brasil e pousar, sei lá, na Suécia, na Tailândia, em Moçambique ou na China e se entender com todo mundo.

Alguns especialistas afirmam que esse seria o caminho para um mundo mais fraterno. Outros acham que perderíamos a imensa riqueza e encanto das distintas línguas maternas. Alguns sonhadores, como John Lennon, tinham "a esperança de que um dia você se unisse a nós e que o mundo fosse um só".

Você sabe se já houve alguma tentativa de criação de uma língua única? Funcionou ou não? O que você pensa disso?

Você acha que existem outros tipos de comunicação universal?

Imperfeito do subjuntivo

Como você já sabe, o modo subjuntivo é usado para expressar sentimentos, dúvidas, desejo, possibilidades, dar conselhos, falar de hipótese, enfim, quando falamos de situações ou acontecimentos que não se materializaram. O imperfeito do subjuntivo é usado quando essas situações hipotéticas estão relacionadas com o passado.

Para conjugarmos os verbos no imperfeito do subjuntivo de forma fácil, basta seguirmos um passo simples: lembrar a 3ª pessoa do plural no pretérito perfeito do indicativo. Isso vale tanto para os verbos regulares como para os irregulares. O que eles têm em comum? Todos terminam com "-ram" nessa forma verbal.

| Pronomes | -AR | -ER | -IR |
	Amar	**Receber**	**Insistir**
Eles Elas Vocês	am**aram**	receb**eram**	insist**iram**

Pronomes	Fazer	Dizer	Trazer	Dar
Eles Elas Vocês	fiz**eram**	diss**eram**	troux**eram**	d**eram**

Formação do imperfeito do subjuntivo

Pronomes	-AR	-ER	-IR
Eu	ama~~ram~~ + sse ama**sse**	recebe~~ram~~ + sse recebe**sse**	insisti~~ram~~ + sse insisti**sse**
Ele Ela Você	ama**sse**		
Nós	amá**ssemos**		
Eles Elas Vocês	ama**ssem**		

 **Fique de olho!** Os verbos irregulares seguem, no imperfeito do subjuntivo, o mesmo modelo de formação dos verbos regulares:

Pronomes	Fazer	Dizer	Trazer	Dar
Eles **Elas** **Você**	fize**ram**	disse**ram**	trouxe**ram**	de**ram**

Formação do imperfeito do subjuntivo

Pronomes	Fize**ram** + **sse**	Disse**ram** + **sse**	Trouxe**ram** + **sse**	De**ram** + **sse**
Eu	**fize**sse			
Ele **Ela** **Você**	**fize**sse			
Nós	**fizé**ssemos			
Eles **Elas** **Vocês**	**fize**ssem			

Leia o poema *José*, de Carlos Drummond de Andrade, um dos maiores poetas da literatura brasileira, e responda: quem é José e quem ele representa?

José

Carlos Drummond de Andrade

E agora, José?
A festa acabou,
a luz apagou,
povo sumiu,
a noite esfriou,
e agora, José?
e agora, você?
você que é sem nome,
que zomba dos outros,
você que faz versos,
que ama, protesta?
e agora, José?

[...]

a noite esfriou,
o dia não veio,
o bonde não veio,
o riso não veio,
não veio a utopia
e tudo acabou
e tudo fugiu
e tudo mofou,
e agora, José?
E agora, José?

[...]

Se você gritasse,
se você gemesse,
se você tocasse,
a valsa vienense,
se você dormisse,
se você cansasse,
se você morresse...
Mas você não morre,
você é duro, José!

Identifique os verbos que estão no pretérito perfeito na primeira e segunda estrofes do poema e passe-os para o imperfeito do subjuntivo, como no modelo.

Pretérito perfeito do indicativo 3ª pessoa do singular	Pretérito perfeito do indicativo 3ª pessoa do plural	Imperfeito do subjuntivo
Acabou	Acaba**ram** + sse	**Acabasse**

Agora, crie frases usando o imperfeito do subjuntivo. Siga o modelo:

Se eu _____ (ter) _____ .

Se eu tivesse tempo, leria muitos livros.

1. Se eu _____ (acabar) _____ .

2. Se ele _____ (apagar) _____ .

3. Se nós _____ (sumir) _____ .

4. Se a comida _____ (esfriar) _____ .

5. Se vocês _____ (vir) _____ .

6. Se a gente _____ (fugir) _____ .

Batucando

Ouça a música *Construção* do Chico Buarque
e complete as lacunas.

Construção
Chico Buarque

(1) _____ daquela vez como se (2) _____ a última

(3) _____ sua (4) _____ como se fosse a última

E cada (5) _____ seu como se fosse o único

E (6) _____ a rua com seu passo (7) _____

(8) _____ a construção como se fosse máquina

(9) _____ no patamar quatro paredes sólidas

Tijolo com tijolo num desenho (10) _____

Seus (11) _____ embotados de (12) _____ e lágrima

(13) _____ pra (14) _____ como se fosse sábado

(15) _____ feijão com arroz como se fosse um (16) _____

(17) _____ e (18) _____ como se fosse um náufrago

(19) _____ e gargalhou como se ouvisse música

E (20) _____ no céu como se fosse um (21) _____

E (22) _____ no ar como se fosse um (23) _____

E se (24) _____ no (25) _____ feito um pacote flácido

(26) _____ no meio do passeio público

(27) _____ na contramão (28) _____ o tráfego

(Amou daquela vez) como se fosse o último

(Beijou sua mulher) como se...

**Fique de olho!**

Como você observou, o imperfeito do subjuntivo sempre vem acompanhado por verbos no passado.

Possíveis combinações de tempos verbais

Futuro do pretérito + imperfeito do subjuntivo	Seria bom que	você estudasse português.
Pretérito perfeito + imperfeito do subjuntivo	Foi bom que	você estudasse português.
Pretérito imperfeito + imperfeito do subjuntivo	Era bom que	você estudasse português.

Vamos praticar? De acordo com o modelo, utilize o imperfeito do subjuntivo fazendo as transformações necessárias.

Exemplo:

Embora não *cante* bem, eu o *faço* todos os dias no chuveiro.

Embora não **cantasse** bem, eu o ***fazia*** todos os dias.

1. Prometo telefonar para minha mãe **caso** eu não possa chegar a tempo.

   _____

   _____

2. **Sinto muito que** você esteja triste.

   _____

   _____

3. **Mesmo que** tenha minha idade, ela parece muito jovem.

   _____

   _____

4. **Antes que** acabe o ano, vou terminar meu curso!

   _____

   _____

5. Meu namorado sempre se esforça **para que** eu me sinta bem.

   _____

   _____

6. Ele costuma sair das festas **sem que** ninguém perceba.

_____

_____

7. Nós pretendemos esperar **a não ser** que comece a chover.

_____

_____

8. Ele permanecerá no país **desde que** suas condições melhorem.

_____

_____

9. **É importante que** ele venha à reunião.

_____

_____

10. Quero um cachorrinho **que** me acompanhe.

_____

_____

11. **Desejo que** tudo corra bem.

_____

_____

12. **Espero que** o tempo passe rápido.

_____

_____

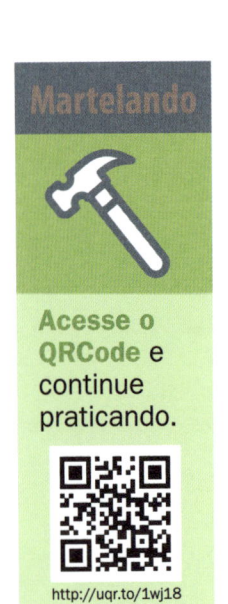

Martelando

Acesse o QRCode e continue praticando.

http://uqr.to/1wj18

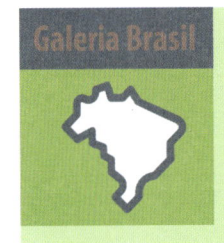

Galeria Brasil

Assista ao vídeo *Pastinha: o menino que virou mestre de capoeira*, produzido pela Rede Minas. Depois, pesquise sobre a história da capoeira e os instrumentos que são utilizados e destaque a importância dessa prática na cultura e na identidade brasileira. Compartilhe com seus colegas o que mais chamou a sua atenção.

http://uqr.to/1wj19

Acesse o gabarito e **os textos transcritos desta unidade!**

http://uqr.to/1wj1a

UNIDADE 8

UNIDADE
9

O mundo das marcas

Assista ao vídeo *7 histórias desconhecidas de marcas famosas* e responda às perguntas a seguir:

1 **Qual história você achou mais interessante?**

_____

_____

_____

_____

_____

2 **Por que a BMW se tornou uma marca de carro?**

_____

_____

_____

3 **O que propiciou o aparecimento da Coca-Cola?**

_____

_____

_____

4 **Onde e como foi criada a Fanta?**

_____

_____

_____

5 **Puma e Adidas pertencem ao mesmo grupo empresarial? Explique.**

_____

_____

_____

_____

6 **O que fez Frederick Smith para salvar a FedEx?**

_____

_____

_____

Guaraná Antarctica: pipoca com guaraná

Há quase um século nos copos e nos corações da população, o Guaraná Antarctica pode ser considerado um símbolo de brasilidade. Por aqui, tudo pede guaraná. É coisa nossa!

Pense em um produto que é a cara do Brasil. Sandália Havaianas? Sim. Pão de queijo? Também. Guaraná Antarctica? Definitivamente. Lançado há mais de 100 anos, o refrigerante acompanhou gerações de consumidores, incorporando-se à alma nativa tanto quanto a música, o futebol e a irreverência pelas quais somos conhecidos mundo afora. Os números comprovam: em termos de participação de mercado e recall de marca, por aqui, o Guaraná Antarctica só perde para a Coca-Cola, presente nos quatro cantos do mundo.

[...]

"O Guaraná Antarctica se diferencia pela originalidade, pela brasilidade e por ocupar um lugar único no coração dos brasileiros. É uma marca que representa o melhor do nosso povo, e isso nenhum concorrente pode fazer".

Fonte: Adaptado de PEREIRA, Eliane. Guaraná Antarctica: pipoca com guaraná. *Meio & Mensagem*. Disponível em: https://marcas.meioemensagem.com.br/guarana-antarctica/. Acesso em: 04/07/2023.

Bora lá!

Crie uma campanha publicitária utilizando um dos slogans a seguir:

Evolução dos slogans do Guaraná Antarctica

1977 Todo mundo tem sede de natureza
1988 Todo mundo um dia vira um guaraná
1999 Tudo pede Guaraná Antarctica
2002 Seja o que for, seja original
2014 Todo mundo quer! Só a gente tem!
2015 Boralá
2019 É coisa nossa

Antenado

Ouça um trecho do texto *Tropeçando nos acentos*, de Moacyr Scliar, e comente com seus colegas o que você entendeu. Em seguida, diga se você concorda ou não com a opinião do autor.

Depois de ouvir, clique no texto original, pelo mesmo **QRCode,** e procure as palavras desconhecidas no dicionário.

http://uqr.to/1wj1c

Palavras paroxítonas

A maioria das palavras em português é paroxítona.

Entre essas palavras, a maioria não é acentuada.

Paroxítonas terminadas nas vogais **-O**, **-E**, **-A** (seguidas ou não de "s") não se acentuam.

■ Exemplos:

Amav**a**, cadeir**as**, mes**a**, canec**a**;

facilidad**e**, interessant**e**, telefon**e**;

querem**os**, jogo american**o**, prat**os**.

Acentuamos as paroxítonas terminadas em:

1. Ditongo

Um ditongo é a junção de duas vogais, **de qualquer classe**, que não se separam na pronúncia.

As vogais são classificadas assim:

Consideramos **vogais** as letras **"O"**, **"E"** e **"A"**.

Consideramos **semivogais** as letras **"I"** e **"U"**.

São todas palavras terminadas em ditongo:

Relóg**io**, frequênc**ia**, distânc**ia**, importânc**ia**, pronúnc**ia**, políc**ia**, rég**ua**, ár**ea**...

Observação:

Nas paroxítonas, como nas proparoxítonas, colocamos acento circunflexo quando a vogal tônica está seguida de "m" ou "n", respeitando a condição de não ser letra "i" ou "u", que não admitem acento circunflexo: Pron**ú**ncia.

2. Consoantes

a) -L – amável, incrível, impossível, fácil, difícil.

b) -R – câncer, caráter, repórter, néctar.

c) -X – xérox, tórax, látex, ônix.

d) -N – hífen, pólen, Éden, elétron.

e) -PS – bíceps, tríceps, fórceps.

f) -UM/-UNS – álbum, álbuns, fórum, médium.

3. Palavras terminadas em som nasal

a) -ão – órgão, órfão.

b) -ã – órfã, ímã.

4. Vogais

a) -i(s) – táxis, lápis, tênis, grátis.

b) -u(s) – vírus, vênus.

Agora é sua vez!

1 **Observe as palavras paroxítonas a seguir e explique sua acentuação.**

Responsável

Mágoas

Félix

Nêutron

Glória

Podium

Bênção

Rádio

Ônus

Espécie

Biquínis

Lírio

Ímpar

Quadríceps

Gênio

2 **Leia um trecho do texto *A complicada arte de ver*, de Rubem Alves. Agora, escreva no quadro as palavras oxítonas, paroxítonas e proparoxítonas que você encontrar.**

Ver é muito complicado. Isso é estranho porque os olhos, de todos os órgãos dos sentidos, são os de mais fácil compreensão científica. A sua física é idêntica à física óptica de uma máquina fotográfica: o objeto do lado de fora aparece refletido do lado de dentro. Mas existe algo na visão que não pertence à física.

William Blake* sabia disso e afirmou: "A árvore que o sábio vê não é a mesma árvore que o tolo vê". Sei disso por experiência própria. Quando vejo os ipês floridos, sinto-me como Moisés diante da sarça ardente: ali está uma epifania do sagrado. Mas uma mulher que vivia perto da minha casa decretou a morte de um ipê que florescia à frente de sua casa porque ele sujava o chão, dava muito trabalho para a sua vassoura. Seus olhos não viam a beleza. Só viam o lixo.

Adélia Prado disse: "Deus de vez em quando me tira a poesia. Olho para uma pedra e vejo uma pedra". Drummond viu uma pedra e não viu uma pedra. A pedra que ele viu virou poema.

Fonte: ALVES, Rubem. *A complicada arte de ver*. Publicada originalmente em *Folha de S.Paulo*, 20.10.2004.

---

*William Blake (1757-1827) foi um poeta romântico, pintor e gravador inglês. Autor dos livros de poemas *Song of Innocence* e *Gates of Paradise*.

Oxítonas	Paroxítonas	Proparoxítonas

Algumas marcas são tão representativas que têm a cara, a cor e a alma dos países onde foram criadas. Assista ao vídeo sobre a identidade das Havaianas e pesquise um pouco mais sobre a história delas.

https://uqr.to/1yyga

Depois, conte-nos: quais são as marcas mais famosas do seu país e por quê?

 Torre de Babel

Superlativo

Quando falamos que um determinado objeto ou uma pessoa possui uma característica em um grau de intensidade superior a qualquer outro, usamos o superlativo. Esse grau dos adjetivos possui duas formas: o superlativo relativo e o superlativo absoluto. Vamos ver como eles funcionam.

Superlativo absoluto analítico

Muito + adjetivo

Essa casa é **muito bonita**.

Este bairro é **muito antigo**.

 **Fique de olho!**

Quando a palavra "muito" acompanha um adjetivo ou um verbo, indica intensidade e é invariável. Já quando acompanha um substantivo, indica quantidade e é variável. Observe:

Esta casa é **muito** bonita. Nesta rua, há **muitas** casas assim.

Vamos treinar! Complete as lacunas a seguir de forma adequada usando "muito(s)" ou "muita(s)". Depois, escreva no parêntese "q", se indicar quantidade, ou "i", se indicar intensidade.

1. _____ ( ) meninas estudam nesta escola.

2. Este café está _____ ( ) amargo.

3. Eles trabalham _____ ( ) e fazem pouco exercício.

4. _____ ( ) gente estuda português por prazer.

5. Nós sempre estamos _____ ( ) bem-humorados.

6. Não vejo você há _____ ( ) tempo.

7. Eu danço _____ ( ) bem.

8. A gente já leu _____ ( ) livros de literatura brasileira.

Praça da Língua

O estranho procedimento de dona Dolores

Crônica de Luis Fernando Verissimo

Começou na mesa do almoço. A família estava comendo – pai, mãe, filho e filha – e de repente a mãe olhou para o lado, sorriu e disse:

— Para a minha família, só serve o melhor. Por isso eu sirvo arroz Rizobon. Rende mais e é mais gostoso.

O pai virou-se rapidamente na cadeira para ver com quem a mulher estava falando. Não havia ninguém.

— O que é isso, Dolores?

— Tá doida, mãe?

Mas dona Dolores parecia não ouvir. Continuava sorrindo. Dali a pouco levantou-se da mesa e dirigiu-se para a cozinha. Pai e filhos se entreolharam.

— Acho que a mamãe pirou de vez.

— Brincadeira dela...

A mãe voltou da cozinha carregando uma bandeja com cinco taças de gelatina.

— Adivinhem o que tem de sobremesa?

Ninguém respondeu. Estavam constrangidos por aquele tom jovial de dona Dolores, que nunca fora assim.

— Acertaram! — exclamou dona Dolores, colocando a bandeja sobre a mesa. — Gelatina Quero Mais, uma festa em sua boca. Agora com os novos sabores framboesa e manga.

O pai e os filhos começaram a comer a gelatina, um pouco assustados. Sentada à mesa, dona Dolores olhou de novo para o lado e disse:

— Bote esta alegria na sua mesa todos os dias. Gelatina Quero Mais. Dá gosto comer!

Mais tarde o marido de dona Dolores entrou na cozinha e a encontrou segurando uma lata de óleo à altura do rosto e falando para uma parede.

— A saúde da minha família em primeiro lugar. Por isso, aqui em casa só uso o puro óleo Paladar.

— Dolores...

Leia o final dessa história no **QRCode**.

http://uqr.to/1wj1d

105

Agora, converse com seus colegas:

1. Qual é o "procedimento" estranho de dona Dolores?
2. Quais são os temas tratados no texto?
3. Se alguém de sua família agisse como dona Dolores, o que você faria?
4. Pesquise sobre Luis Fernando Verissimo e conheça mais sobre o autor e sua obra.

Leia os seguintes fragmentos retirados do texto e diga de outra forma:

1 "Todos andam muito mais alegres desde que eu comecei a usar Limpol nos ralos."

_____

_____

_____

_____

_____

2 "Nova Gelatec Espacial, a cabe-tudo."

_____

_____

_____

_____

_____

3 "Acho que a mamãe pirou de vez."

_____

_____

_____

_____

_____

4 "Sem olhar para o marido, dona Dolores o indicou com a cabeça."

_____

_____

_____

_____

_____

Torre de Babel

Superlativo

Sintético – com a terminação **–íssimo**

Observação: no superlativo, os adjetivos têm concordância de gênero e de número, em relação aos substantivos a que eles se referem.

Formação

a) -vogal (perdem a vogal) + íssimo
Grande + íssimo(s) – Grand**íssimo(s)**
Grand**íssima(s)**

b) ~~vel~~ (perdem a terminação "-vel") + **bilíssimo**
Ela é amab**ilíssima**/Ele é amab**ilíssimo**.

c) ~~z~~ – mudança ortográfica: c + íssimo
O leão é um animal feroz = Ele é feroc**íssimo**.

d) Ditongo "-io" perde a vogal final + íssimo
Ele é muito sério = ele é ser**íssimo**/ser**íssimo**
Falar "feiíssimo" é muito feio. É fe**íssimo**.

e) ~~m~~ – mudança ortográfica: n + íssimo
Comum
Esse argumento é muito comum. É comun**íssimo**.

Superlativos especiais

difícil – dificílimo
fácil – facílimo
bom/boa – ótimo(a)
ruim – mau/má – péssimo(a)

Em relação a tamanho
grande – grandíssimo
pequeno – pequeníssimo

Em sentido abstrato
grande – máximo
pequeno – mínimo

Vamos usar o superlativo! Siga o modelo:

Muito forte – **Fortíssimo**
No outono, o vento é fortíssimo.

1. Muito inteligente.

_____

2. Muito antigo.

_____

3. Muito fácil.

_____

4. Muito confortável.

_____

5. Muito feliz.

6. Muito agradável.

A maioria dos brasileiros, independentemente de sua religião, já ganhou ou já usou uma fitinha do Senhor do Bonfim. Ela é uma marca do Brasil. Assista ao vídeo e conheça um pouquinho mais dessa história. Depois, conte-nos: o seu país tem alguma coisa similar?

http://uqr.to/1wj1e

Relacione as expressões idiomáticas a seus significados. Depois, em grupo, crie um diálogo com seus colegas usando pelo menos três delas.

1. Arroz de festa.

2. Terminar em pizza.

3. Chato de galocha.

4. Amigo da onça.

5. As paredes têm ouvidos.

6. Olho da cara.

7. Pagar o pato.

8. Chutar o balde.

9. Pôr a mão no fogo.

10. Calcanhar de Aquiles.

11. Segurar vela.

12. Para inglês ver.

( ) Feito apenas para manter as aparências.

( ) Sempre há alguém que pode estar nos escutando.

( ) Quando alguma coisa custa muito caro.

( ) Quando decidimos sair de uma situação incômoda ou dolorosa.

( ) Atrapalhar com sua presença um casal de namorados.

( ) Utiliza-se para caracterizar alguém considerado muito chato e desagradável.

( ) Confiar plenamente em alguém.

( ) É o ponto fraco de alguém.

( ) Outra pessoa faz alguma coisa errada e você é que tem que responder por ela.

( ) Refere-se à pessoa que está presente em todas as ocasiões.

( ) Quando se faz algo indevido e não é punido. Esta expressão é muito usada no mundo político.

( ) Utiliza-se para descrever um amigo falso.

Superlativo relativo

Usamos o superlativo relativo quando afirmamos que um objeto possui uma característica em grau máximo de intensidade em comparação aos demais da sua espécie. Portanto, essa forma de superlativo tem um valor de comparação. Observe:

Esta casa é a mais bonita que eu já vi.

Esta casa é a mais bonita do mundo/da vila.

 **Fique de olho!**

Como o superlativo serve para falar do grau de intensidade máxima dos adjetivos, sempre aparece a palavra "mais" na comparação entre objetos. Veja a estrutura típica de formação do superlativo relativo:

Ser + o(s)/a(s) + mais + adjetivo [+ do(s)/da(s)]

Caso especial

Você lembra que os adjetivos "grande", "pequeno", "ruim/mau" e "bom" não admitem o uso do advérbio de intensidade "mais"? Pois então, isso significa que, assim como no caso do comparativo de superioridade, usamos obrigatoriamente as formas "maior", "menor", "melhor" e "pior" depois do artigo definido.

O/A maior

O/A menor

O/A melhor

O/A pior

Vamos praticar? Faça frases seguindo o modelo:

Amazonas / estado / biodiverso / Brasil
O Amazonas é o estado mais biodiverso do Brasil.

1. Pedro / inteligente / sala de aula

2. Tema / importante / reunião

3. Fabiana / pequeno / grupo

4. A Paulista e a Brigadeiro Faria Lima / avenidas / famosas / São Paulo

5. Copacabana Palace Hotel / badalado / Rio de Janeiro

6. Suriname / pequeno / América do Sul

UNIDADE 9

109

7. Portugal / violento / turístico / mundo

_____

8. Livro / interessante / que eu já li

_____

9. Restaurante / ruim / que nós já fomos

_____

10. Loja / cara / shopping

_____

Batucando

http://uqr.to/1wj1f

Ouça a música _Ai, que saudade d'ocê_ e preencha as lacunas:

Não se admire se um dia um beija-flor (1) _____

A porta da tua casa, te (2) _____ um beijo e (3) _____

Fui eu que mandei o (4) _____

Que é pra matar meu (5) _____

Faz tempo que eu não te vejo

Ai que (6) _____ d'ocê

Se um dia ocê se (7) _____

Escreva uma carta pra mim

(8) _____ logo no correio

Com frases (9) _____ assim

Faz tempo que eu não te (10) _____

Quero matar meu (11) _____

Te mando um monte de (12) _____

Ai que saudade (13) _____ fim

O que chamou sua atenção na música, no forró, interpretado por Elba Ramalho?

Siga o modelo e tente criar frases usando alguns dos verbos que identificou na letra da música _Ai, que saudade d'ocê_.

Você vai escrever um e-mail quando sentir saudades, quando se lembrar de alguém...

Você é um pesquisador da cultura latino-americana. Você esteve no Brasil e se encantou com o forró. Escreva um artigo para ser publicado em uma revista especializada contando um pouco da história e dos aspectos que mais chamaram a sua atenção.

ARTIGO

- Título atraente.
- Nome do autor depois do título ou no final do texto.
- Estrutura: Introdução. Desenvolvimento. Conclusão.
- Use linguagem formal.

Torre de Babel

Futuro do subjuntivo

Você já sabe que o modo subjuntivo expressa sentimentos, dúvidas, desejos, possibilidades, conselhos, hipóteses. O futuro do subjuntivo é usado quando falamos de ações que ainda não aconteceram, mas ocorrerão no futuro desde que se cumpra uma condição ou se realize outra ação. Por exemplo:

Assim que eu chegar em casa, eu ligo para você.

Se não chover, iremos à praia.

O futuro do subjuntivo é conjugado a partir da 3ª pessoa do plural, no pretérito perfeito do indicativo, tanto de verbos regulares como irregulares. Observe:

Pretérito perfeito do indicativo

Pronomes	-AR	-ER	-IR
	Amar	Receber	Insistir
Eles Elas Vocês	ama**ram**	recebe**ram**	insisti**ram**

Formação do futuro do subjuntivo

Conjunções	Pronomes pessoais	-AR amaram	-ER receberam	-IR insistiram
	Eu	ama**r**		insisti**r**
Se Quando Enquanto Assim que	Você Ele Ela	ama**r**		
Depois que Logo que Sempre que	Nós	ama**rmos**		
Como À medida que	Vocês Eles Elas	ama**rem**		

 **Fique de olho!** As conjunções, interjeições, advérbios e expressões idiomáticas a seguir caso, tomara, oxalá, talvez, quem me dera, embora não são utilizadas com o futuro do subjuntivo.

Pretérito perfeito do indicativo

Pronomes	Fazer	Dizer	Ver	Poder	Ir/Ser
Eles Elas Vocês	fize**ram**	disse**ram**	vi**ram**	pude**ram**	fo**ram**

Formação do futuro do subjuntivo

Pronomes	Fize **am**	Disse **am**	Vi **am**	Pude **am**	Fo **am**
Eu	**fize**r	disser	vir	puder	for
Ele Ela Você	**fize**r				
Nós	**fize**rmos				
Eles Elas Vocês	**fize**rem				

 Eu f@lo português

Carro sem motorista

Projetos brasileiros de veículos autônomos trazem contribuições para o futuro da mobilidade urbana.

Deixar o motorista livre em seu assento para ler, cochilar, acessar um smartphone e até jogar videogame. Tudo isso dentro do veículo em movimento. É o que promete o carro autônomo previsto para ser comercializado nos próximos 10 ou 20 anos.

- Você acha que o carro sem motorista vai ser uma realidade no futuro próximo?
- Como será o dia a dia das pessoas que tiverem carros autônomos?
- Que mudanças devem ocorrer nas cidades assim que forem lançados esses carros?
- Se você pudesse, você compraria um carro assim?
- Como esse tipo de veículo mudará a vida dos cidadãos?

Fonte: Carro sem motorista. *Revista Fapesp*, n. 213, nov. 2013. Disponível em: https://revistapesquisa.fapesp.br/carro-sem-motorista/. Acesso em: 21/09/2024.

UNIDADE 9

Torre de Babel

Futuro do subjuntivo

Como você já sabe, algumas palavras ou expressões específicas, que chamamos de conjunções, obrigam o uso do futuro do subjuntivo. Complete as frases seguintes com os verbos conjugados de maneira adequada, prestando atenção às conjunções destacadas.

1. **Se** nós _____ (manter) a calma, encontraremos uma saída.

2. A gente irá ao cinema **depois que** _____ (terminar) o expediente.

3. **Quando** eu _____ (estar) de férias, vou aproveitar para descansar bastante.

4. **Enquanto** você não se _____ (recuperar), não poderá voltar ao trabalho.

5. **À medida** que _____ (ir) terminando a prova, podem sair.

6. Vamos comer uma pizza **se** _____ (dar) tempo.

7. **Tão logo** vocês _____ (saber) o resultado, avisem-me.

8. Eu darei o recado para o Thiago **assim que** o _____ (ver).

9. Assistiremos à peça de teatro **logo que** _____ (poder).

10. Sejam cuidadosos **sempre que** _____ (pôr) a baixela da vovó na mesa.

UNIDADE 9

Martelando

Acesse o QRCode e reforce o que você acabou de aprender.

Agora, crie você mesmo frases usando algumas dessas conjunções.

_____

_____

_____

_____

_____

http://uqr.to/1wj1g

Galeria Brasil

O nome do presidente Getúlio Vargas está vinculado à modernização do Brasil e à Consolidação das Leis do Trabalho (CLT). Pesquise sobre outros aspectos de seu governo e, em seguida, assista ao vídeo *CLT 70 Anos*.

Em grupo, destaque os direitos adquiridos pelo trabalhador brasileiro, pelas mulheres e pelas crianças. Como funcionam as leis do trabalho no seu país? O que ainda precisa ser melhorado?

https://uqr.to/1wj1h

Acesse o gabarito e os textos transcritos desta unidade!

http://uqr.to/1wj1i

UNIDADE

10

Driblando o concreto

Praça da Língua

O concreto e os sonhos

Para quem gosta de agito, há muitas cidades espalhadas pelo mundo que têm mais de 20 milhões de habitantes, dezenas de museus, bibliotecas, shoppings, cinemas e restaurantes com diversificada oferta gastronômica. Quem mora nelas conecta-se com um universo de novas línguas, músicas, comidas, costumes e religiões. Há quem diga que elas têm uma aura mágica de alegria e vida. É como se o mundo estivesse a seus pés.

Todo dia é a mesma coisa, quilômetros de engarrafamento, poluição, estresse e insegurança no ar, pois nas esquinas há perigo latente. No entanto, do outro lado da margem, existe uma vida cultural estonteante para atender todos os públicos e todos os bolsos. Tem para todo mundo. Essas cidades não dormem, estão alertas 24/7, não se cansam de ver a vida acontecer e, assim, até supermercados e academias acompanham esse ritmo frenético.

Do alto dos arranha-céus e nos bairros, as pessoas se fundem com essas metrópoles, com grafites e pichações. Alguns vivem como querem e outros como podem, mas, mesmo assim, há espaço para a interseção. Todos os dias, muitas dessas selvas de pedra humanizam o seu concreto e acolhem.

No Brasil, a maior selva de concreto é São Paulo. São Paulo é São Paulo. Para os íntimos, somente Sampa. A cidade de mil facetas e imaginários: a Terra da Garoa, ponto de partida dos Bandeirantes, cidade dos barões do café e dos imigrantes, berço da Semana de Arte Moderna, maior polo industrial do País, arranha-céus e tudo mais.

Eu f@lo português

Assista ao vídeo *São Paulo: confira os números grandiosos da maior cidade do Brasil*, pesquise sobre algumas megalópoles do mundo e, depois, bata um papo com seus colegas sobre os prós e os contras de viver nessas grandes cidades.

http://uqr.to/1wj1j

Batucando

Sampa

Você sabe quem é Caetano Veloso? Tente descobrir e, depois, escute a música *Sampa*.

http://uqr.to/1wj1k

Verbos terminados em "-air"

Ao se depararem com cidades enormes, migrantes e imigrantes que **saem** de casa com pouco dinheiro, sonhos e saudade sentem-se **atraídos** pela sua ebulição constante. **Caem** de paraquedas nesse burburinho e até se **distraem** em meio a dificuldades e privações. Com o tempo, muitos chegam a se sobressair.

Em português, alguns verbos terminados em "-ir" são irregulares, mas constituem um modelo especial de conjugação. É o caso dos verbos terminados em "-air". O interessante é que esse tipo de verbo só apresenta irregularidade no presente do indicativo. Vamos aprender como é esse novo modelo de conjugação? Observe como conjugamos o verbo "sair" e compare-o com o regular "abrir":

Presente do indicativo

Pronomes	Abrir	Sair
Eu	Abr**o**	Sai**o**
Você/Ele/Ela	Abr**e**	Sa**i** (não termina com E)
Nós	Abr**imos**	Sa**ímos**
Vocês/Eles/Elas	Abr**em**	Sa**em**

Agora é sua vez. Complete o quadro com os verbos no presente do indicativo.

Extrair	Cair	Atrair	Distrair	Subtrair

Pronomes	Pretérito perfeito		Pretérito imperfeito	
	Partir	Cair	Partir	Cair
Eu	Part**i**	Ca**í**	Part**ia**	Ca**ía**
Você/Ele/Ela	Part**iu**	Ca**iu**	Part**ia**	Ca**ía**
Nós	Part**imos**	Ca**ímos**	Part**íamos**	Ca**íamos**
Vocês/Eles/Elas	Part**iram**	Ca**íram**	Part**iam**	Ca**íam**

Pronomes	Futuro do presente		Futuro do pretérito	
	Partir	Cair	Partir	Cair
Eu	Part**irei**	Ca**irei**	Part**iria**	Ca**iria**
Você/Ele/Ela	Part**irá**	Ca**irá**	Part**iria**	Ca**iria**
Nós	Part**iremos**	Ca**iremos**	Part**iríamos**	Ca**iríamos**
Vocês/Eles/Elas	Part**irão**	Ca**irão**	Part**iriam**	Ca**iriam**

Pronomes	Imperativo		Presente do subjuntivo	
	Partir	Cair	Partir	Cair
Eu	—	—	Parta	Caia
Você/Ele/Ela	Parta	Caia	Parta	Caia
Nós	Partamos	Caiamos	Partamos	Caiamos
Vocês/Eles/Elas	Partam	Caiam	Partam	Caiam

Pronomes	Imperfeito do subjuntivo		Futuro do subjuntivo	
	Partir	Cair	Partir	Cair
Eu	Partisse	Caísse	Partir	Cair
Você/Ele/Ela	Partisse	Caísse	Partir	Cair
Nós	Partíssemos	Caíssemos	Partirmos	Cairmos
Vocês/Eles/Elas	Partissem	Caíssem	Partirem	Caírem

Conjugue os verbos a seguir no tempo adequado.

1. Eu _____ (sair) mais tarde com a turma. Precisamos nos _____ (distrair) um pouco com um bom filme.

2. Eles estudaram muito e se _____ (sobressair) na prova.

3. Ela, com seu charme, _____ (atrair) as pessoas.

4. Cuidado! Não _____ (cair) nesse buraco!

5. Você sempre _____ (recair) no mesmo erro!

6. É bom que você _____ (extrair) as ideias principais do texto depois de lê-lo.

7. É que nós _____ (subtrair) este valor do total para chegar ao valor final.

8. Não _____ (trair) seus amigos.

9. Antes, os jovens _____ (sair) mais para ir a baladas, mas hoje eles _____ (distrair-se) mais em casa com os jogos on-line.

10. Estou em casa porque _____ (extrair) o siso.

11. Na festa de ontem, elas _____ (cair) na gargalhada com suas piadas!

12. A tartaruga _____ (retrair) a cabeça quando querem tocá-la.

 **Fique de olho!** Alguns desses verbos são seguidos de preposição e outros, não. É importante observar que, dependendo da preposição, o sentido do verbo pode mudar. Mão na massa! Vamos fazer frases com eles:

Sair com

Sair de

Sair para

Distrair-se com

Atrair algo ou alguém

Sobressair-se em

Cair em

Cair de

Abstrair algo de algum lugar

Subtrair algo de algum lugar

Extrair algo de algum lugar

Retrair algo

 **Praça da Língua**

Carolina Maria de Jesus retratou, no seu livro *Quarto de Despejo*, a história da Favela do Canindé, que se expandiu à margem do Rio Tietê. Por meio de seus diários amarelados, guardados durante anos, a escritora narra a luta dela e de seus vizinhos para sobreviver.

O livro de Carolina saiu da favela e rodou o mundo. Em 1960, depois de várias edições, foram vendidos 100 mil exemplares.

UNIDADE 10

119

Leia um dia da vida de Carolina Maria de Jesus de 1955:

16 de julho Levantei. Obedeci a Vera Eunice. Fui buscar agua. Fiz o café. Avisei as crianças que não tinha pão, que tomassem café simples e comesse carne com farinha. Eu estava indisposta, resolvi benzer-me. Abri a boca duas vezes, certifiquei-me que estava com um mal olhado. A indisposição desapareceu sai e fui ao seu Manoel levar umas latas para vender. Tudo quanto eu encontro no lixo eu cato para vender. Deu 13 cruzeiros. Fiquei pensando que precisava comprar pão, sabão e leite para a Vera Eunice e os 13 cruzeiros não dava! Cheguei em casa, aliás no meu barracão, nervosa e exausta. Pensei na vida atribulada que eu levo. Cato papel, lavo roupa para dois jovens, permaneço na rua o dia todo. E estou sempre em falta. A Vera não tem sapatos. E ela não gosta de andar descalça. Faz uns dois anos, que eu pretendo comprar uma maquina de moer carne. E uma maquina de costura.

Cheguei em casa, fiz o almoço para os dois meninos. Arroz, feijão e carne. E vou sair para catar papel. Deixei as crianças. Recomendei-lhes para brincar no quintal e não sair na rua, porque os pessimos vizinhos que eu tenho não dão socego aos meus filhos. Saí indisposta, com vontade de deitar. Mas, o pobre não repousa. Não tenho previlegio de gosar descanço. Eu estava nervosa interiormente, ia maldizendo a sorte [...] Catei dois sacos de papel. Depois retornei, catei uns ferros, umas latas, e lenha. Vinha pensando. Quando eu chegar na favela vou encontrar novidades. Talvez a D. Rosa ou a indolente Maria dos Anjos brigaram com meus filhos. Encontrei a Vera Eunice dormindo e os meninos brincando na rua. Pensei: são duas horas. Creio que vou passar o dia sem novidade! O João José veio avisar-me que a perua que dava dinheiro estava chamando para dar mantimentos. Peguei a sacola e fui. Era o dono do Centro Espirita da rua Vergueiro 103. Ganhei dois quilos de arroz, idem de feijão e dois quilos de macarrão. Fiquei contente. A perua foi-se embora. O nervoso interior que eu sentia ausentou-se. Li um conto. Quando iniciei outro surgiu os filhos pedindo pão. Escrevi um bilhete e dei ao meu filho João José para ir ao Arnaldo comprar um sabão, dois melhoraes e o resto pão. Puis agua no fogão para fazer café. O João retornou-se. Disse que havia perdido os melhoraes. Voltei com ele para procurar. Não encontramos.

Quando eu vinha chegando no portão encontrei uma multidão. Crianças e mulheres, que vinha reclamar que o José Carlos havia apedrejado suas casas. Para eu repreendê-lo.

Fonte: JESUS, Carolina Maria de. *Quarto de Despejo*. Disponível em: https://wisley.net/ufrj/wp-content/uploads/2018/03/Carolina-Maria-de-Jesus_quarto-de-despejo.pdf. Acesso em: 20/04/2023.

1 De acordo com o relatado no diário de Carolina de Jesus, em 16 de julho de 1955, como era a vida dela e de seus vizinhos na Favela do Canindé?

_____

_____

_____

_____

2 Em seu país, acontecem situações como essa?

_____

_____

_____

_____

UNIDADE 10

3 Se você observar, o texto de Carolina de Jesus foi transcrito de acordo com o original, portanto apresenta algumas inadequações ortográficas e de acentuação. Vamos encontrá-las?

_____

_____

_____

_____

_____

Torre de Babel

Acentuação das oxítonas

Vamos lembrar um pouquinho! Chamamos de oxítonas as palavras que têm a última sílaba tônica. Delas, acentuamos somente aquelas terminadas em:

1. -O, -E e -A, seguidos ou não de "s".

Exemplos: avó, avô, português, vocês, café, xará.

2. Oxítonas, **não monossílabas**, terminadas pela combinação -ÉM/-ÉNS ganham sempre acento agudo.

Exemplos: parabéns, ninguém, alguém.

3. São acentuadas as oxítonas que terminem em ditongos, isto é, quando duas vogais se encontram na mesma sílaba.

Exemplos: as combinações éu(s), -ói(s), -éi(s) com pronúncia aberta → papéis, aluguéis, coquetéis, pastéis, herói – heróis, troféu.

Caso especial – Monossílabos

Os monossílabos são palavras que funcionam de forma muito parecida às oxítonas. Por terem uma única sílaba, ela é a última da palavra e é tônica. Por isso, são acentuados quando:

1. Terminam em -O, -E, -A, seguidos ou não de "s".

Exemplos: chá(s), lá, gás, mês.

2. Contêm ditongo de pronúncia aberta, das combinações -éu, -ói.

Exemplos: céu, véu, mói, rói, dói.

 Fique de olho!

Os pronomes possessivos não são acentuados: seu, meu, teu. Também não acentuamos as preposições e suas contrações: da, na, do, no.

O hiato é o encontro de duas vogais que, ao serem pronunciadas, ficam em sílabas diferentes:

Mar-**i-a**, eco-no-m**i-a**, astronom**i-a**, filosof**i-a**.

a-í

Para que o hiato seja acentuado, é obrigatório que a vogal tônica venha depois da átona:

S**a-ú**-de, a-ç**a-í**, i-t**a-ú**, s**a-í**-da.

Torre de Babel

Acesse o QRCode, transcreva as palavras, coloque o acento adequado e justifique:

_____   _____

_____   _____

_____   _____

http://uqr.to/1wj1l

Antenado

Assista ao vídeo da TV Brasil *SP: programa facilita financiamento para moradores de Paraisópolis* e conheça uma iniciativa que foi implementada em Paraisópolis, uma das maiores favelas de São Paulo.

Pesquise sobre essa comunidade e proponha alternativas para melhorar a qualidade de vida dos moradores.

http://uqr.to/1wj1m

_____

_____

_____

_____

_____

_____

Adrenalina na Selva de Pedra

Eu f@lo português

Geralmente, quando pensamos em esportes radicais imaginamos cachoeiras, rios, mares, natureza ao nosso redor. No entanto, em meio a selvas de pedra também é possível praticar atividades físicas carregadas de adrenalina. Alguns desses esportes são: carrinho de rolimã, drift trike, slackline, parkour, buildering (ou escalada urbana).

Você os conhece?

Pesquise sobre esses esportes e comente com os seus colegas qual chamou mais a sua atenção.

Torre de Babel

Pronomes oblíquos

Leia o texto e comente o que chamou a sua atenção.

No fim de semana passado, Gilberto foi ao shopping para comprar um **livro** que lhe recomendaram. Entrou na livraria e perguntou pelo **livro** e o vendedor mostrou onde estava o **livro**. Olhou o **livro** e era o **livro** que queria. Comprou o **livro** e levou o **livro** para casa. Começou a ler o **livro** e gostou tanto do **livro** que não pôde parar de ler o **livro** até chegar à última página do **livro**. Por isso, ele recomenda o **livro para** seus amigos. É muito bom!

Como você substituiria a palavra "livro" para evitar a repetição?

_____

_____

_____

_____

_____

_____

1 **O que Gilberto comprou?**

_____

2 **O que ele leu?**

_____

3 **O que ele recomenda?**

_____

4 **Para quem ele recomenda o livro?**

_____

Quando você respondeu a essas perguntas, você teve que usar algum termo especial para conectar o verbo à palavra "livro"?

Observe:

1. Gilberto comprou o livro.

2. Ele leu o livro.

3. Ele recomenda o livro.

4. Ele recomenda o livro **para** seus amigos.

Como você já viu, a palavra livro pode ser substituída pelo pronome oblíquo "o" porque não foi necessário nenhum elemento de ligação entre essa palavra e o verbo. Por outro lado, para substituir "seus amigos" usamos o pronome oblíquo "lhes" porque foi necessário utilizar a preposição "para" como elemento de ligação entre o verbo "recomendar" e "seus amigos".

No quadro a seguir, conheça os pronomes oblíquos que usamos para substituir o objeto direto.

	Pronome pessoais	Pronomes oblíquos*
João viu	(eu)	me
	(ele)	o
	(ela)	a
	(você)	o/a te – linguagem falada
	(nós)	nos
	(eles)	os
	(elas)	as
	(vocês)	os/as

*Esses pronomes substituem o objeto direto.

Agora é a sua vez! Siga o modelo:

Ontem, João viu **Mariana** no supermercado.
Ontem João **a** viu no supermercado.

1. Eles _____ (eu) ajudaram ontem.

2. Nossos amigos _____ (nós) convidaram para um churrasco no sítio.

3. — Você vê **a novela** das oito?

— Sim, eu _____ vejo.

4. — Vocês conhecem **o diretor de RH**?

— Não, nós ainda não _____ conhecemos.

5. Fazia tempo que não víamos **Roberto** e **Margarida**. Ontem nós _____ visitamos.

6. Renata gosta de receber **pessoas** em sua casa. Ela sempre _____ atende bem.

7. Não conheço esse **carro**. Quem _____ deixou aí?

8. Na consulta, o médico trata os **pacientes** e _____ orienta quanto aos hábitos saudáveis.

9. Este **almoço** está uma delícia! Quem _____ preparou?

10. Sabrina está apaixonadíssima pelo **Sérgio**. Ela _____ ama.

11. Ontem, quando eu _____ (você – coloquial) encontrei, não disse para você que vou viajar.

Casos especiais

1. Os pronomes oblíquos da 3ª pessoa sofrem alterações quando, em uma frase, há um verbo terminado pelas letras "r", "s" ou "z". Quer ver como?

Outro dia vi uma blusa linda no shopping. Hoje eu recebi e vou compr**á**-la.

Como você pôde ver, o verbo "comprar" perdeu o "r" final e ao pronome "a" adicionamos a letra "l". É sempre assim antes dos pronomes "**o(s)**" ou "**a(s)**". Observe outros exemplos:

- Elena não está bem. Precisamos v**ê**-la.
- Este trabalho está muito longo! Vamos divid**i**-lo?
- Esse projeto está muito bonito! Quando será que eles vão constru**í**-lo?

O mesmo vale para os verbos terminados em "s" e "z". No dia a dia, seu uso é raro, mas podemos encontrá-los em textos literários. Observe:

- "Quem me explicará a razão desta diferença? Um dia vim**o-nos**, tratamos o casamento, desfizem**o-lo** e separam**o-nos**, a frio, sem dor, porque não houvera paixão nenhuma."

    Fonte: ASSIS, Machado. *Memórias Póstumas de Brás Cubas*, 1881. Disponível em: https://machadodeassis.net/texto/memorias-postumas-de-bras-cubas/5985/chapter_id/7114. Acesso em: 21/09/2024.

- "Não tendo forças para tirar a fita de borracha que prendia os papéis, pediu-me que os deslaçasse: **fi-lo**."

    Fonte: ASSIS, Machado. *Memórias Póstumas de Brás Cubas*, 1881. Disponível em: https://pt.m.wikisource.org/wiki/P%C3%A1gina:Mem%C3%B3rias_P%C3%B3sthumas_de_Braz_Cubas.djvu/252. Acesso em: 21/09/2024.

2. Quando os verbos terminam em "-m", adicionamos a letra "n" antes do pronome oblíquo. Essa forma também é usada apenas na literatura ou na linguagem formal. Veja:

- "Ao contato de tal homem, as damas sentiam-se superfinas; os varões olhava**m-no** com respeito, alguns com inveja, não raros com incredulidade."

    Fonte: ASSIS, Machado. *Memórias Póstumas de Brás Cubas*, 1881. Disponível em: https://machadodeassis.net/texto/memorias-postumas-de-bras-cubas/5985/comment_id/6606. Acesso em: 21/09/2024.

Agora é a sua vez! Nas seguintes orações, substitua as palavras destacadas por no(s), na(s), lo(s), la(s).

1. Eles ainda não viram o filme, mas querem ver **o filme** este fim de semana.

_____

2. Meus óculos sumiram! Preciso encontrar **eles** o quanto antes porque não enxergo nada!

_____

3. Roubaram os vizinhos! Roubaram **eles** de madrugada!

_____

4. — Vocês compraram as verduras?

— Sim, compramos **as verduras** no mercadão.

_____

5. O médico está com alguns pacientes para orientar **eles** quanto ao procedimento cirúrgico.

_____

6. Elas viajaram a Brasília onde moram os avós Luísa e Rafael. Aproveitaram e visitaram **os avós**.

_____

7. Olha, recebi este pacote, mas entregaram **ele** no endereço errado.

_____

8. Preciso terminar este relatório. Vou escrever **o relatório** já, antes que me chamem a atenção.

_____

9. — Vamos fazer uma festa?
— Sim, vamos organizar **a festa** amanhã na casa do Júnior.

_____

10. Preciso fazer uns brigadeiros para o lanche. Vou fazer os **brigadeiros** depois do almoço.

_____

http://uqr.to/1wj1n

Não existe amor em SP

Escute a música *Não existe amor em SP*, acompanhe a letra e substitua as palavras destacadas por seus antônimos.

Não existe (1) **ódio** em SP

_____

Um labirinto místico
Onde os grafites (2) **calam**

_____

Não dá pra descrever
Numa (3) **feia** frase

_____

De um postal tão (4) **azedo**

_____

Cuidado com doce
São Paulo é um buquê
Buquês são flores (5) **vivas**

_____

Num lindo arranjo
Arranjo lindo feito pra você

Não existe amor em SP
Os bares estão cheios de almas tão (6) **plenas**

_____

A (7) **generosidade** vibra, a (8) **humildade** excita

_____

Devolva minha vida e morra
Afogada em teu próprio mar de (9) **mel**

Aqui (10) **todos** vão pro (11) **inferno**

Verbos pronominais

Recebem esse nome porque estão sempre acompanhados pelos pronomes "me", "se" e "nos", que indicam o sujeito que recebe e exerce a ação. Quanto à conjugação, eles seguem os modelos das conjugações terminadas em "ar", "er" e "ir". Quer ver como é fácil?

Pronomes pessoais	Pronomes reflexivos	Chamar-se	Arrepender-se
Eu	me	chamo	arrependo
Ele Ela Você	se	chama	arrepende
Nós	nos	chamamos	arrependemos
Eles Elas Vocês	se	chamam	arrependem

Fique de olho! Alguns verbos pronominais têm conjugação irregular. Por exemplo: vestir-se, sentir-se, ferir-se, divertir-se, entre outros. Preste atenção à conjugação deles:

Pronomes pessoais	Pronomes reflexivos	Vestir-se	Sentir-se	Divertir-se
Eu	me	visto	sinto	divirto
Ele Ela Você	se	veste	sente	diverte
Nós	nos	vestimos	sentimos	divertimos
Eles Elas Vocês	se	vestem	sentem	divertem

Em dupla, crie um meme utilizando os verbos a seguir: levantar-se, sentar-se, queixar-se, arrepender-se, enganar-se, distrair-se, sentir-se, divertir-se, vestir-se, reunir-se e atrapalhar-se. Lembre-se de que um "meme" é uma Imagem, informação ou ideia que se espalha rapidamente através da Internet, correspondendo geralmente à reutilização ou alteração humorística ou satírica de uma imagem, segundo o *Dicionário Priberam da Língua Portuguesa* (2008-2024. Você pode acessar em: https://dicionario.priberam.org/meme).

Torre de Babel

Pronomes de objeto indireto

Observe a seguinte frase:

Marisa **enviou** um presente **para Carla**.

Como poderíamos dizer isso de outra maneira? Se você fosse substituir "para Carla", qual pronome do quadro a seguir você utilizaria?

SUJEITO Pronomes pessoais	Verbos COM preposição para/a	Pronome pessoal	Pronome oblíquo OBJETO INDIRETO	
Eu Ele Ela Você Nós Eles Elas Vocês	Falar Dizer Ligar Telefonar Dar Presentear Entregar Comprar Mostrar	(eu)	**me**	
		(ele) (ela)	**lhe**	
		(você)	**lhe**	**te** coloquial
		(nós)	**nos**	
		(eles) (elas) (vocês)	**lhes**	

Marisa **lhe** deu um presente.

Como você pode ver, o "lhe" substitui "para Carla". Usamos o pronome oblíquo "lhe" porque foi necessário utilizar a preposição "para" como elemento de ligação entre o verbo "dar" e "Carla".

Agora, tente você! Substitua as palavras destacadas nas orações a seguir pelo pronome adequado:

1. Vamos dar **à nossa amiga** o apoio necessário.

_____

2. Eu entreguei os documentos **ao meu irmão**.

_____

3. Fui ao colégio para devolver os livros **para Marina**.

_____

4. A avó deu um brinquedo **a sua netinha caçula**.

_____

Viu como foi fácil? Agora, complete as lacunas com o pronome adequado:

1. Ele _____ (eu) contou que tinha viajado pela Europa no verão.

2. Vocês não _____ (eu) entregaram a nota fiscal correta.

3. Nós _____ (ele) enviamos um excelente relatório.

4. Os netos de dona Alzira foram ao shopping e _____ (ela) compraram um lindo presente de aniversário.

5. Por que você não _____ (eu) disse nada? Teria _____ (você – coloquial) ajudado no ato!

6. Nós ligamos para o encanador e _____ (ele) pedimos para resolver o problema do vazamento que tínhamos no nosso apartamento.

7. A secretária _____ (nós) enviou a receita.

8. Os filhos _____ (os pais) deram um bonito presente de aniversário.

9. Os clientes _____ (eu) escreveram pedindo um encontro urgente.

10. O professor _____ (nós) recomendou que lêssemos as últimas notícias sobre o tema.

⚠ Fique de olho!

Quando os pronomes pessoais são antecedidos por certas preposições, eles sofrem alterações. Veja:

	Eu	Você	Ele/Ela	Nós	Vocês	Eles/Elas	Tu
Em	**mim**	você	**nele/nela**	nós	vocês	**neles/nelas**	ti
Com	**comigo**	você	ele/ela	**conosco**	vocês	eles/elas	contigo
Por	**mim**	você	ele/ela	nós	vocês	eles/elas	ti
De	**mim**	você	**dele/dela**	nós	vocês	**deles/delas**	ti
Sem	**mim**	você	ele/ela	nós	vocês	eles/elas	ti
Para	**mim**	você	ele/ela	nós	vocês	eles/elas	ti

Exemplos:

*Ele sempre está pensando **nela**.*

*Renata foi **conosco** ao Museu da Língua Portuguesa no domingo e adorou! Ele faria qualquer coisa **por nós**.*

*Eu gosto muito **delas**.*

*O Chico me disse que não pode viver sem **ti**.*

*No meu aniversário, ele trouxe um livro **para mim**. = Ele **me** trouxe um livro.*

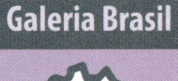

Martelando

Leia as seguintes frases, marque certo (C) ou errado (E) e corrija as erradas.

1. (   ) Eu não vou ajudar-lhes já que nunca me ajudam.

2. (   ) Vamos vê-los mais tarde.

3. (   ) Os pais fizeram tudo por ele.

4. (   ) Você vai com nós à reunião na casa da Lília?

5. (   ) No Dia das Mães, as filhas lhe deram flores lindas!

6. (   ) Meus pais sempre almoçam comigo aos domingos.

7. (   ) Viram-o acabado: tinha perdido peso e estava muito pálido.

8. (   ) O dono da loja é muito generoso com os funcionários: sempre pensa neles ao tomar uma decisão.

9. (   ) Essas pinturas estão muito interessantes. Gostei de elas.

10. (   ) Eu vou comemorar meu aniversário com meus amigos e quero convidar-los para um churrasco.

UNIDADE 10

Galeria Brasil

Assista ao vídeo sobre a Semana de Arte Moderna e, com seus colegas, pesquise sobre os principais artistas e obras e compartilhe!

http://uqr.to/1wj1o

Bora lá!

Em 2022, a Semana de Arte Moderna de São Paulo está em festa. Para isso, foi criada uma Comissão de Curadoria do Projeto de Comemoração dos 100 Anos da Semana de Arte Moderna de 1922. Você é colaborador do caderno de Cultura da *Folha de S.Paulo* e deve escrever um artigo sobre seus momentos marcantes e os preparativos para essa comemoração.

Acesse o gabarito e os textos transcritos desta unidade!

http://uqr.to/1wj1p

UNIDADE
11 Morar sozinho ou dividir apê?

Antenado

Assista ao vídeo *Morando sozinho*, do Porta dos Fundos, e pesquise sobre os criadores desse programa.

http://uqr.to/1wj1q

1 Qual é a situação retratada nesse episódio?

2 Como você caracterizaria o morador e o técnico?

3 O que você entende pelas expressões "opa", "tirar de letra" "aqui, ó", "caraca" "brota do chão", "fechado"?

4 Agora, descubra o que significam IPTU, NET e Light.

Praça da Língua

Leia o trecho do texto "O que ninguém conta sobre morar sozinho", de Alberto Brandão.

Morar sozinho pode ser libertador, mas tem suas dificuldades. Aqui, um guia de tudo o que você precisa saber e ninguém te conta sobre morar sozinho.

Alguns perderam os pais, outros mudaram de cidade ou país para estudar. Uns não aguentam mais os pais por perto, outros estão acomodados há mais de 20 anos, dando trabalho, tendo suas cuecas lavadas, pedindo para tomar um pé na bunda. Os cenários variam, os motivos não importam. **Morar sozinho é uma arte sem escola**.

Tem quase 6 anos que já não moro mais com minha família. No meu caso, não foi uma questão de escolha: a vida me colocou na rua. Tive de me virar de qualquer jeito, apanhei muito até desenvolver os conceitos e dicas que vou compartilhar aqui. Tudo é muito delicado e muito novo quando você está entrando nessa vida – e mesmo para quem já mora sozinho há algum tempo, alguma das dicas pode fazer alguma diferença.

Existem duas visões do mundo do homem solteiro que mora sozinho. A versão popular foca na liberdade para levar qualquer garota para casa, fazer festas e bagunça. Não estou dizendo que isso não acontece, porque acontece. A outra visão é bem mais complicada (e ignorada). Somos orgulhosos demais para compartilhar esse tipo de coisa, mas a maior parte do trabalho da vida de um homem solteiro que mora sozinho é **não enlouquecer**.

Fonte: BRANDÃO, Alberto. *O que ninguém conta sobre morar sozinho*. Disponível em: https://papodehomem.com.br/o-que-ninguem-conta-sobre-morar-sozinho/. Acesso em: 22/09/2024.

1 **Quais são os motivos para que alguém decida morar sozinho?**

_____

_____

_____

_____

_____

2 **Qual é o maior desafio de quem mora sozinho?**

_____

_____

_____

_____

_____

_____

3 O que significa criar princípios?

_____

_____

_____

_____

4 Como são os primeiros dias morando sozinho?

_____

_____

_____

_____

5 Qual é a dica para você ir montando seu apartamento?

_____

_____

_____

_____

6 O que significa "Sua casa é sagrada"?

_____

_____

_____

_____

7 Como você deve se relacionar com seus vizinhos?

_____

_____

_____

_____

 **Bora lá!**

No seu blog, escreva sobre a experiência de morar sozinho e dê dicas que possam animar muitas pessoas a saírem de casa para buscarem seu próprio espaço.

 **Praça da Língua**

Morar sozinho ou junto?

Chegou a hora de ir para a universidade! A maioria pensa em liberdade, novos amigos e experiências mil. Apesar da correria dos últimos dias e das tantas emoções, dos altos e baixos, é necessário manter os pés no chão para assumir a vida universitária. Uma das grandes dúvidas é onde morar.

No Brasil, é comum que os estudantes morem em repúblicas. Segundo alguns registros, a primeira república universitária foi criada na Universidade de Coimbra, em Portugal. Foi tão legal que, até os dias de hoje, os arredores das universidades vivem e sobrevivem com a chegada e permanência dos estudantes.

Há vários tipos de repúblicas. Algumas funcionam em casas ou apartamentos que contam com espaços amplos. Outras são mais simples, com quartos menores que, ainda assim, são compartilhados por vários estudantes que se acomodam em beliches.

Com tanta gente dividindo o dia a dia é obvio que se necessitam regras de convivência claras. É indispensável pensar nos gastos, nas tarefas domésticas e na difícil divisão das despesas mensais. Provavelmente, cada república tem suas próprias regras, mas o importante é que todos as conheçam e as respeitem.

Como tudo, morar em república também tem seus prós e contras.

Vantagens

De cara, há duas vantagens principais: boa localização e economia no valor do aluguel. Quase sempre as repúblicas ficam perto das universidades e as despesas fixas, como internet, luz, água e alimentação, são divididas.

Aprendendo a viver

O fato de conviver com pessoas de diferentes personalidades, culturas e criação torna as repúblicas um espaço intercultural que, de alguma forma, ensina os jovens a serem mais tolerantes e respeitosos. Viver em uma república ensina a enfrentar desafios e superá-los.

Novas amizades

Morar nesses espaços pode trazer gratas surpresas. Você irá conhecer muitas pessoas e com algumas delas poderá fazer amizades para o resto da vida. Como viver longe de casa nem sempre é fácil, os amigos e companheiros de república tornam-se um apoio emocional importante quando a barra pesa, pois ficar doente, sem dinheiro ou deprimido é mil vezes pior sozinho. Nessa hora, poder contar com os amigos muda tudo. Além disso, colegas de república podem ser bons até para estudar.

Nem tudo é tão bom como parece

Se você é daquele tipo que adora privacidade, desista. Vez por outra, você pode levar uma boa surpresa: aquele queijo delicioso que você deixou na geladeira simplesmente sumiu; de repente, o xampu de marca que a sua mãe lhe deu está pela metade e a blusa de que você tanto gosta está no varal do vizinho. E não se surpreenda se o seu varal também desaparecer.

Bagunça

Todo mundo sabe que a ideia de ordem e organização varia de pessoa para pessoa. Alguns não ligam muito para isso, mas, para outros, será um verdadeiro sofrimento.

Visitas

Esta é uma parte complicada do a dia a dia das repúblicas. Os parentes chegam, as namoradas e os ficantes aparecem. Às vezes, você poderá sentir que nenhum canto é seu, mas pouco a pouco você se acostumará e tudo parecerá normal.

Agora que você já conhece as vantagens e desvantagens de morar em república, você toparia?

Você acaba de entrar na universidade, vai se mudar para São Paulo e precisa encontrar um lugar para morar. Procure nos classificados a seguir a opção ideal. Em dupla, simule um diálogo com o dono ou a imobiliária. Aqui estão algumas frases que podem ajudá-lo:

Me conta uma coisa, o apê fica perto de uma estação de metrô?

Você pode **me** informar se preciso pagar caução?

Me faz um favor, em que andar fica o studio?

Classificado nº 1: Studio para alugar com 1 quarto, 30 m²

STUDIO PARA ALUGAR COM 1 QUARTO, 30M²

Avenida Professor Vahia de Abreu, Vila Olímpia - São Paulo

**30 M²
1 SUÍTE
COM VAGA**

✔ Não aceita animais domésticos.
✔ Opções de lazer.
✔ Mobiliado.
✔ Piscina.
✔ Fitness center.

Classificado nº 2: Kitnet com despesas inclusas

KITNET COM DESPESAS INCLUSAS

Rua Professor Teotônio Monteiro de Barros Filho 5 minutos do P3 da USP.

Todas as despesas inclusas no valor do aluguel (luz, água, IPTU e condomínio). Avenida comercial.

Kit mobiliada com:

Geladeira, micro-ondas, cama de casal ou cama de solteiro, armários embutidos, mesa de estudo, mesa de cozinha, pia de cozinha com gabinete e banheiro privativo.

Classificado nº 3: Quartos para estudantes

QUARTOS PARA ESTUDANTES

✔ Individuais ou compartilhados.

✔ Apartamento silencioso no Jd. Rizzo, 500 m do portão de pedestre da Vila Indiana.

✔ 3 quartos, sala, cozinha e banheiro.

✔ Quarto menor R$ 650 e o maior R$ 750, incluso condomínio.

✔ Mobiliado e pronto para mudar.

✔ Para não fumantes e sem necessidade de cheque-caução.

Classificado nº 4: República Toca do Tatu

REPÚBLICA TOCA DO TATU

Casa confortável a 500 metros da Portaria 3 da USP

Dormitórios com cama de solteiro ou beliche e guarda-roupas individuais com chave.

7 banheiros, cozinhas equipadas (fogão, geladeira, micro-ondas, liquidificador, utensílios, armários individuais para alimentos não perecíveis), lavanderia (lavadoras e tábua de passar), salas de TV e sala de estudo. Incluso no valor: TV a cabo, internet/wireless, água, luz, gás, IPTU, manutenção e funcionária para limpeza.

✔ **Quartos para 2 estudantes: R$ 530,00 (cada vaga).**

✔ **Quartos individuais: R$ 650,00.**

Torre de Babel

Colocação pronominal

Você se lembra da Semana de Arte Moderna? No poema *Pronominais*, de Oswald de Andrade, podemos verificar algumas características do movimento modernista. Uma delas é o predomínio de um padrão linguístico brasileiro: o pronome antes do verbo, diferentemente da norma culta, que privilegia o uso do pronome depois do verbo. O poeta modernista reiterava a diferença entre a norma culta e a língua falada pela maioria dos brasileiros, o que era muito bem-visto, pois os modernistas ressaltavam a importância de uma real língua, cultura e identidade brasileira.

Com certeza, você já percebeu que os pronomes oblíquos podem aparecer antes ou depois do verbo, mas como saber onde colocá-los? Isso depende, em primeira instância, do registro. Quando é informal, a tendência é colocar o pronome antes do verbo, enquanto no registro formal existe uma série de regras. Quer ver? Leia o poema do modernista Oswald de Andrade.

Pronominais

Dê-me um cigarro
Diz a gramática
Do professor e do aluno
E do mulato sabido

Mas o bom negro e o bom branco
Da Nação Brasileira
Dizem todos os dias
Deixa disso camarada o
Me dá um cigarro

Fonte: ANDRADE, O. *Obras completas*. Rio de Janeiro: Civilização Brasileira, 1972. v. 6-7.

Hoje, como em 1925, quando Oswald de Andrade publicou seu poema, continuam convivendo na língua portuguesa essas duas formas de colocar os pronomes oblíquos. Na linguagem formal e escrita, colocamos o pronome depois do verbo: "Dê-me um cigarro", mas, na linguagem falada, milhões de brasileiros falam todos os dias "Me dá um cigarro".

Como "Diz a gramática / Do professor e do aluno", os pronomes oblíquos devem ser colocados depois do verbo, sempre que iniciam uma frase ou vêm depois de uma pausa marcada por vírgula, ponto e vírgula, ponto ou dois-pontos. Nesse caso, é obrigatório usar hífen entre o verbo e o pronome: "Dê-me um cigarro".

Também é assim com os verbos no infinitivo (seguidos por "lo", "la"), terminados em "m" (isto é, seguidos por "no", "na"), no gerúndio e no imperativo. Veja:

- "Rita, como uma serpente, **foi-se** acercando dele, **envolveu-o** todo, **fez-lhe** estalar os ossos num espasmo, e **pingou-lhe** o veneno na boca."
- "A cartomante foi à cômoda, sobre a qual estava um prato com passas, tirou um cacho destas, começou a **despencá-las** e **comê-las**, mostrando duas fileiras de dentes [...]."

Fonte: MACHADO DE ASSIS, Joaquim Maria. *A cartomante*. Rio de Janeiro: Nova Aguilar, 2015 (Obras completas, v. 2).

 **Fique de olho!** No caso de intercalação, são permitidas tanto próclise quanto ênclise: com palavra atrativa + termo intercalado podemos empregar a próclise ou a ênclise.

Por outro lado, é importante prestar atenção a certas palavras que obrigam o uso dos pronomes oblíquos antes do verbo:

1. Palavras com sentido de negação, tais como *não*, *nunca*, *jamais*, *ninguém*, *nada*, entre outras.
   Ela **nunca me** disse que **não nos** encontraríamos na festa.

2. Alguns advérbios, como *já*, *talvez*, *sempre*, *apenas*, *somente*, *antes*, *bem*, *até*, entre outros.
   Talvez ele **me** ligue mais tarde.

3. Pronomes relativos, como *que*, *quem*, *onde*.
   Marco é o amigo **que nos** deu carona depois da aula.

4. Pronomes indefinidos, como *tudo*, *alguém*, *ninguém*, *cada*, *algum*, *alguma*.
   Ela é uma pessoa complicada. **Tudo lhe** parece um bicho de sete cabeças.

5. Conjunções que introduzem o subjuntivo, como *se*, *embora*, *para que*, *por mais que*, *até que*, entre outras.
   Embora se conheçam há muitos anos, pouco se falam.

6. Palavras interrogativas, como *que*, *o que*, *quem*, *onde*, *quando*, *quanto*, *qual* e *como*.
   Quem te contou essa fofoca? **Quando te** contaram isso?

7. Frases exclamativas do tipo:
   Deus **me livre!**
   Que o diabo **te carregue!**

Agora é a sua vez! Coloque os pronomes dos parênteses no lugar correto:

1. (me) Não _____ diga _____ que você já falou com a chefe.

2. (se) Como ele _____ chama _____?

3. (lhes) _____ digam _____ a verdade.

4. (nos) Marcelo _____ convidou _____ para a formatura dele.

5. (o) Ninguém _____ viu _____ entrar.

6. (me) _____ faça _____ esse favor.

7. (nos) Aqui está o relatório que _____ pediram _____.

8. (se) Talvez eles _____ encontrem _____ mais tarde.

9. (me) _____ deixe _____ em paz!

10. (lhe) Nunca _____ deram _____ o recado.

⚠ Fique de olho!

Embora não seja uma regra, no dia a dia, o uso dos pronomes pessoais e nomes próprios também atrai os oblíquos para antes do verbo.

Eu me chamo Zeca.
Ana Luíza se formou no ano passado.

Batucando

A casa é sua
Arnaldo Antunes

Observe as imagens a seguir e tente completar as lacunas com a palavra adequada. Depois, **acesse o QRCode**, escute a música e verifique suas respostas.

http://uqr.to/1wj1r

Não me falta (1) _____

Não me falta (2) _____

Só falta você sentada na sala

Só falta você estar

Não me falta parede

E nela uma (3) _____ pra você entrar

Não me falta (4) _____

Só falta o seu pé descalço pra pisar

Não me falta (5) _____

Só falta você deitar

Não me falta o sol da manhã

Só falta você acordar

Pras janelas se abrirem pra mim

E o vento brincar no (6) _____

Embalando as flores do jardim

Balançando as cores no (7) _____

A casa é sua

Por que não chega agora?

Até o (8) _____ tá de ponta-cabeça porque você demora

A casa é sua

Por que não chega logo?

Nem o prego aguenta mais o peso desse (9) _____

Antenado

Vai se mudar pra casa nova?
Ouça a gravação e transcreva-a.

http://uqr.to/1wj1s

Torre de Babel

Verbos irregulares terminados em "-ir"

Você já viu a conjugação dos verbos regulares terminados em "-ar", "-er" e "-ir", mas a maioria dos verbos terminados em ir apresenta algumas irregularidades **no presente do indicativo**. Apesar disso, podemos classificá-los em quatro grupos:

1º Grupo Regular	2º Grupo Alteração só na 1ª pessoa	3º Grupo Alteração nas 3ªs pessoas	4º Grupo Alteração só na 1ª pessoa
Ab**r**ir	D**o**rmir	S**u**bir	Pe**d**ir
Abr**o**	D**ur**mo	S**u**bo	Pe**ço**
Abr**e**	D**o**rm**e**	S**o**be	Pe**d**e
Abr**imos**	D**o**rm**imos**	S**u**b**imos**	Pe**d**imos
Abr**em**	D**o**rm**em**	S**o**bem	Pe**d**em

Outros exemplos desses grupos são:

- **1º Grupo**: desistir, decidir, assistir, insistir, definir.
- **2º Grupo**: cobrir, descobrir, encobrir, tossir, engolir.
- **3º Grupo**: sacudir, acudir, sumir, consumir, fugir, cuspir.
- **4º Grupo**: ouvir, medir, impedir.

Fique de olho!

Não se esqueça de que todos os verbos desses grupos só apresentam irregularidade no presente do indicativo. Em todos os outros tempos, eles seguem os modelos de conjugação regular.

Agora, vamos botar a mão na massa! **Acesse o QRCode** e pratique o que você acabou de ver.

http://uqr.to/1wj1t

UNIDADE 11

Torre de Babel

Pronomes relativos

Os pronomes relativos têm duas funções: 1) ligar duas partes de uma oração, portanto funcionam como conectores; e 2) substituir uma palavra que já foi mencionada para evitar a repetição. Geralmente, essa palavra é um substantivo ou um pronome. Os pronomes relativos podem ser variáveis, isto é, devem concordar em número e gênero, ou invariáveis. Observe:

Invariáveis	Variáveis
onde e **aonde** – substituem uma palavra que indica lugar.	cujo(s)/cuja(s)
que – podemos usá-lo para substituir tanto lugares e pessoas como objetos.	o qual/os quais a qual/as quais
quem – é usado para substituir uma palavra que se refere a uma pessoa.	

Uso dos pronomes invariáveis

Onde

O pronome **onde** é usado para substituir palavras que indicam lugar. Observe:

Esta é uma **escola** de línguas. Eu estudo português nesta **escola**.

Esta é a escola **ONDE** eu estudo português.

Quem

O pronome "quem" é usado para substituir pessoas, mas devemos ter um cuidado especial: só podemos usar o pronome "quem" em orações que contenham **verbos que usam preposições**, tais como: *para, em, de, a, por, com*. Veja o exemplo:

Este é meu amigo **João**. Eu te *falei de* meu amigo **João**.

Este é meu amigo João *de* **quem** eu te *falei*.

Observe que, em uma oração cujo verbo não está acompanhado de preposição, só podemos usar o pronome relativo "que" para substituir pessoa. Por exemplo:

Esta é minha **amiga** Mariana. Eu *vi* minha **amiga** ontem no shopping.

Esta é minha amiga Mariana ~~quem~~ **QUE** eu *vi* ontem no shopping.

Que

É o mais versátil de todos os pronomes relativos, pois podemos usá-lo para substituir tanto lugares e pessoas quanto objetos.

Este **apartamento** é grande e bonito. Eu quero este **apartamento**.

Este é o apartamento grande e bonito **QUE** eu quero.

 **Fique de olho!**

O pronome preferido tanto na linguagem cotidiana quanto na escrita é o **que**. Muitas vezes, podemos usar/encontrar o pronome **que** no lugar de **onde**. Quer ver?

Esta é a escola **ONDE** eu estudo português = Esta é a escola **EM QUE** eu estudo português.

Observe que, quando trocamos o pronome **onde** pelo pronome **que**, não devemos esquecer a preposição **em**.

Variáveis

Como mencionamos, o pronome relativo **que** é o mais usado. No entanto, podemos substituí-lo por pronomes relativos variáveis. Veja os exemplos a seguir:

Este é o apartamento grande e bonito **que** eu quero comprar.

Este é o apartamento grande e bonito **o qual** eu quero comprar.

Este é meu amigo João **de quem** eu te falei.

Este é meu amigo João **do qual** eu te falei.

Esta é a escola **onde** eu estudo português.

Esta é a escola **na qual** eu estudo português.

Além desses pronomes, temos os pronomes **cujo(s)** e **cuja(s),** utilizados para indicar uma relação de posse. Eles sempre se referem à palavra que vem depois.

O livro **cujas páginas** li ontem é bom.

O professor, **cujo currículo** é internacional, estará conosco.

 **Fique de olho!**

Nunca se deve utilizar artigo após "cujo(s)/cuja(s)".

- Exemplo correto:

A casa cuja fachada é branca. (sem artigo)

- Exemplo incorreto:

A casa cuja a fachada é branca. (com artigo)

Reescreva as frases a seguir usando o pronome relativo adequado, quando necessário.

1. Este é Cristiano, meu vizinho quem mora no apartamento de cima.

2. Eu comprei uma casa que fica perto do bairro dos meus pais.

3. Não encontrei o livro que você recomendou.

4. Esta é a escritora cuja livro acaba de ser publicado.

5. Esta é a universidade na que estudamos.

6. Devo permanecer onde quero estar.

7. As pessoas de quais você falou são geniais.

8. Os alunos, os que tiraram notas boas, ficaram isentos do exame final.

9. Os amigos quens foram para o Brasil no ano passado ficaram por lá.

10. A cobertura, cuja vista para o mar é espetacular, está à venda.

Agora, una as frases com pronomes relativos e faça as alterações necessárias.

1. Os funcionários são responsáveis. Eles sempre chegam pontualmente.

2. O professor nos ensinou como fazer uma boa redação. Nós confiamos nele.

3. Nós visitamos a floresta da Tijuca. Lá sempre tem muitos turistas.

4. Muitos candidatos farão a prova do Celpe-Bras. Os nomes deles aparecerão em uma lista.

5. Lucas é solidário. Ele sempre lidera as campanhas no colégio.

6. Em vários lugares do mundo se fala português. Eu não conheço todos.

_____

_____

7. A biblioteca da universidade é nova. Está aberta 24 horas.

_____

_____

8. Gostei dos últimos filmes exibidos no Festival de Gramado. Vários receberam o Kikito.

_____

_____

9. Eu nasci numa pequena cidade. Minha cidade mudou muito.

_____

_____

10. Os meus amigos são muito leais. Sempre posso contar com eles.

_____

_____

Juntos, nunca sós
Francisco, el Hombre

Agora, escute a música e preencha as lacunas:

http://uqr.to/1wj1u

Juntos, nunca (1) _____

Nós (2) _____ (3) _____ nós

Nós cuida de nós

Juntos, mesmo a sós

Pra cuidar do outro (4) _____

É tanta (5) _____ aqui

Mesmo longe de ti eu te (6) _____ sim

Juntos, nunca sós

(7) _____ cuida de (8) _____

Sempre juntos, mesmo a sós

Mesmo de (9) _____

E você (10) _____ e eu (11) _____

Quando eu cuido de mim

Eu cuido de (12) _____

Mesmo de longe

E você aí e eu aqui

Quando eu cuido de (13) _____

Eu cuido da gente (14) _____

O amor é ponte

O amor é (15) _____

E (16) _____ (17) _____

Lembre-se

O amor é ponte

O amor é ponte

E não muro

Bora lá! Em dupla, faça uma entrevista com a banda Francisco, el Hombre para ser publicada na revista *Música Hoje* deste mês. Depois, em sala de aula, simule a entrevista.

Galeria Brasil

http://uqr.to/1wj1v

Assista ao vídeo *Brasília 60 anos*.

Comente quais aspectos de Brasília chamaram a sua atenção. Em seguida, em grupos, pesquisem sobre os seguintes temas:

- Brasília – um museu a céu aberto.
- Os que sonharam Brasília.
- Brasília e seu lado místico.
- Brasília cultural.
- Os arredores de Brasília.
- Da Brasília de Dom Bosco ao século XXI.

Acesse o gabarito e **os textos transcritos desta unidade!**

http://uqr.to/1wj1w

UNIDADE 11

UNIDADE 12
REVISÃO – UNIDADES 7-11

Unidade 7
1. Futuro do pretérito
2. Presente do subjuntivo
3. Acentuação – sílaba tônica
4. Acentuação – acento agudo e circunflexo

Unidade 8
1. Adjetivos
2. Acentuação das proparoxítonas
3. Comparativos
4. Imperfeito do subjuntivo

Unidade 9
1. Acentuação das paroxítonas
2. Superlativos
3. Futuro do subjuntivo

Unidade 10
1. Verbos terminados em "air"
2. Acentuação das oxítonas e dos monossílabos
3. Pronomes oblíquos
4. Verbos pronominais
5. Pronomes de objeto indireto

Unidade 11
1. Colocação pronominal
2. Verbos irregulares terminados em "ir"
3. Pronomes relativos

— Me disseram...

— Disseram-me

— Hein?

— O correto é "disseram-me". Não "me disseram".

— Eu falo como quero. E te digo mais... Ou "digo-te"?

— O quê?

— Digo-te que você...

— O "te" e o "você" não combinam.

— Lhe digo?

— Também não. O que você ia me dizer?

— Que você tá sendo grosseiro, pedante e chato. E que vou te partir a cara. Lhe partir a cara. Partir a sua cara. Como é que se diz? Aaahh!

— Partir-te a cara.

— Pois é. Partir-la-ei se você não parar de me corrigir. Ou corrigir-me.

— É para o seu bem.

— Dispenso as suas correções. Vê se esquece-me. Falo como bem entender. Mais uma correção e eu...

— O quê?

— O mato.

— Que mato?

— Mato-o. Mato-lhe. Matar-lhe-ei-te. Ouviu bem?

— Eu só estava querendo...

— Pois esqueça-o e para-te. Pronome no lugar certo é elitismo.

— Se você prefere falar errado...

— Falo como todo mundo fala. O importante é me entenderem. Ou entenderem-me?

— No caso... Não sei.

— Ah, não sabes? Não o sabes? Sabes-lo não?

— Esquece.

— Não. Como "esquece" ou "esqueça"? Ilumine-me. Me diga. Ensines-lo-me. Vamos!

— Depende.

— Depende. Perfeito. Não o sabes. Ensinar-me-lo-ias se o soubesse, mas não sabes-o.

— Está bem, está bem. Desculpe. Fale como quiser.

— Agradeço-lhe a permissão para falar errado que me dás. Mas não posso mais dizer-lo-te o que dizer-te-ia.

— Por quê?

— Porque, com todo esse papo, esqueci-lo.

Fonte: Verissimo, Luis Fernando. *Novas comédias da vida pública*: a versão dos afogados. Porto Alegre: L&PM, 1997. p. 199.

Compreensão de leitura

1 **O que inicia a discussão entre as duas personagens?**

_____

_____

_____

2 **Podemos perceber que um dos interlocutores queria transmitir uma mensagem, mas acabou esquecendo qual era. Por que ele esqueceu a mensagem?**

_____

_____

_____

3 Em uma conversa com registro informal, deve-se corrigir o uso e a colocação do pronome oblíquo? Justifique.

_____

_____

_____

Torre de Babel

1 Reescreva as seguintes falas do texto *Papos*, considerando as regras de colocação pronominal, e justifique.

1. "E te digo mais..."

_____

2. "Lhe digo?"

_____

3. "Vê se esquece-me."

_____

4. "Mato-o. Mato-lhe."

_____

5. "Não o sabes? Sabes-lo não?"

_____

6. "Me diga."

_____

7. "(...), esqueci-lo."

_____

2 Leia o diálogo e descubra onde há alguma inadequação, de acordo com as regras que você aprendeu:

— *Querida, me olhe!*

— *Me beije!*

— *Sempre ame-me!*

— *Não sei não! Talvez se você aprender a usar bem os pronomes primeiro... Quem sabe?*

_____

_____

_____

_____

151

3 Leia as frases a seguir e justifique o uso dos pronomes oblíquos.

a. Não **o** acharam interessante.

b. Vocês sempre **as** colocam em cima da escrivaninha?

c. Entregaram-**lhes** os pedidos há uma hora.

d. Finalmente, disseram-**me** toda a verdade.

e. Eu não **os** vi passar por aqui.

f. Quanto à proposta, é preciso analisá-**la** bem.

4 Complete o texto com verbos no presente do subjuntivo ou imperativo, identificando-os com S ou I, segundo seu uso.

Conheça Bonito

Na sua próxima viagem, não (1) _____ (deixar) de conhecer Bonito, cidade famosa por suas cachoeiras, rios e cavernas. (2) _____ (curtir) passeios de aventura, rapel, bicicleta, rafting e canoagem. É provável que lá (3) _____ (fazer) muito calor, por isso (4) _____ (levar) roupas de verão.

Para chegar lá, é necessário que você (5) _____ (pegar) um avião até Campo Grande e que (6) _____ (ficar) em um hostel ou (7) _____ (procurar) uma opção no Airbnb. Sugerimos que (8) _____ (estar) pelo menos dois dias lá, para que (9) _____ (poder) aproveitar ao máximo a cidade. Depois (10) _____ (ir) para Bonito. É bom que (11) _____ (fazer) essa viagem em um ônibus executivo, com ar-condicionado. Embora o caminho (12) _____ (ser) curto, você vai curtir as paisagens.

A fim de que (13) _____ (conhecer) bem Bonito, o melhor é que um guia turístico o (14) _____ (acompanhar) e lhe (15) _____ (mostrar) tudo.

(16) _____ (tentar) a Gruta do Lago Azul, o rio da Prata, a Boca da Onça, o rio Sucuri e o Aquário Natural.

Esperamos que você (17) _____ (ter) uma viagem maravilhosa!

(18) _____ (viajar) conosco. (19) _____ (entrar) em contato com nossa agência!

Bem Brasil Turismo | (67) 5531-1906

5 Caso seja necessário, acentue as palavras a seguir e justifique.

Agua	_____	Enfase	_____
Abril	_____	Torax	_____
Nucleo	_____	Pais	_____
Toto	_____	Japones	_____
Chuveiro	_____	Amor	_____

6 Acentue o seguinte texto:

Quando voce for ao Brasil, e bom que voce va ao Rio de Janeiro, pois e uma cidade muito bonita. La, e importante que voce não perca os principais cartoes--postais da cidade, como o Cristo redentor e o Pao de Açucar, mas e aconselhavel que planeje bem seu roteiro de visitas.

O sol pode ser escaldante no topo do Corcovado. Por isso, e bom visitar o Cristo cedinho e dai sair para ver outras maravilhas da cidade. Por exemplo, o Real Gabinete Portugues de Leitura e um cantinho secreto e sagrado para os amantes dos livros. E impossivel que voce fique indiferente diante da beleza do lugar. E, para arrematar um dia de passeio no Rio, nada melhor do que o Pao de Açucar. La ha muito espaço e uma das vistas mais impressionantes do Rio. Por isso, o mais recomendavel e que voce suba la no fim da tarde. Assim, voce vera como o espetaculo natural do por do sol, que transforma as cores do ceu, do mar e dos morros da cidade, se mistura com a paisagem urbana das luzes acendendo aos poucos na praia de Botafogo, dos avioes pousando e decolando do aeroporto Santos Dumont e da ponte Rio-Niteroi estendida sobre a Baia de Guanabara, ligando ambas as cidades. Uma belissima recordaçao para o resto da vida.

Batucando

Escute a música, acompanhe a letra e marque as expressões que representam uma fala informal.

Lá Vem Ela
A Banca 021

http://uqr.to/1wj1x

Olha o gingado dela
Vai ver que é carioca
Te ganha na malícia
Essa mina é foda

Pois não tem jeito
Quando bate diferente
Sempre existe alguém
Que mexe com a gente

[...]

Vi Cazuza jogado aos pés
Vi Cartola falando bem dela
Vi Tim Maia querendo assunto
Mas sou eu que combino com ela

[...]

Ih, lá vem ela
Menina de batente
Sorriso de novela
Sem salto, sobe de tênis na favela

[...]

Bebe caipirinha ao som de samba
Conversa de bamba
Apaixonada pela vida
Sem tempo para drama
Ela é do bem
Onde quer que for
Mas se precisar
Também resolve caô

Chapa na noite na Lapa, n'um novo verão da lata
Sempre ouro, nunca prata, difícil de esquecer
Não tem medo do perigo, seu mundo é seu abrigo
Separa o joio do trigo, ela veio fortalecer

[...]

Pintando a vida
Do jeito dela
Com sua doçura
Cravo e canela

Age sem filtro
Na segurança
Até o Cristo
Chamou pra dança
[...]

Eu f@lo português

Em grupo, pesquise sobre Cazuza, Cartola e Tim Maia, e compartilhe com seus colegas a importância de cada um deles para a música brasileira.

Torre de Babel

Relacione as colunas de acordo com o grau dos adjetivos.

a. Grau superlativo

b. Grau comparativo de igualdade

c. Grau comparativo de superioridade

d. Grau comparativo de inferioridade

( ) O tema é realmente facílimo.

( ) Este carro é o melhor da sua categoria.

( ) Meu cachorro é mais inteligente do que bonito.

( ) Este novo computador tem menos funções do que o anterior.

( ) Minha tia é amabilíssima.

( ) Este livro é o mais antigo do sebo. É uma joia rara.

( ) Na terra firme da floresta Amazônica, há árvores altíssimas.

( ) Acho o bolo de brigadeiro tão gostoso quanto o de cenoura.

Agora que você se lembrou dos comparativos e superlativos, pesquise sobre um lugar turístico no Nordeste do Brasil e descreva-o usando essas estruturas.

Martelando

Vamos revisar o verbo TER em todas as suas formas para que você esteja bem preparado para os temas que verá nas próximas unidades. Complete os quadros a seguir.

Tempos do indicativo

Pronomes	Presente	Pretérito perfeito	Pretérito imperfeito	Futuro do presente
Eu	tenho			
Ele, Ela, Você		teve		terá
Nós				
Eles, Elas, Vocês			tinham	

Tempos do subjuntivo

Pronomes	Presente	Pretérito imperfeito	Futuro
Eu			
Ele, Ela, Você	tenha		
Nós		tivéssemos	
Eles, Elas, Vocês			tiverem

Acesse o gabarito e os textos transcritos desta unidade!

http://uqr.to/1wj1y

UNIDADE

13

Tá ligado? – Redes sociais

O que é ter o mundo nas mãos? Estar na rede é estar acompanhado? Amigos virtuais são amigos reais? A rede te mostra ou te esconde? Estar on-line é estar ligado ou desconectado?

Antenado

Escute o áudio, faça anotações e liste os pontos negativos e positivos do mundo pós-moderno segundo Zygmunt Bauman. Em seguida, assista ao vídeo.

http://uqr.to/1wj1z

Bora lá!

Você é colaborador de uma revista que trata de temas da atualidade. Escreva um artigo posicionando-se contra ou a favor das opiniões de Bauman sobre o mundo pós-moderno.

Verbos terminados em "-iar"

Todos os dias, as *fake news* **incendeiam** as redes sociais. As pessoas éticas **odeiam** isso. *Experts* anunciam regras mais claras sobre o uso delas.

Repare a terminação dos verbos destacados. Trata-se de verbos com a terminação "-iar". A maioria deles é regular. Contudo, um pequeno grupo, conhecido como MARIO, apresenta conjugação especial: eles ganham a vogal "e" no presente do indicativo e do subjuntivo, exceto na 1ª pessoa do plural, nós.

Mediar – Os diplomatas medeiam em várias áreas de conflito.

Ansiar – Ela anseia passar no vestibular de Medicina.

Remediar – Eu remedeio pequenos problemas com soluções rápidas.

Incendiar – Espero que ele não incendeie a casa com suas ideias imprudentes.

Odiar – Desejo que eles não se odeiem.

Presente do indicativo

AR – CANTAR regular	IAR – COPIAR regular	ODIAR – ANSIAR* irregular
Canto	Copio	Odeio/Anseio
Canta	Copia	Odeia/Anseia
Cantamos	Copiamos	Odiamos/Ansiamos
Cantam	Copiam	Odeiam/Anseiam

Presente do subjuntivo

AR – CANTAR regular	IAR – COPIAR regular	ODIAR – ANSIAR* irregular
Cante	Copie	Odeie/Anseie
Cante	Copie	Odeie/Anseie
Cantemos	Copiemos	Odiemos/Ansiemos
Cantem	Copiem	Odeiem/Anseiem

* Veja que, nos casos dos verbos irregulares em "-iar", todas as pessoas recebem uma letra "e" extra, exceto "nós", tanto no presente do indicativo como no presente do subjuntivo.

Circule o verbo correto:

1. O juiz (sentenciou/sentenceou) o réu a três anos de prisão.

2. Não (confeio/confio) nas notícias publicadas nas redes.

3. Eu (ódio/odeio) a hipocrisia. O que você (odeia/odia)?

4. Você soube? Uma gangue (incendiou/incendeou) o banco da avenida principal!

5. Não me (odeie/odie) pelo que vou dizer.

6. Meus avós (anseiam/ansiam) pelo final dessa história.

7. É importante que os alunos não (copeiem/copiem) as respostas.

8. Para que os estudantes (pronunciem/pronúnciem) bem as palavras, devem praticar a fonética.

9. Os pais sempre (influenciam/influenceiam) os filhos.

10. Espero que seu discurso não (incendeie/incendee) o público.

Praça da Língua

Leia os trechos da crônica de Ricardo Freire, localize o texto completo e responda às perguntas a seguir.

Rede social (minha crônica no Divirta-se do *Estadão*)

Por Ricardo Freire

Acordei às quatro e meia da manhã, trabalhei até as dez, saí do hotel, peguei três horas de estrada, entrei no outro hotel. Almocei e saí correndo para fotografar enquanto a sombra dos coqueiros não atrapalhava a praia ou a piscina. Lá pelas tantas, dei uma parada para checar ligações não atendidas. Fui até a mochilinha, abri a bolsinha de fora – **ué, cadê** o iPhone?

Voltei ao restaurante. As mesas estavam sendo arrumadas. Reencontrei minha mesa. Nada do meu celular. Perguntei se algum funcionário tinha achado um iPhone. **Necas** – se acharam, deve estar já na recepção. Agradeci e **zuni** para o lobby. Nada feito. Nenhum celular entregue.

Caí em depressão. Estou no meio de uma maratona de resorts. Está tão **pauleira**, estou dormindo tão pouco, que me gripei – no verão do Nordeste! Só volto para São Paulo no início de dezembro. Meu iPhone (sim, aquele mesmo que me fez sentir uma **iAnta** nas primeiras semanas) não é mais só um telefone. É meu relógio, meu despertador, minha câmera de fotografar cardápio, minha tela de e-mails, minha ferramenta para nunca me sentir sozinho (basta entrar no "X").

Voltei ao quarto, liguei meu computador na internet. Antes de mais nada, desabafei no Twitter.

Foi quando lembrei que, no iPhone, os torpedos aparecem na tela, mesmo quando o telefone está bloqueado por senha. Tive uma ideia. Convoquei o pessoal a mandar torpedos para o meu celular com a mensagem DEVOLVA ESTE CELULAR NA PORTARIA!

Mas então, quinze minutos depois do início da operação: TRIM TRIM! Era da recepção. Devolveram meu celular!

1 Por que o autor ficou tão desesperado ao perder o celular?

_____

_____

_____

_____

_____

2 O que ele fez quando percebeu que o celular tinha sumido?

_____

_____

_____

_____

_____

3 Você já conseguiu recuperar alguma coisa com ajuda da rede?

_____

_____

_____

_____

_____

4 A partir do texto, como você explicaria as expressões destacadas?

_____

_____

_____

_____

_____

Acesse o QRCode e confira como os brasileiros pronunciam os nomes das mídias sociais. O que você percebeu na pronúncia dos brasileiros?

http://uqr.to/1wj21

Gírias e siglas mais populares no WhatsApp

Todos sabemos que a linguagem que a gente usa no Zap é outra, mas, às vezes, a gente fica boiando.

Pprt – papo reto	Flw – falou	Bb – bebê
Rsrsrs – risos	Vdb – vai dar bom	Tds – todos ou todas
Tmj – tamo junto	Smdd – sem maldade	Blz – beleza
Slc/Slk – sê é loco	Tqr – tem que respeitar	Cvs – conversa
Mvd – essa gíria pode ter dois significados: malvado ou minha vida	Bpn – boa pra nóis, ou bom pra nóis	Ngm – ninguém
		Sdds – saudades
Mv – outra variação de minha vida	Tlg – tá ligado?	Dlç – delícia
	Dmr – demorou	Obg – obrigado
Sv – suave	Pdc – pode crer	Glr – galera
Sfd – safado ou safada	Sqn – só que não	Msm – mesmo
Plmns – pelo menos	Smp – sempre	Td – tudo
Plmd – pelo amor de Deus	Agr – agora	Tdb – tudo bem?
	Amg – amigo	Bjs – beijos

Vamos zapear?

Agora que você já tá ligado, use as siglas e abreviaturas para mandar um Zap a um colega ou ao professor.

Torre de Babel

Verbos irregulares terminados em "-ear"

E por falar em "zapear", você sabe como se conjuga esse verbo? Observe que ele é irregular, terminado em "-ear". Todos eles seguem o mesmo modelo de conjugação.

■ Exemplos:

— Gustavo gosta de zapear?

— Gosta! Ele zapeia o tempo todo.

No tempo dos meus avós, ninguém zapeava. Hoje todos nós zapeamos sem parar. Observe:

Presente do indicativo

AR Cantar	EAR Passear/Nomear
Canto	Passeio/Nomeio
Canta	Passeia/Nomeia
Cantamos	Passeamos/Nomeamos
Cantam	Passeiam/Nomeiam

Presente do subjuntivo

AR Cantar	EAR Passear/Nomear
Cante	Passeie/Nomeie
Cante	Passeie/Nomeie
Cantemos	Passeemos/Nomeemos
Cantem	Passeiem/Nomeiem

Fique de olho!

Os verbos terminados em "-ear" só apresentam irregularidade na conjugação do presente do indicativo e do subjuntivo. Todas as pessoas recebem "i" nessas conjugações, exceto "nós". Em todos os outros tempos e modos, seguem a conjugação regular.

Preencha as lacunas com o tempo verbal adequado.

1. É importante que você _____ (basear) seus argumentos em fontes confiáveis.

2. Eu _____ (saborear) cada pedacinho de chocolate que como. Adoro!

3. O filme _____ (estrear) esta semana no cinema Odeon.

4. Nossa! Nunca imaginei que seus comentários _____ (desencadear) tantas reações adversas.

5. Depois de tanto beber, ele saiu _____ (cambalear) do bar.

6. Ela _____ (guerrear) até conseguir seu objetivo.

7. Depois de falar com você, minhas ideias _____ (clarear).

8. Quando criança, _____ (folhear) os livros novos dos meus pais.

9. Eu nunca _____ (bloquear) ninguém nas redes.

10. Se a diretoria me _____ (nomear), eu mudaria o plano estratégico da empresa.

Acesse o QRCode e conjugue os verbos.

http://uqr.to/1wj22

Batucando

Escute a música **Dueto**, de Chico Buarque.

Depois de ouvir a música, que mensagem você acha que o Chico Buarque tentou nos dar?

http://uqr.to/1wj23

Torre de Babel

Verbos irregulares terminados em "-uir"

Você se lembra de que, na unidade anterior, falamos dos verbos irregulares terminados em "-ir"? Além deles, existe um pequeno grupo terminado em "-uir". Vamos ver como eles funcionam:

Pronomes	IR – Partir Regular	UIR – Atribuir Regular
Eu	Part**o**	Atribu**o**
Você/Ele/Ela	Part**e**	Atribu**i**
Nós	Part**imos**	Atribu**ímos**
Vocês/Eles/Elas	Part**em**	Atribu**em**

Como você percebeu, a conjugação desses verbos no presente do indicativo na 3ª pessoa do singular, isto é, ele, ela e você, sempre termina em "i", mas preste atenção: os verbos "construir" e "destruir" apresentam outras alterações. Observe o quadro ao lado:

CONSTRUIR/DESTRUIR Irregulares
Construo/Destruo
Constrói/Destrói
Construímos/Destruímos
Constroem/Destroem

Marque C (certo) ou E (errado) e corrija se necessário:

1. (   ) Os terremotos geralmente destruem as edificações velhas.
2. (   ) A comunidade contribuiu com as obras sociais do bairro.
3. (   ) Espero que a firma distribuia rapidamente os livros.
4. (   ) As boas ações constroem.
5. (   ) Ele sempre nos atribui a culpa de tudo!
6. (   ) A empresa constrói edifícios ecológicos.
7. (   ) Construia a paz sobre pilares sólidos.
8. (   ) O ódio só destrui.
9. (   ) É necessário que as empresas não poluam o meio ambiente.
10. (   ) Eles retriboem com a mesma moeda.

Por falar em redes sociais, é interessante verificar que elas não são somente para encontrar amigos ou se divertir. Milhares de profissionais trocam conhecimentos e ficam sabendo de novidades interessantes no mercado de trabalho. Era uma vez currículo de papel. Atualmente, existe uma rede enorme, de alcance mundial, que divulga distintos perfis profissionais: o LinkedIn.

Quase sempre, pensamos que as ideias brilhantes surgem em grandes empresas, em escritórios de altos executivos. No entanto, o LinkedIn aparece em 2002, em uma conversa informal entre Reid Hoffman, Allen Blue, Jean-Luc Vaillant, Eric Ly e Konstantin Guericke, quando eles têm a ideia genial de criar uma rede profissional on-line que entrou no ar em 2003. Tudo começou com 350 contatos. Em um mês, LinkedIn já tinha 4.500 usuários dentro e fora dos Estados Unidos.

É muito importante, ao criar seu perfil no LinkedIn, que você faça um bom resumo destacando suas habilidades e experiências. E fique de olho no seu português! Essa é uma rede de profissionais. Escolha uma foto adequada e mantenha seu perfil atualizado. Como você viu, o LinkedIn pode aproximar você de profissionais do mundo inteiro e dar aquela mãozinha na sua carreira.

Agora que você já viu a história inspiradora do LinkedIn, pesquise sobre outras empresas de sucesso como Instagram, Airbnb, Alibaba, Pinterest, Uber e Microsoft.

Bora lá! E você? Já está no LinkedIn? **Acesse o site** e crie seu perfil em português.

Diminutivo

Muitos dizem que os brasileiros adoram usar diminutivos. Será que é verdade? Fato é que "inho, inha", "zinho, zinha" estão na boca de todos os brasileiros. A impressão que se tem é de que, quando colocamos os "zinhos" e as "zinhas", tudo fica mais fácil, mais suave, mais amável. A verdade é que todos os Joãos e todas as Marias usam e abusam do uso do diminutivo. Os diminutivos reiteram a forma afetuosa de ser dos brasileiros, sendo naturalmente adicionados aos nomes de quase todo mundo. Além disso, os diminutivos ajudam os brasileiros a quebrar o gelo e a tornar as relações cotidianas menos formais, algo que eles sabem fazer muito bem.

Por outro lado, é muito engraçado porque, na outra cara da moeda, os brasileiros sempre dizem que tudo no Brasil é enorme e que é o maior País do mundo.

Nem tudo é tão bonito como parece. Às vezes, os diminutivos também têm uma conotação pejorativa, quando queremos diminuir a importância de algo ou de alguém, e também podem ter um sentido de ironia.

Usamos diminutivo para expressar muitas coisas. Quer ver?

- Vamos tomar um cafezinho?
- Vou dar uma saidinha e já volto, tá?
- Meu amorzinho, coma tudo que está no prato! Coma tudinho!
- Meu benzinho, a gente se vê mais tarde pra ver um filminho!
- Olha! Esse feijãozinho aqui está... uma delícia!
- Vou ligar pra Aninha.
- Quem era aquela "zinha" que tava com você ontem à noite?

Agora é sua vez! Leia as frases e identifique qual é a função do diminutivo:

1. Eles moram pertinho daqui!   (   ) Algo pequeno

2. Vem cá, meu benzinho!   (   ) Ênfase

3. Que viagenzinha boa.   (   ) Desprezo

4. Que homenzinho intrometido.   (   ) Carinho

5. Essa casinha na montanha é linda.   (   ) Fala típica da língua

6. Tome estas cachacinhas! Não vai acontecer nada!   (   ) Dar pouca importância

Vamos entender, então, como é que o brasileiro faz o diminutivo?

INHO/INHA	ZINHO/ZINHA
Palavras terminadas por vogal átona eliminam a vogal e adicionam a terminação.	**1.** Palavra oxítona. **2.** Palavra com som nasal. **3.** Palavras terminadas em ditongo.
Doce + inho Docinho	**1.** Café – Cafezinho **2.** Operação – Operaçãozinha Feijão – Feijãozinho
Comida + inha Comidinha	**3.** Régua – Reguazinha Rei – Reizinho

 **Fique de olho!**

Algumas palavras sofrem alteração ortográfica na formação do diminutivo:

-c — qu   fo**c**a — fo**qu**inha

-m — n   tre**m** + n — tre**n**zinho

-g — gu   empre**g**o — empre**gu**inho

-ç — c   pra**ç**a — pra**c**inha

Coloque as seguintes palavras no diminutivo:

1. Caneta _____

2. Caderno _____

3. Copo _____

4. Lápis _____

5. Mãe _____

6. Pai _____

7. Irmão _____

8. Pão _____

9. Nariz _____

 **Bora lá!**

Imagine que você passou um dia especial em um lugar diferente (praia, montanha, cidade pequena) e escreva um relato no seu diário, incluindo palavras no diminutivo para detalhar as experiências vividas.

_____

_____

_____

_____

_____

_____

_____

_____

_____

_____

Martelando

Acesse o QRCode e divirta-se com o caça-palavras.

http://uqr.to/1wj24

Regime militar (1964-1985)

Vamos conhecer melhor esses 21 anos de governo militar? Leia estes slogans e comente as mensagens que eles expressam.

Ame o Brasil, ou deixe-o! Ninguém mais segura este País! Este é um País que vai para frente!

Em 21 anos, muita coisa aconteceu. Vamos ver? Em grupo, pesquise sobre os seguintes temas:

1. Milagre econômico.
2. Festivais da canção.
3. Copa do mundo de 1970.
4. Amazônia.
5. Greve no ABC paulista.
6. Movimento estudantil.

Assista ao vídeo e veja do que se tratou o Movimento das Diretas Já.

http://uqr.to/1wj25

Batucando

Agora que assistiu ao vídeo sobre as Diretas Já!, um momento inesquecível da história brasileira, ouça a música *Coração de Estudante*, com Milton Nascimento, e descubra por que se tornou o hino desse movimento.

Coração de estudante
Milton Nascimento

[...]

Coração de estudante
Há que se cuidar da vida
Há que se cuidar do mundo
Tomar conta da amizade

Alegria e muito sonho
Espalhados no caminho
Verdes planta e sentimento
Folhas, coração, juventude e fé

Acesse o gabarito e
**os textos transcritos
desta unidade!**

http://uqr.to/1wj27

UNIDADE
14 Planeta verde

Praça da Língua — SOS planeta Terra

Quando o assunto é meio ambiente, nos sites mais conhecidos, o Brasil aparece como o país com a maior biodiversidade do mundo. Inclusive, uma declaração da Unesco situa o Brasil entre os 17 países com megabiodiversidade. Essas listas consideram a flora e fauna de cada país.

Segundo Mongabay, a América é o continente com mais países biodiversos: o Brasil, a Colômbia, o Equador, o México, o Peru, a Venezuela e os Estados Unidos. No continente asiático, destacam-se a China, a Indonésia, a Índia, as Filipinas e a Malásia. Na África, Madagascar, a República Democrática do Congo e a África do Sul lideram essas listas. E, na Oceania, destacam-se a Austrália e a Papua-Nova Guiné. Embora representem apenas 10% da superfície da Terra, juntos, possuem mais de 70% da biodiversidade do planeta!

No entanto, o planeta vivencia a sua maior crise ambiental. Constantemente, o desmatamento, a mineração, a indústria petroleira, o tráfico de espécies, os megaprojetos, as plantações ilícitas e o consumo compulsivo ameaçam a sobrevivência da humanidade.

O aquecimento global nada mais é do que a evidência do caráter depredador do homem. A ineficiência dos governos e a ambição desmedida das grandes corporações globais operam, a partir de uma lógica econômica, em detrimento do meio ambiente. Da Cúpula da Terra de Estocolmo, realizada em 1972, até o Acordo de Paris ocorrido em 2015, os avanços são mínimos. Os países que mais poluem são os mais resistentes a assinarem acordos e compromissos ambientais de curto prazo, enquanto os países emergentes enfrentam o dilema entre desenvolvimento sustentável e preservação do meio ambiente.

Atualmente, o impacto é visível. O planeta tem dado respostas inesperadas: terremotos, furacões, secas prolongadas, enchentes e degelo. Porém, a Amazônia, o rio Amazonas e seus afluentes e a população ancestral tentam resistir bravamente. Até quando?

No âmbito desta crise ambiental, surgem novos questionamentos. Se, no século XX, os grandes conflitos internacionais ocorreram devido ao petróleo, em breve, as disputas serão provocadas pela escassez de água. Antes que isso aconteça, é importante perguntar o que podemos fazer para salvar o planeta.

Eu f@lo português

Uma nova geração de jovens, ONGs, fundações e líderes engajados na causa ambiental levantam a voz para exigirem ações imediatas para que possamos reverter essa situação enquanto é tempo.

O que você pensa sobre o ativismo ambiental? O que você faz no seu dia a dia para salvar o planeta? A Amazônia é o pulmão do mundo?

Leia os fragmentos de falas da sueca Greta Thunberg. Considera-se que, em pouco tempo, ela se tornou um símbolo do ativismo ambiental global, mas que, segundo seus opositores, tem incomodado Deus e o mundo.

Organizem dois grupos: um a favor e outro contra os posicionamentos da Greta e seus aliados.

1. "Eu não quero que vocês estejam esperançosos. Eu quero que vocês estejam em pânico. Quero que vocês sintam o medo que eu sinto todos os dias. E eu quero que vocês ajam. Quero que ajam como agiriam em uma crise. Quero que vocês ajam como se a casa estivesse pegando fogo, porque está."

Greta Thunberg, em Davos.

2. "Estou dizendo para vocês que há esperança. Eu tenho visto isso. Mas ela não vem dos governos e corporações. Ela vem das pessoas."

Greta Thunberg, na Conferência pelo Clima, da ONU.

3. "Vocês roubaram meus sonhos e minha infância com suas palavras vazias [...] Estamos no início de uma extinção em massa e tudo o que vocês falam gira em torno de dinheiro e um conto de fadas de crescimento econômico eterno. Como ousam?"

Greta Thunberg, na Cúpula do Clima na ONU.

4. "Indígenas estão sendo mortos por tentar proteger a floresta do desmatamento ilegal. De novo e de novo. É uma vergonha que o mundo permaneça calado sobre isso."

Greta Thunberg, em rede social.

5. "Quando eu puder ser política, já será tarde para agir."

Greta Thunberg, em entrevista para EFE em abril de 2019.

Bora lá!

Leia o texto *A busca da Amazônia digital*. Em seguida, escreva uma carta para o Painel do Leitor, posicionando-se acerca do tema. Argumente a favor ou contra a posição do Brasil e de outros países em relação aos territórios digitais propostos por grandes corporações. Siga as orientações ao lado para redigir seu texto:

Painel do Leitor

- Use o mesmo título do artigo sobre o qual você vai opinar.
- Não coloque data.
- Não é necessário cumprimentar nem se despedir.
- O nome do autor vai no final do texto. Veja o exemplo:
  Lígia Fernandes
  Brasília – DF
- Estrutura: Introdução
  Desenvolvimento
  Conclusão
- Use linguagem formal e, como é opinativo, pode usar verbos na primeira pessoa do singular (eu).

A busca da Amazônia digital

A Amazônia é uma parte crucial da identidade do Brasil e de sete outras nações sul-americanas. Inclui o maior rio do mundo e sua bacia, a floresta tropical, a vida selvagem e as comunidades indígenas que a habitam. Se olhamos para qualquer mapa do mundo, vemos a Amazônia e vemos a nós mesmos. Se pensamos na Amazônia, pensamos em nosso povo, pensamos em nossa história, pensamos em nosso futuro.

Há quase meio século, os países amazônicos assinaram o Tratado de Cooperação Amazônica (1974). Concordamos em promover o desenvolvimento harmônico da Amazônia e o bem-estar das populações amazônicas.

Em 1995, uma empresa decidiu associar-se à grandeza e ao simbolismo que a Amazônia inspira, ao adotar para si o seu nome e traçar o objetivo de se tornar a maior corporação do mundo. Essa empresa é a Amazon Inc.

Desde 2012, a Amazon Inc. tem buscado o que poderia ser descrito como uma espécie de "território digital". A empresa está reivindicando direitos exclusivos sobre um nome de domínio de primeiro nível na internet similar ao "ponto com". Não apenas "books.amazon" ou "kindles.amazon" estariam sob seu controle, mas também nomes de domínio como "travel.amazon" e, de fato, qualquer outra combinação que a imaginação é capaz de conceber.

O Brasil se opôs à monopolização e ao confisco do "ponto Amazon" por um único interesse privado. Nós nos opusemos à redução de um espaço único na Internet, com significado multifacetado para a região amazônica e suas comunidades, a uma simples marca. Também nos preocupamos com as mudanças que esse monopólio e confisco poderia provocar no sistema de nomes de domínio da Internet, uma espécie de mapa virtual no que também se espera que a geografia real tenha um lugar.

A própria empresa reconheceu, em 2015, que o "ponto Amazon" é um exemplo típico da "questão desafiadora dos nomes geográficos" na Internet. Especialistas no tema também reconheceram haver uma forte associação entre o nome "Amazon" e as comunidades amazônicas representadas pelos governos da região. Naquele mesmo momento, a atribuição a empresas de outros nomes de domínio da Internet com valor simbólico semelhante, como "ponto África", foi permitida apenas com a aprovação das autoridades públicas africanas relevantes, e com o propósito específico de promover os interesses africanos. Outros nomes, como "ponto Patagonia", não foram autorizados devido à falta de aprovação pelos países relevantes, Argentina e Chile.

Em 2014, a Corporação da Internet para Atribuição de Nomes e Números (ICANN), entidade responsável pelo gerenciamento dos recursos críticos da Internet, incluindo decisões sobre se (ou sob quais condições, e para quem) delegar nomes de domínio da Internet, decidiu que não permitiria a criação do "ponto Amazon" nas condições indicadas pela Amazon Inc.

No entanto, em 2017, depois de um recurso da Amazon Inc., um painel de revisão, estabelecido e agindo sob as regras da ICANN, emitiu uma recomendação não vinculante que provocou a reabertura do caso.

O Brasil e os outros países já indicaram à Amazon Inc. nossa disposição para explorar uma solução mutuamente aceitável, respeitosa dos interesses públicos superiores e das sensibilidades culturais e políticas. Como solução de compromisso para o tema "ponto Amazon", propusemos nossa participação na governança desse território digital, com vistas a salvaguardar e promover o patrimônio natural, cultural e simbólico da região amazônica na Internet.

Este seria um mecanismo inovador, estabelecendo um precedente positivo de parceria público-privada no desenvolvimento da governança da Internet.

O engajamento de boa-fé da Amazon Inc. nesse diálogo demonstraria aos países amazônicos e à opinião pública em geral a responsabilidade corporativa da empresa, capaz de conciliar interesses comerciais com valores apreciados por seus consumidores.

Secretário-Geral das Relações Exteriores do Brasil
Embaixador **Otávio Brandelli**
Comunicado à imprensa

Disponível em: https://www.gov.br/funag/pt-br/centrais-de-conteudo/politica-externa-brasileira/artigo-do-secretario-geral-otavio-brandelli-para-a-agencia-efe. Acesso em: 8 jan. 2025.

Torre de Babel

Tempos compostos do indicativo

Falamos de "tempos compostos" quando dois verbos se juntam formando uma unidade de sentido. São sempre formados com ajuda do verbo "ter" (que, por isso, se chama "auxiliar") ou "haver", usado apenas na linguagem formal ou escrita + verbo no particípio. Existem quatro tempos compostos no modo indicativo.

Pretérito mais-que-perfeito composto

Eu já tinha visto esse filme quando você me recomendou.

Verbo "ter" no pretérito imperfeito do indicativo + particípio.

Formação do pretérito mais-que-perfeito				
Pronomes	**TER no pretérito imperfeito**	**+particípio -ado/-ido**		
		-ar + ado	**er/ir + ido**	
Eu	tinha			
Ele Ela Você	tinha	comprado viajado	comido	decidido discutido
Nós	tínhamos	morado dado	bebido lido	insistido ido
Eles Elas Vocês	tinham	falado		

Verbos com particípio irregular

Escrever	Escrito		Fazer	Feito
Abrir	Aberto		Dizer	Dito
Ver	Visto		Cobrir	Coberto
Pôr	Posto		Vir	Vindo

⚠ Fique de olho!

Os verbos **gastar**, **pagar**, **ganhar** e **entregar** têm duas formas de particípio:

Gastar – gastado e gasto
Pagar – pagado e pago
Ganhar – ganhado e ganho
Entregar – entregado e entregue

Em geral, a forma irregular do particípio é a mais comum no uso diário. As formas regulares podem aparecer em contextos formais, mas a escolha entre uma ou outra depende do estilo e da preferência pessoal.

Vamos treinar um pouco os particípios. Marque a resposta correta:

1. Fazer   *fazido*   *feito*

2. Estudar   *estudado*   *estudando*

3. Escrever   *escrevido*   *escrito*

4. Ler   *leído*   *lido*

5. Atender   *atendido*   *atento*

6. Começar   *começando*   *começado*

7. Achar   *achado*   *achando*

8. Dormir   *dormido*   *durmindo*

9. Devolver   *devolto*   *devolvido*

10. Restringir   *restrito*   *restringido*

Uso do pretérito mais-que-perfeito

Com o pretérito mais-que-perfeito, expressamos duas ações que aconteceram no passado. A ação expressa pelo mais-que-perfeito é anterior a outra.

Quando ele ligou, eu já tinha ido embora.

Ação anterior

Eu já tinha ido embora quando ele ligou.

Agora, complete as frases com o pretérito mais-que-perfeito composto.

1. Não consegui conversar com a Fernanda porque ela já _____(sair).

2. Antes de visitar o Brasil, eu nunca _____(ver) o mar.

3. Depois que tudo aconteceu, ele entendeu tudo o que _____(fazer).

4. O Fabrício nunca _____(preparar) um pavê, mas ficou muito bom.

5. Não fomos ver o MAC de Niterói porque já _____(visitar) na viagem anterior.

6. As crianças se surpreenderam, pois nunca _____(receber) uma carta.

7. Eu nunca _____(tomar) um sorvete tão gostoso.

8. Quando cheguei em casa, levei um susto! Naquela noite todos _____(desaparecer).

9. Ela nunca antes _____(vir) a nossa casa para pedir ajuda.

10. Eles não mandaram o e-mail porque pensaram que nós já _____(escrever).

Agora que você conhece os particípios regulares e irregulares, faça cinco frases no pretérito mais-que-perfeito.

_____

_____

_____

_____

_____

_____

_____

Em grupo, complete a frase e crie uma história utilizando o pretérito mais-que-perfeito composto:

1. Quando eu viajei para a Europa...
2. Quando recebeu o e-mail...
3. Não fizemos o bolo antes porque...
4. Tiramos Giovanna daquela escola porque...
5. Luísa me avisou que...

Pretérito perfeito composto – formação

Verbo "ter" no presente do indicativo + particípio

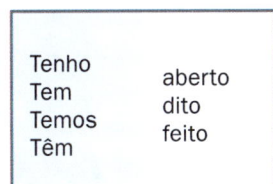

Tenho	aberto
Tem	dito
Temos	feito
Têm	

Uso: o perfeito composto indica que uma ação iniciou no passado e não está concluída. Por exemplo:

Este ano temos estudado muito.

Significa que o ano **não** terminou, e nós **ainda** podemos continuar estudando.

Uso do pretérito perfeito simples e composto

Pretérito perfeito simples	Pretérito perfeito composto
Eu comprei um carro nesta semana.	**Eu tenho comprado carros diferentes ao longo destes anos.**
Ações não repetitivas, realizadas em uma única ocasião.	Ações realizadas diversas vezes.
Ações acontecidas em um momento bem determinado do passado (nesta semana).	Ações acontecidas em um momento não delimitado do passado (ao longo destes anos).
Ações concluídas. Não estão em processo.	Ações não concluídas: podem ter continuidade no presente ou no futuro.

Orações com sentido de negação

Pretérito perfeito simples

"Eu não fiz a tarefa hoje."

Significa que, até o momento da fala, não ocorreu a ação. Não transmite nenhuma ideia de intenção de realizar ou não a ação.

Pretérito perfeito composto

"Não tenho feito tarefas de Português durante esta semana."

Significa que, durante o período de tempo expresso na frase, não houve a ocorrência da ação, isto é, várias vezes a pessoa não realizou a ação enunciada pelo verbo.

Complete as lacunas usando o perfeito composto:

1. Eu _____ (estudar) muito nos últimos meses.

2. Ultimamente, o número de refugiados _____ (aumentar).

3. Meu filho _____ (aprender) muito desde que iniciou a faculdade.

4. A gente _____ (dormir) pouco nos últimos dias.

5. De uns tempos pra cá, Vanessa _____ (encontrar) muito com Mateus.

6. A musicista _____ (compor) várias obras neste ano.

7. Nós _____ (viajar) muito desde setembro.

8. Desde o começo do curso, os estudantes _____ (resolver) vários problemas complexos.

9. Tainá _____ (dizer) poucas e boas.

10. Neste inverno, _____ (fazer) muito frio.

Quais são seus sonhos? O que você tem feito para realizá-los? Quais têm sido os maiores desafios para concretizá-los?

 **Bora lá!**

Entreviste seus avós, pais, tios ou amigos para saber como eles têm se adaptado aos novos meios de comunicação. Depois de entrevistá-los, traduza a entrevista para publicá-la no site Pós-modernidade.

Torre de Babel

Futuro do presente composto

Terei	
Terá	visto
	desenvolvido
Teremos	posto
Terão	

Uso do futuro do presente composto

Leia as seguintes frases. Qual é o sentido delas?

Até amanhã **terei lido** o livro que você me recomendou.
Amanhã, **vou ler/lerei** o livro que você me recomendou.

Agora, faça frases você mesmo. Comece assim:

1. *Nesta semana* _____

   Até semana que vem _____

2. *No fim de semana* _____

   Até sábado que vem _____

   Como você percebeu, o futuro do presente simples indica quando uma ação vai começar, enquanto o composto indica quando vai terminar.

Complete as lacunas com os verbos conjugados no futuro do presente composto:

1. Antes das cinco da manhã, não ligue para mim porque eu não _____ (chegar) a Madri.

2. Até o próximo mês, eu já _____ (concluir) a tradução do livro.

3. Dentro de dois meses, _____ (ele – assinar) o contrato.

4. No próximo ano, ela já _____ (mudar) para os Estados Unidos.

5. Até o fim do ano, _____ (nós – ver) avanços científicos nunca imaginados.

6. Nos próximos anos, os cientistas já _____ (desenvolver) novas formas de turismo espacial.

7. Até o final desta década, alguns países _____ (reduzir) a mortalidade infantil.

8. Nos próximos 5 anos, nossa empresa _____ (investir) em novos projetos habitacionais.

9. Quando ele chegar, a secretária já _____ (fazer) o relatório.

10. Assim que as crianças voltarem da escola, eu já _____ (pôr) ordem na casa.

Xote Ecológico

Luiz Gonzaga

Ouça a música e preencha as lacunas.

http://uqr.to/1wj28

Não (1) _____ respirar, não posso mais (2) _____

A terra está (3) _____, não (4) _____ mais pra plantar

E se plantar não (5) _____, se nascer não dá

Até (6) _____ da (7) _____ é difícil de encontrar

Não posso respirar, não posso mais nadar

A terra está morrendo, não dá mais pra plantar

E se plantar não nasce, se nascer não dá

Até pinga da boa é difícil de encontrar (bis)

(8) _____ a (9) _____ que (10) _____ aqui?

(11) _____ (12) _____

O (13) _____ que é do mar?

Poluição comeu

O (14) _____ onde é que está?

Poluição comeu

Nem o (15) _____ (16) _____ (17) _____

Eu f@lo português

Você já ouviu falar de Chico Mendes? Pesquise sobre ele. Depois, façam grupos e discutam com seus colegas os seguintes temas:

1. Vida e legado de Chico Mendes.
2. Conheça o Instituto Chico Mendes e a biblioteca da floresta.
3. Amazônia e os povos da floresta hoje.

Futuro do pretérito composto

Verbo "ter" no futuro do pretérito + particípio

Teria	
Teria	resolvido
	vindo
Teríamos	tido
Teriam	

Uso do futuro do pretérito composto

1. Expressa uma hipótese ou reflexão de algo no passado que não ocorreu:

Com mais dinheiro, **teria conhecido** toda a Europa.

Se eu tivesse saído de férias, eu **teria viajado** para a Grécia.

Se a gente tivesse consciência ecológica, **teria evitado** o aquecimento global?

2. Expressa uma ação que ocorreu devido a uma condição:

Sem sua ajuda, nunca **teria terminado** este trabalho.

Se tivéssemos visto a previsão do tempo, não **teríamos tomado** chuva.

De acordo com o uso, escreva 1 ou 2 dentro dos parênteses:

1. (   ) Com mais calma, teria resolvido o problema.

2. (   ) Se tivéssemos comprado a passagem antes, teria saído mais barato.

3. (   ) Não teríamos armado essa confusão se tivéssemos deixado as crianças em casa.

4. (   ) Se tivéssemos estudado antes, não estaríamos enlouquecidos agora.

5. (   ) Com um empréstimo do banco, eu teria comprado um carro zero.

6. (   ) Nós não teríamos mudado de casa sem um bom pé-de-meia.

7. (   ) Ele teria descansado se não tivesse que viajar de novo.

8. (   ) Teria curtido mais a viagem com melhor companhia.

9. (   ) Sem as dicas adequadas, não teria sido aprovado no Celpe-Bras.

10. (   ) Teria participado do mutirão do bairro se não estivesse de atestado.

11. (   ) Naquela ocasião, eles teriam visitado o Brasil se tivessem tido umas férias mais longas.

12. (   ) Se não tivesse seguido as recomendações médicas, ainda estaria internado.

Agora, **acesse o QRCode** e pratique um pouco mais os tempos compostos do indicativo.

http://uqr.to/1wj2a

Galeria Brasil

Rio 92 – Balanço

Assista ao vídeo *Rio 92 – Balanço* a partir do minuto 12'50''. Quais foram as principais mudanças desde a Rio 92 até agora? Faça uma breve apresentação para seus colegas.

http://uqr.to/1wj29

Acesse o gabarito e os textos transcritos desta unidade!

http://uqr.to/1wj2b

UNIDADE 14

UNIDADE
15
Mochilando pelo mundo da língua portuguesa

Praça da Língua

"Não há língua portuguesa. Há línguas em português"

José Saramago

Filha do latim, língua originária do Lácio, onde hoje é Roma, posteriormente enraizada na Península Ibérica, carrega consigo uma história que une continentes e mistura povos. Um pequeno Portugal, com vocação marítima, se lança ao Atlântico em caravelas conduzidas pela fé.

Língua pluricêntrica que canta, rima e expressa, sente saudade ao som de nove países: Portugal, Brasil, Angola, Moçambique, São Tomé e Príncipe, Timor-Leste, Cabo Verde, Guiné-Bissau, Guiné Equatorial e que deixa seu legado em Macau, na China e Goa, na Índia.

Inúmeros escritores, nos quatro cantos do mundo, vestiram-se de gala para homenageá-la. Imortalizada por escritores como Luís Vaz de Camões, Fernando Pessoa, José Saramago, Machado de Assis, Guimarães Rosa, Jorge Amado, Chico Buarque, Mia Couto, Pepetela, José Luandino Vieira e tantos outros, traz consigo o seu canto livre e soberano, o que nos lembra que "as línguas são o que queremos que elas sejam".

Segundo **Olavo Bilac**, a língua portuguesa é a:

Última flor do Lácio, inculta e bela
És, a um tempo, esplendor e sepultura:
Ouro nativo, que na ganga impura
A bruta mina entre os cascalhos vela...

[...]

Em que da voz materna ouvi: "meu filho!"
E em que Camões chorou, no exílio amargo,
O gênio sem ventura e o amor sem brilho!

Fernando Pessoa, na voz de Bernardo Soares, dizia: "Não tenho sentimento nenhum político ou social. Tenho, porém, num sentido, um alto sentimento patriótico. Minha pátria é a língua portuguesa" (do *Livro do Desassossego*).

José Saramago reiterou: "Não há língua portuguesa. Há línguas em português".

Clarice Lispector expressou: "Esta é uma confissão de amor: amo a língua portuguesa. Ela não é fácil. Não é maleável. [...] a língua portuguesa é um verdadeiro desafio para quem escreve. Sobretudo, para quem escreve tirando das coisas e das pessoas a primeira capa de superficialismo".

Todos os dias, mais de 280 milhões de pessoas sonham e vivem em português. Essa língua solidária e generosa, que atrai e encanta, cotidianamente adota milhares de estrangeiros como filhos seus. Vamos viajar pelo fascinante mundo da lusofonia!

1 **O que você pensa sobre essas afirmações?**

2 **O que a sua língua materna representa para você?**

3 **Com qual desses autores você mais se identifica?**

Eu f@lo português

Assista ao vídeo *Língua Portuguesa*, da CPLP, e, em grupos, pesquise sobre os seguintes temas:

http://uqr.to/1wj2c

1. Pesquise em quais países se fala a língua portuguesa. Apresente a seus colegas dados interessantes sobre esses países (localização, população PIB, idiomas oficiais).

2. Pesquise sobre a produção artística e cultural em língua portuguesa (cinema, história em quadrinhos, games etc.).

3. Indique quais são as contribuições da lusofonia para a Ciência.

4. Cite inventos de pesquisadores lusófonos.

5. Fale sobre a influência do português na internet.

6. Pesquise sobre a Comunidade dos Países de Língua Portuguesa (CPLP).

7. Pesquise sobre Institutos e Centros Culturais do Brasil no mundo.

Torre de Babel

Tempos compostos do subjuntivo

Existem três tempos compostos no modo subjuntivo. Todos eles expressam uma ação terminada. Vamos dar uma olhada?

Duvido que elas tenham ido ao sítio.

Era possível que os alunos já tivessem retirado os livros sugeridos da biblioteca.

As crianças poderão sair **assim que** tiverem terminado suas tarefas.

Você notou que os tempos compostos do subjuntivo são introduzidos da mesma forma que os tempos simples do subjuntivo?

Pretérito perfeito composto do subjuntivo

Uso

Esperamos que nosso time **vença** seu adversário. (presente do subjuntivo)

Espero que nosso time **tenha vencido** seu adversário. (pretérito perfeito composto do subjuntivo)

Será que as duas frases querem dizer o mesmo? Claro que não! Na primeira frase, o time ainda não jogou, mas, na segunda, já jogou (ação terminada).

Esse tempo verbal é introduzido da mesma forma do simples, isto é, por frases que denotam desejo, ordem, dúvida e sentimento; orações impessoais e determinadas conjunções de ideia contrária, tempo, condição e finalidade.

Formação

Tenha	
Tenha	visto
	trazido
Tenhamos	feito
Tenham	

Vamos praticar?

A **Complete as lacunas com o pretérito perfeito composto do subjuntivo.**

1. É importante que todos _____ (dormir) bem.

2. É bom encontrar um apartamento onde já _____ (pôr) a rede de internet.

3. Caso eles não _____ (trazer) todos os ingredientes que pedi, usarei estes outros que tenho aqui.

4. Eu os deixarei ir ao parque contanto que _____ (fazer) os deveres de casa.

5. É bom que todos vocês _____ (entender) este tema porque ele cai na prova!

6. Espero que você _____ (pagar) todas as contas antes de sair.

7. Ele não acredita que eu _____ (pedir) esse favor a vocês.

8. É possível que nós _____ (perder) esse documento. E agora?

B **Responda às seguintes perguntas, segundo o modelo.**

Quem chegou?
Talvez o Luís *tenha chegado*.

1. Quem comprou isso?

Talvez ela _____ .

2. Quem disse essa bobagem?

Pode ser que eles _____ .

3. Com quem Tatiana foi ao cinema?

É possível que Tatiana _____ com seus amigos da faculdade.

4. Como assim, você perdeu seu celular?

Sim! Não posso acreditar que eu _____ meu celular.

5. Eles não apareceram no restaurante?

Pois é, que pena que eles não _____ .

Bora lá! Canto I

As armas e os Barões assinalados
Que da Ocidental praia Lusitana
Por mares nunca de antes navegados
Passaram ainda **além da Taprobana**,
Em perigos e guerras esforçados
Mais do que prometia a força humana,
E entre gente remota edificaram
Novo Reino, que tanto sublimaram;

E também as memórias gloriosas
Daqueles Reis que foram dilatando
A Fé, o Império, e as terras viciosas
De África e de Ásia andaram devastando,

E aqueles que por obras valorosos
Se vão da lei da Morte libertando,
Cantando espalharei por toda parte,
Se a tanto me ajudar o engenho e arte.

Cessem do sábio Grego e do Troiano
As navegações grandes que fizeram;
Cale-se de Alexandro e de Trajano
A fama das vitórias que tiveram;
Que eu canto o peito ilustre Lusitano,
A quem Netuno e Marte obedeceram.
Cesse tudo o que a Musa antiga canta,
Que outro valor mais alto se levanta
[...]

O que você entende desse fragmento do primeiro canto de *Os Lusíadas*, de Luís Vaz de Camões?

Os Lusíadas é o maior poema épico da língua portuguesa. Com 1.102 estrofes, em 10 cantos, narra as navegações de Vasco da Gama. Publicado em 1572, é um símbolo cultural e político e é considerado um patrimônio da lusofonia.

Você foi selecionado para escrever um artigo para uma revista portuguesa em comemoração de mais um centenário de publicação de *Os Lusíadas*. Pesquise sobre a vida e obra de Camões e compare com um autor ou obra de seu país.

Pretérito mais-que-perfeito composto do subjuntivo

Torre de Babel

Uso

Expressa que uma ação ocorreu no passado, antes de outra ação também ocorrida no passado. Veja:

Embora ela **tivesse entendido** tudo, não foi tão bem na prova.

Pode ser que João **tivesse dito** isso, mas eu não acreditei nas suas palavras.

Novamente, esse tempo verbal pode ser introduzido da mesma forma que o simples. Além disso, é usado em orações condicionais no passado, tais como:

Se eu **tivesse sabido** que vocês estavam aí, eu teria descido para a sala antes.

Formação

Tivesse	
Tivesse	vindo
Tivéssemos	podido
Tivessem	resolvido

A Complete as seguintes orações com o pretérito mais-que-perfeito composto do subjuntivo.

1. Se os homens _____ (respeitar) a natureza, não teríamos tantos danos ecológicos agora.

2. Era possível que eu _____ (ir) ao lugar errado.

3. Duvidei que vocês _____ (fazer) toda a faxina da casa!

4. A apresentação não foi boa apesar de que a equipe _____ (esforçar-se) muito.

5. O carro parecia sujo por mais que Alfredo o _____ (lavar) várias vezes.

6. O avô teria deixado as crianças jogar videogames se elas _____ (ver) o programa recomendado pela professora primeiro.

7. Este rio não estaria tão poluído se o curtume não _____ (despejar) seus detritos nele.

8. Por mais que nós _____ (ir) ao hospital, não nos teriam deixado entrar.

B Indique se as seguintes frases estão corretas (C) ou erradas (E) quanto ao uso do tempo composto do subjuntivo. Posteriormente, corrija as frases que estiverem erradas.

1. ( ) Espero que todos tivessem gostado da festa.

_____

2. ( ) Duvidei que todos os convidados tivessem chegado na hora.

_____

3. ( ) Era possível que ninguém tivesse trazido presente para o aniversariante.

_____

4. ( ) Embora o palestrante falasse baixinho, todos podem entendê-lo.

_____

5. ( ) A rua não se alaga, mesmo que a chuva tivesse caído toda a tarde.

_____

6. ( ) O carro não teria morrido se você não tivesse acelerado tanto.

_____

7. ( ) Foi bom que todos tivessem ajudado a arrumar a casa depois da reunião.

_____

8. ( ) Ainda que você tivesse dito toda a verdade, sua mãe o teria castigado.

_____

Batucando

Ouça um exemplo de música proveniente de países lusófonos. Que aspectos chamaram mais a sua atenção?

http://uqr.to/1wj2d

Futuro composto do subjuntivo

Uso

Veja os seguintes exemplos:

Quando eu **tiver terminado** meu trabalho, eu te avisarei para a gente poder sair.

Assim que todos **tiverem chegado**, poderemos iniciar a reunião.

Serviremos o almoço depois que eles **tiverem se sentado** à mesa.

Você percebeu que esse tempo verbal indica que uma ação deve ter terminado no futuro para que outra ação ocorra, também no futuro? Novamente, esse tempo verbal será introduzido do mesmo modo que a forma simples.

Formação

Tiver	
Tiver	chegado
Tivermos	dito
	posto
Tiverem	

A **Complete as seguintes frases com uma das conjunções do quadro a seguir.**

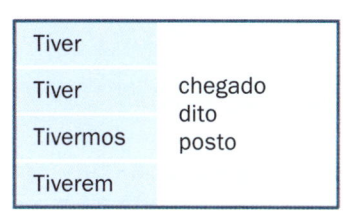

> assim que   logo que   embora   até que   depois que
>
> contanto que   caso   por mais que   quando

1. _____ a chuva tiver passado, poderemos ir ao parque.

2. Eu sairei com minhas amigas _____ tiver terminado a arrumação do meu quarto.

3. Os alunos vão escrever uma resenha _____ tiverem visto o filme.

4. Nós o visitaremos _____ tiver saído do hospital.

5. Farei uma dieta _____ as festas de fim de ano tiverem terminado.

B **Relacione as duas colunas.**

1. Eu os avisarei

2. Eles me avisarão

3. Nós diremos tudo ao diretor

4. Eles viajarão

5. Você pode me avisar

6. Peço-lhe o favor de me informar

7. Poderemos todos ir ao cinema

8. O professor informará as datas das provas

( ) quando soubermos toda a verdade.

( ) assim que tiverem saído de férias.

( ) quando Thiago tiver chegado do supermercado?

( ) logo que tivermos terminado de almoçar.

( ) assim que tiver saído do trabalho.

( ) logo que o diretor tiver telefonado.

( ) assim que tiver sido informado pela escola.

( ) quando tiverem notícias.

Martelando

Tempos compostos do subjuntivo misturados

Agora que você aprendeu como se formam e como usar os três tempos compostos do subjuntivo, vamos praticar mais um pouco?

A **Complete as lacunas com o verbo auxiliar TER no tempo composto do subjuntivo adequado.**

1. É uma pena que eles não _____ vindo aqui ontem.

2. Pode ser que nós _____ tido sorte e, por isso, ganhamos a viagem!

3. Embora eu _____ feito meu melhor esforço, não consegui terminar a maratona do Rio!

4. Mesmo que eles _____ saído mais cedo, teriam encontrado esse enorme engarrafamento na Via Bandeirantes.

5. Teríamos visto mais lugares legais e menos turísticos se _____ planejado melhor a viagem.

6. Era necessário que você _____ falado com ele antes de a diretora ficar sabendo de tudo.

7. Assim que _____ chegado em casa, falarei com minha mãe.

8. Depois que vocês _____ lido o livro, podemos organizar um debate.

9. Farei aquela faxina na casa quando a visita _____ ido embora.

10. Para que Edgar _____ dito isso, é que a coisa foi feia, hein!

B **Use os verbos da caixa a seguir, conjugando-os adequadamente, e complete livremente a frase.**

fazer	*escrever*	*abrir*	*dizer*	*pôr*
ver	*conversar*	*vender*	*decidir*	*ler*

1. É bom que eles

_____

2. Quando os alunos

_____

3. Seria bom que ontem nós

_____

4. Embora vocês

_____

5. Não tínhamos certeza de que ela

6. Gostaria de que todos

7. Assim que eu

8. Depois que as crianças

9. Tudo teria sido resolvido se eu

10. Caso você não

Faça um TED Talk sobre a África portuguesa, ressaltando a identidade cultural de cada país.

Galeria Brasil

http://uqr.to/1wj2e

Esmiuçando o português brasileiro

Depois de mochilar pelo mundo da língua portuguesa, o que você descobriu? Quais são as diferenças que você percebeu entre os diferentes portugueses falados no mundo?

Encontre palavras de origem indígena e africana no português do Brasil. Veja se essas palavras também foram incorporadas ao português de Portugal.

Depois, assista ao vídeo *As marcas do português brasileiro* e diga:

1. O que mais chama a sua atenção da fala do professor Ataliba T. de Castilho?

2. Quando se inicia um estudo mais sistemático acerca das diferenças entre o português de Portugal e o português do Brasil?

3. Quais são as diferenças mais explícitas?

4. Como se encontra, hoje, a identidade linguística do português brasileiro? Justifique sua resposta.

5. Quais são as diferenças do português dentro do contexto brasileiro?

6. Qual é uma das características do português no Sudeste do Brasil? Qual é a contribuição dos bandeirantes para a difusão e permanência de certas características do português brasileiro?

Acesse o gabarito e os textos **transcritos desta unidade!**

http://uqr.to/1wj2f

UNIDADE 16

Tem a cara do Brasil

Praça da Língua

O que é o Brasil?

Diversos escritores, pensadores, intelectuais tentaram definir esse país continental, indígena, africano, europeu, multicultural e com uma grande mistura racial.

Segundo Roberto DaMatta, antropólogo brasileiro, "vamos descobrir quem somos por meio da amizade e da saudade, da comida e do tempero, da música e do canto em que todos participamos, do carnaval, das festas, do jeitinho, da promessa, do milagre e da religião. Perguntamos a vários brasileiros de diferentes segmentos sociais como definiam o Brasil. Todos eles falaram de coisas básicas, da sabedoria do povo, da alegria de viver, da nossa incrível musicalidade e, sobretudo, da nossa fantástica esperança".

Gilberto Freyre afirmou que o brasileiro é fruto do encontro de três raças, branco, negro e indígena, e definiu esse encontro como positivo, pois originou uma quarta coisa: o povo brasileiro. A obra de Gilberto Freyre vem para responder à pergunta "Quem é o brasileiro?". De algum modo, depois de Gilberto Freyre, a miscigenação se tornou a versão oficial de quem são os brasileiros.

Em seu livro *Casa-Grande e Senzala* ele reconhece que o Brasil tem profundas contradições, mas elas fazem parte da dinâmica da formação social do País.

Por outra parte, nas palavras de Darcy Ribeiro, "A mistura de culturas gerou a 'ninguendade': um povo diverso entre si, com raízes e antepassados pouco claros ou colonizados, que precisam criar uma identidade brasileira, ao mesmo tempo estranha e unificada em uma identidade".

Por sua vez, Sérgio Buarque de Holanda, no seu livro *Raízes do Brasil*, afirma que "uma das principais marcas do brasileiro é a cordialidade", mas ele não entende a cordialidade como bondade, generosidade ou qualquer outro tipo de relação benéfica. Cordialidade, em latim, vem de *cordis*, que é o coração; então, agir com o coração é agir com afetos. Esses afetos, no fim das contas, acabam mascarando as relações de conflito e violência de nossa sociedade.

Esse pensamento se opõe ao de Gilberto Freyre, cujo núcleo é a Democracia Racial.

Esses maravilhosos intérpretes do Brasil repensaram a história, a identidade e tentaram desvendar a alma dessa brava gente brasileira, esta que todos os dias acorda, pega ônibus, sai para o trabalho, agarra o sonho, sacode a poeira, dá a volta por cima e faz deste Brasil um lugar especial que muitos sonham pelo menos conhecer.

Eu f@lo português

Agora que você já fez conosco um longo, bom e belo percurso pelo Brasil, qual você diria que é a cara do Brasil? É a do povo brasileiro, que canta, dança, celebra, chora, mas nunca desiste? Qual é a sua percepção? Aprender português mudou a forma como você vê os brasileiros?

Bora lá!

Assista ao vídeo *Professor Edson Kayapó e a importância da Literatura Indígena*. Depois, pesquise sobre literatura indígena e educação intercultural e escreva uma matéria a ser publicada no principal jornal da sua cidade em que você fale sobre a existência de muitos Brasis.

http://uqr.to/1wj2g

Torre de Babel

Voz passiva com verbos simples

As vozes do verbo são três:

Ativa

Todos os anos, os **estudantes universitários** **compram** muitos livros.

                                   sujeito   verbo

Passiva

Na voz passiva, o complemento ocupa o lugar do sujeito na frase. O sujeito não age, ele sofre a ação. Observe a frase:

Todos os anos, **muitos livros** **são comprados** **pelos estudantes universitários**.

     complemento (O.D.)   auxiliar + particípio   agente da passiva
     = sujeito paciente

Reflexiva

Na reflexiva, o sujeito pratica e sofre a ação.

                         Ela se olha no espelho todo dia.

                    sujeito   verbo
                   pronome reflexivo

Formação da voz passiva

Para transformar uma frase da **voz ativa** em **voz passiva**, o **verbo** da frase na voz ativa fica no **particípio** e precisa de um **verbo auxiliar**, geralmente o verbo "ser", que deve ficar no mesmo tempo em que estava o verbo na ativa.

⚠ Fique de olho!

Somente frases com verbos transitivos diretos podem ser convertidas na voz passiva, pois o objeto direto será o **sujeito paciente** na voz passiva. Já o sujeito da voz ativa passará a ser **agente da voz passiva**. Observe:

Frase na voz ativa:

             Eles divulgaram a notícia no noticiário da Zero Hora.

    sujeito   verbo no   objeto direto
           pretérito perfeito

Frase na voz passiva:

A notícia foi divulgada por eles no noticiário da Zero Hora.

complemento (O.D.) = sujeito paciente

auxiliar

verbo no particípio

agente da passiva

Voz passiva = complemento + verbo ser no mesmo tempo do verbo principal da voz ativa + particípio do verbo principal.

Ativa	Passiva
Presente	
Ele **organiza** seu quarto todos os dias.	O quarto é **organizado** por ele todos os dias.
Pretérito perfeito	
Eles **venderam** os ingressos com muita antecedência.	Os ingressos **foram vendidos** por eles com muita antecedência.
Pretérito imperfeito	
Os pais **davam** muitos brinquedos às crianças.	Muitos brinquedos **eram dados** às crianças pelos pais.
Futuro do presente	
A nossa turma **plantará** árvores no Parque da Cidade.	Árvores **serão plantadas** no Parque da Cidade por/pela nossa turma.
Futuro do pretérito	
Ela **entregaria** a lição de casa se estivesse pronta.	A lição de casa **seria entregue** por ela se estivesse pronta.
Gerúndio	
A gente **está estudando** literatura brasileira.	Literatura brasileira **está sendo estudada** pela gente.

A **A seguir, passe as orações que estão na voz ativa (VA) para a voz passiva (VP).**

1. VA = Eu comprei essas flores ontem. (pretérito perfeito)

VP = _____

2. VA = Eles sempre assistiam àquele seriado policial. (pretérito imperfeito)

VP = _____

3. VA = Espero que todos curtam a leitura. (presente do subjuntivo)

VP = _____

4. VA = Amanhã arrumarei a casa. (futuro do presente)

VP = _____

5. VA = Nós <u>preparamos</u> o jantar. (pretérito perfeito)

VP = _____

6. VA = Eles sempre <u>entendiam</u> tudo. (pretérito imperfeito)

VP = _____

7. VA = Eu <u>discutirei</u> esse tema com ele amanhã. (futuro do presente)

VP = _____

8. VA = É bom que você <u>traga</u> a pizza. (presente do subjuntivo)

VP = _____

9. VA = Se Júlia soubesse sobre o tema, ela <u>escreveria</u> a carta já. (futuro do pretérito)

VP = _____

B **Agora, faça o contrário: passe as seguintes orações para a voz ativa.**

1. VP = O filme <u>foi visto</u> por todos os alunos. (pretérito perfeito)

VA = _____

2. VP = Assim que o trabalho <u>for terminado</u> por nós, eu avisarei. (futuro do subjuntivo)

VA = _____

3. VP = Os indígenas <u>eram catequizados</u> pelos jesuítas. (pretérito imperfeito)

VA = _____

4. VP = Amanhã, o carro <u>será lavado</u> por mim. (futuro do presente)

VA = _____

5. VP = É importante que este projeto <u>seja estudado</u> por eles. (presente do subjuntivo)

VA = _____

http://uqr.to/1wj2h

Vinicius de Moraes, um dos maiores gênios da música e da poesia de seu país, abençoou seu Brasil brasileiro no *Samba da Bênção*. Escute a música e comente com seus colegas o que você entendeu.

Você conseguiu entender toda a letra da música?

Agora, procure a letra na internet e comente: você já ouviu falar de algumas das pessoas que o Vinicius menciona no *Samba da Bênção*? Pesquise sobre as que chamam mais a sua atenção.

Já que você descobriu quem são essas pessoas, em grupo, você poderia tentar fazer um *Samba da Bênção* abençoando seu país?

Torre de Babel

Voz passiva com locuções verbais

Observe as frases a seguir:

VA = Ele já tinha comprado flores antes de chegar em casa.
VP = As flores já tinham sido compradas por ele antes de chegar em casa.

VA = Elas precisaram dizer a verdade completa.
VP = A verdade completa precisou ser dita por elas.

VA = O médico deve orientar os pacientes.
VP = Os pacientes devem ser orientados pelo médico.

VA = Ultimamente, os funcionários têm feito muitas propostas.
VP = Ultimamente, muitas propostas têm sido feitas pelos funcionários.

VA = Espero que vocês tenham entendido a explicação.
VP = Espero que a explicação tenha sido entendida por vocês.

Há quantos verbos nessas frases? Toda vez que usamos mais de um verbo para expressar uma ação, temos uma locução verbal. Quando passamos uma frase da voz ativa para a passiva, precisamos manter essa locução. Quer tentar?

1. VA = Amanhã, o médico já terá visto o resultado do meu exame. (futuro do presente composto)

VP = _____

2. VA = Eu teria recebido a encomenda se você tivesse me avisado. (futuro do pretérito composto)

VP = _____

3. VA = Quando nós tivermos discutido o tema, vocês poderão sair. (futuro do subjuntivo composto)

VP = _____

4. VA = É bom que todos tenham revisado o documento antes da reunião. (presente do subjuntivo composto)

VP = _____

5. VA = A empresa tem distribuído muitas cestas básicas desde sua inauguração. (pretérito perfeito composto)

VP = _____

 **Fique de olho!**

Alguns verbos têm duas formas de particípio. Quando isso acontece, usamos o particípio regular na voz ativa e o irregular na voz passiva. Observe:

Particípio	Verbo auxiliar	Geralmente se encontra na
regular	ter ou haver	voz ativa

Quando chegamos no arraial, eles já **tinham acendido** a fogueira.

Particípio	Verbo auxiliar	Geralmente se encontra na
irregular	ser	voz passiva

O paciente **foi salvo** pelos médicos.

Agora, veja alguns verbos com particípio regular e irregular:

	Particípio	
Infinitivo	Regular	Irregular
aceitar	aceitado	aceito
imprimir	imprimido	impresso
expulsar	expulsado	expulso
isentar	isentado	isento
secar	secado	seco
sujar	sujado	sujo
limpar	limpado	limpo
extinguir	extinguido	extinto
acender	acendido	aceso
suspender	suspendido	suspenso
prender	prendido	preso
salvar	salvado	salvo
expressar	expressado	expresso
eleger	elegido	eleito
entregar*	entregado	entregue*

* O particípio irregular deste verbo não varia em gênero, só em grau.

Pratique um pouco

1 Classifique os particípios dos seguintes verbos abundantes com PR (particípio regular) e PI (particípio irregular).

( ) Você tem certeza de que a pizza já foi entregue?

( ) Os alunos que cometem plágio são expulsos imediatamente.

( ) Qualquer contribuição será aceita com muita alegria.

( ) As crianças tinham sujado toda a sala, mas já limpei tudo.

( ) A prova foi impressa pela secretária da escola.

( ) O povo havia elegido o prefeito que podia ajudar sua cidade.

( ) Ainda bem que os documentos foram salvos por mim antes de a luz apagar!

Martelando

Acesse o QRCode e pratique o que você aprendeu.

http://uqr.to/1wj2i

Galeria Brasil

Festa Junina

Para amenizar o frio do inverno, nada melhor do que quentão, quadrilha, Santo Antônio, São Pedro e São João. É na Festa Junina que o brasileiro "acende a fogueira de seu coração". Assista aos vídeos sobre o Memorial do São João e os "Festejos Juninos de Campina Grande/PB" com a participação da professora Cléa Cordeiro.

http://uqr.to/1wj2j

Em seguida, em grupos, pesquisem sobre as variações dessa festa e criem um programa de rádio sobre esse tema.

Acesse o gabarito e **os textos transcritos desta unidade!**

https://uqr.to/1wrm1

UNIDADE
17

Vou pra Marte

Praça da Língua

Marte, o queridinho da vez

Depois de 50 anos da chegada do homem à Lua, as viagens ao espaço entraram em um novo ciclo. Já não são mais parte da ficção científica nem da "guerra nas estrelas" protagonizada pela União Soviética e pelos Estados Unidos na época da Guerra Fria. Atualmente, as grandes potências foram substituídas por ambiciosos bilionários dispostos a investir grandes somas de dinheiro em novas missões espaciais. Isso evidencia a entrada de empresas privadas em questões que, anteriormente, eram tratadas somente pelos Estados.

Nesta nova agenda espacial, Marte é o queridinho da vez. Apesar de estar a mais de 60 milhões de quilômetros da Terra, frequentemente temos a sensação de que somos vizinhos, mesmo que distantes. Talvez o fato de que a Terra e Marte façam parte dos planetas de estrutura rochosa nos dê a ideia de **sermos** primos-irmãos e de que, talvez, a colonização de Marte seja possível.

Seu nome, que é o do deus grego da guerra, da paixão e da sexualidade, e a sua cor vermelha despertam muita curiosidade e inquietação. Durante os séculos XX e XXI, 56 missões foram enviadas a Marte. É tanto o interesse pelo planeta vermelho que países tradicionalmente rivais fizeram aliança para chegar até lá. No entanto, nenhum humano pisou nele ainda nem colocou a bandeira do seu país em sinal de vitória na nova corrida espacial. O máximo que fizeram foi enviar robôs como legítimos representantes dos terráqueos para empreender essa nova cruzada, agora no espaço.

Para alguns, a colonização de Marte é imperativa. Seria uma alternativa para preservar a vida da espécie humana em um salve-se quem puder. Para outros, como o bilionário e fundador da Microsoft, Bill Gates, a conquista de Marte é uma perda de tempo, pois há coisas muito importantes para **serem** feitas na Terra.

Antenado

Assista ao vídeo *Sonda Perseverance pousa em Marte após sete meses de viagem* e diga:

1. Qual é o objetivo do lançamento da Sonda Perseverance?
2. Que aspectos chamaram mais a sua atenção?
3. Qual é a opinião do ex-ministro Marcos Pontes sobre essas missões espaciais?
4. Como você imagina a colonização de Marte?

http://uqr.to/1wj2k

Eu f@lo português

O que você pensa sobre essa nova corrida espacial? Você seria um tripulante em alguma missão?

Em grupo, ouça as respostas de seus colegas e anote as ideias principais. Depois, conte para a turma o que eles pensam sobre o tema.

Torre de Babel

Discurso direto e discurso indireto

Seus colegas e você falaram sobre o mesmo assunto: eles deram sua opinião de forma direta e você recontou o que seus colegas falaram. O seu colega usou o discurso direto, e você usou o discurso indireto. Cotidianamente, fazemos isso o tempo todo. Vamos entender direitinho como é que a gente faz isso? Observe as alterações ocorridas nos tempos verbais e nos pronomes possessivos:

Discurso direto	Discurso indireto
Afirmação	
Sara disse: — Eu não **quero** ir a **minha** festa de formatura.	Sara disse que ela não **queria** ir a **sua** festa de formatura.
Pergunta	
Bia pergunta: — Você já **tomou** café?	Bia perguntou se eu já **tinha tomado** café.

Agora, observe direitinho as mudanças:

Discurso direto	Discurso indireto
Tempos verbais	
Presente do indicativo	**Pretérito imperfeito do indicativo**
Letícia disse: — **Quero** viajar para o Brasil.	Letícia disse que **queria** viajar para o Brasil.
Pretérito perfeito	**Mais-que-perfeito composto**
Marília disse: — Eu já **fiz** minha tarefa.	Marília disse que ela já **tinha feito** sua tarefa.
Futuro imediato	**Futuro do pretérito**
Otávio disse: — Eu **vou aprender** a dirigir neste ano.	Otávio disse que ele **iria aprender** a dirigir neste ano.
Futuro do presente	**Futuro do pretérito**
Clarissa disse: — **Concorrerei** a uma bolsa de estudo na UFMG.	Clarissa disse que ela **concorreria** a uma bolsa de estudo na UFMG.
Imperativo	**Imperfeito do subjuntivo**
A professora falou: — **Estudem** para a prova.	A professora falou **que estudássemos** para a prova.
Imperativo	**Infinitivo pessoal**
A professora falou: — **Estudem** para a prova.	A professora falou **para nós estudarmos** para a prova.

Discurso direto	Discurso indireto
Pronomes pessoais	
Gustavo disse: — **Eu** fui jogador do Náutico.	Gustavo disse que **ele** tinha sido jogador do Náutico.
Lucca e Gael falaram: — **Nós** amamos brigadeiro.	Lucca e Gael falaram que **eles** amavam brigadeiro.
Pronomes demonstrativos	
Rafaella perguntou: — **Essa** é sua casa?	Rafaella perguntou se **aquela** era a minha casa.
Pronomes possessivos	
Caio disse: — Você é **meu** melhor amigo.	Caio disse que eu era **seu** melhor amigo.

Agora é sua vez! Passe as frases a seguir para o discurso indireto.

a. Ele perguntou:
— O que vocês estão fazendo aqui?

_____

b. O pai afirmou:
— Hoje você não poderá sair!

_____

c. O vendedor anunciava:
— Comprem as uvas, estão deliciosas e docinhas!

_____

d. O médico informou ao paciente:
— É importante que você comece o tratamento o quanto antes.

_____

e. Valentina contou para Ana:
— Fui pra festa e dancei a noite toda!

_____

f. A recepcionista disse ao cliente:
— Se o senhor puder, envie essa documentação hoje mesmo.

_____

g. O advogado quis saber:
— A senhora já deu queixa na Delegacia de Polícia?

_____

Agora, que tal passar o seguinte texto para o discurso direto? Como é uma conversa mais informal, você pode usar expressões cotidianas e linguagem coloquial. Com certeza, você vai conseguir!

João e Ana Paula se encontraram para tomar um café. João perguntou o que a Ana Paula tinha feito ultimamente e ela respondeu que tinha tido muito trabalho porque tiveram que entregar um projeto a um cliente no dia anterior. Ela quis saber como tinha sido a viagem do João a BH. Ele contou que tinha adorado e que tinha conhecido muita gente bacana lá. Ele aproveitou para saber o que ela ia fazer no feriado e ela respondeu que queria ir para a praia com uns amigos da faculdade. Ele disse que iria para o sítio dos pais. Naquele momento chegou o cafezinho deles.

_____

_____

_____

_____

_____

_____

_____

_____

Batucando

http://uqr.to/1wj2l

Você já ouviu falar em Seu Jorge? Pesquise sobre ele e procure a música _Life on Mars?_. Depois de ouvi-la, conte-nos se você já quis "ir pra Marte" e em quais situações.

Agora, diga de outra forma as seguintes expressões:

1. Fazer questão.
2. Escapar das mãos.
3. Viver em vão.
4. Vou querer mudar para uma _Life on Mars?_.

Infinitivo pessoal conjugado

Poderíamos dizer que o infinitivo é a forma natural do verbo: chamar, cantar, escrever, entender, ir, vir etc. Quando usamos o infinitivo, não nos referimos a nenhuma pessoa em particular. No entanto, existe no português um tempo verbal muito utilizado pelos brasileiros e que, geralmente, não é muito claro para os estrangeiros, mas vamos descomplicar esse assunto logo, logo!

Estamos falando do infinitivo pessoal conjugado. Ele é considerado uma peculiaridade presente em poucas línguas. Aparece no húngaro, em alguns dialetos italianos e no português. É por isso que ele é quase um orgulho nacional, utilizado no dia a dia dos brasileiros. Você até poderia substituí-lo pelo presente do subjuntivo, mas você estaria distante da preferência nacional.

É importante lembrar que as terminações do infinitivo pessoal coincidem com as do futuro do subjuntivo. No entanto, têm formação diferente e expressam tempos diferentes. E quando é que usamos esse infinitivo?

1. Quando o **sujeito do infinitivo não está determinado**:

   Vamos aprender isto **para não falarem** que a gente não sabe português.

2. **Quando o sujeito do infinitivo** é explícito:

   Preferimos sair mais cedo para **nós** não perdermos o voo.

3. Quando houver dois **sujeitos diferentes**:

   Ela pediu para **nós** falarmos com o diretor hoje mesmo.

4. Quando o infinitivo indicar uma **ação recíproca ou reflexiva**:

   Os professores sugeriram aos alunos **se organizarem** para a apresentação dos projetos.

⚠ Fique de olho!

Flexão facultativa

A flexão do infinitivo é opcional quando o sujeito do verbo da oração principal é o mesmo que o do infinitivo. Se você quiser enfatizar a ação, pode usar o infinitivo impessoal. Para dar ênfase ao sujeito, utilize o infinitivo flexionado.

Por **estarem** com fome, eles comeram qualquer coisa.

Por **estar** com fome, eles comeram qualquer coisa.

Formação

O infinitivo pessoal conjugado é formado a partir do infinitivo de qualquer verbo, mas ele somente tem terminações específicas nas pessoas do plural, isto é, **nós** e **eles**. Observe:

Dona Teresa pediu para	eu comprar	frutas e verduras na feira
	ele, ela, você, a gente comprar	
	nós comprar**mos**	
	eles, elas, vocês comprar**em**	

O professor disse para	eu ler	autores contemporâneos brasileiros
	ele, ela, você, a gente ler	
	nós ler**mos**	
	eles, elas, vocês ler**em**	

A minha mãe pediu para	eu abrir	o portão da garagem
	ele, ela, você, a gente abrir	
	nós abrir**mos**	
	eles, elas, vocês abrir**em**	

Os alunos pediram para	eu ter	um plantão de dúvidas
	ele, ela, você, a gente ter	
	nós ter**mos**	
	eles, elas, vocês ter**em**	

 **Fique de olho!** No uso coloquial do português, a preposição "para" seguida do infinitivo pessoal é comum e muitas vezes simplifica a comunicação.

Agora, vamos praticar!

1 **Complete as lacunas com o verbo entre parênteses.**

a. É fundamental eles _____ (falar) a verdade.

b. Por nós não _____ (gostar) de acordar cedo, perdemos a hora.

c. É bom as pessoas _____ (trazer) carteira de identidade ou passaporte.

d. Para nós _____ (fazer) bem as coisas, devemos programá-las com tempo.

e. Os funcionários ficaram mais tranquilos depois de _____ (ser) ouvidos.

2 **Assinale se nas seguintes frases o infinitivo pessoal conjugado é de uso obrigatório (O) ou facultativo (F) e justifique.**

a. ( ) As crianças não viram o carro por estar/estarem brincando.

_____

b. ( ) Ele nos pediu para ir/irmos ao RH.

_____

c. ( ) É importante participar/participarem do simpósio.

_____

d. (   ) A secretária pediu aos alunos para preencher/preencherem o formulário.

_____

e. (   ) Por querer/quererem resolver tudo rapidamente, eles ficaram estressados.

_____

f. (   ) Para nós chegar/chegarmos mais rápido, o taxista correu muito.

_____

g. (   ) É necessário pensar/pensarmos antes de agir.

_____

3 **Passe as seguintes frases para o plural, seguindo o modelo.**

É legal <u>a estudante participar</u> do concurso.
É legal <u>as estudantes participarem</u> do concurso.

a. Que bom <u>você ir</u> ao parque hoje!

_____

b. Convém <u>o participante chegar</u> meia hora antes.

_____

c. O manobrista pediu para <u>o dono do carro entregar</u> as chaves.

_____

d. <u>O biólogo</u> do projeto Tamar <u>realiza</u> muitas ações para <u>conscientizar</u> sobre a preservação das tartarugas.

_____

e. Antes de <u>ser publicado</u>, <u>o artigo deve ser lido</u> pelo editor.

_____

f. Para <u>eu poder</u> estacionar o carro, <u>preciso</u> de uma vaga maior!

_____

g. É uma pena <u>ela</u> não <u>poder</u> participar da reunião.

_____

Galeria Brasil

http://uqr.to/1wj2m

Conheça o Centro de Lançamento de Alcântara/ Ciência é Tudo

Assista ao vídeo *Conheça o Centro de Lançamento de Alcântara/Ciência é Tudo*, selecione pelo menos quatro dos temas a seguir e escreva um artigo de opinião para ser publicado em uma revista especializada.

1. Programa espacial brasileiro.
2. Importância da base de Alcântara e suas vantagens específicas.
3. Importância da tecnologia espacial no dia a dia.
4. Importância econômica de um centro de lançamento.
5. Acordo entre o Brasil e os Estados Unidos para utilização da base de Alcântara.
6. Descrição da cidade de Alcântara.
7. Críticas ao estabelecimento da base em Alcântara.
8. Planos para a base de Alcântara.

Acesse o gabarito e **os textos transcritos desta unidade!**

http://uqr.to/1wj2n

UNIDADE 18
REVISÃO – UNIDADES 13-17

Unidade 13
1. Verbos em "-iar", "-ear" e "-uir"
2. Diminutivo

Unidade 14
1. Pretérito mais-que-perfeito composto
2. Pretérito perfeito composto
3. Futuro do presente composto
4. Futuro do pretérito composto

Unidade 15
1. Pretérito perfeito composto do subjuntivo
2. Pretérito mais-que-perfeito composto do subjuntivo
3. Futuro composto do subjuntivo

Unidade 16
1. Voz passiva

Unidade 17
1. Discurso direto e indireto
2. Infinitivo pessoal conjugado

Praça da Língua

Procure o conto "Cataratas do Céu" de Mia Couto e, depois de lê-lo, imagine que você terá um encontro com este autor moçambicano. O que você perguntaria para ele? Quais seriam as suas curiosidades sobre a história, a cultura e o cotidiano de Moçambique?

Como você interpreta "esse nosso sobrinhito não é um deslocado de guerra. A guerra é que deslocou-se para dentro dele"?

Torre de Babel

1 **Complete as lacunas com a forma correta do verbo.**

a. A empresa _____ (constrói/construe) casas populares neste bairro.

b. O mercúrio utilizado na mineração _____ (poló/polui) as águas dos rios.

c. Alguns motoristas só _____ (fream/freiam) em cima da hora.

d. Ontem, Júlio _____ (saio/saiu) com pressa.

e. Ela _____ (recea/receia) viajar de avião.

f. Eles _____ (odeiam/odiam) tomar injeção.

g. Os vendavais nesta região _____ (destruem/destroem) tudo.

h. O filme _____ (estreou/estreiou) no fim de semana passado.

i. O câmbio do dólar _____ (varia/vareia) constantemente.

j. A Dona Maria tem um problema no joelho, por isso ela _____ (cae/cai) muito!

k. É conveniente que o governo (negocie/negoceie) com os grevistas.

l. É bom que _____ (passeemos/passeiemos) com os cachorros antes da chuva.

m. Os alunos se _____ (distraem/distraim) facilmente.

n. A Fundação Nobel _____ (premia/premeia) a excelência no campo das ciências, literatura e paz.

o. É importante que as empresas _____ (contribuiam/contribuam) para a preservação do meio ambiente.

p. Quando os alunos gostam das músicas, eles _____ (copeiam/copiam) as letras.

q. O advogado da empresa _____ (intermedia/intermedeia) a negociação entre os filhos.

Funk inteligente

William Gonçalves

Hoje, o funk é considerado a música do Rio, mas claro que esse espaço é dividido com o samba. O certo é que, quando toca o funk, ninguém fica sentado! Pesquise sobre esse fenômeno musical e social e, em grupo, crie seu próprio funk utilizando os tempos compostos e colocando muito ritmo. O melhor funk da turma será premiado!

Agora que você já viajou pelos vários mundos do português, participe do concurso lançado pela CPLP, cujo slogan é "F@le português e descubra a lusofonia". Grave um vídeo de, no máximo, três minutos e conte a sua experiência.

1 **Marque e opção correta segundo o registro formal.**

a. (   ) No último feriadão não fiz nada.

(   ) No último feriadão não tenho feito nada.

b. (   ) Desde segunda-feira, tenho dormido depois da meia-noite todos os dias.

(   ) Desde segunda-feira, dormi depois da meia-noite todos os dias.

c. (   ) Desde sexta-feira chove muito.

(   ) Desde sexta-feira tem chovido muito.

d. (   ) Ultimamente, o trânsito tem andado péssimo.

(   ) Ultimamente o trânsito anda péssimo.

2 **Complete as seguintes frases com o verbo no tempo composto adequado.**

a. Se eu _____ (ver) o carro passar o farol vermelho, _____ (frear) e _____ (evitar) a batida.

b. Quando nós _____ (mudar) de casa, teremos muito mais espaço para guardar tudo.

c. Esperamos que todos _____ (curtir) a viagem e _____ (aprender) muito.

d. Antes da entrevista presencial, os candidatos já _____ (preencher) o questionário on-line e _____ (enviar) seu CV.

e. Eu não _____ (tomar) café nas últimas semanas porque _____ (ter) gastrite.

f. Assim que os convidados _____ (chegar), serviremos o jantar.

g. Até o final das férias, elas _____ (descansar) bastante e _____ (recuperar) suas energias para voltar ao trabalho.

h. Você poderá ir ao cinema depois que _____ (fazer) os deveres de casa.

i. É muito importante que todos nós _____ (compreender) as novas propostas do governo.

3 **Mude as seguintes orações para a voz passiva.**

a. Os meninos não esqueceram nenhum brinquedo na colônia de férias.

b. O autor assinou todos os livros vendidos na Bienal do Livro.

c. Ele já tinha comprado as passagens de avião para o Porto em janeiro.

d. O dono do restaurante esperava que muito mais fregueses frequentassem seu estabelecimento.

4 **Agora, transforme as seguintes orações em avisos.**

Aqui se fazem móveis antigos.
Móveis antigos são feitos aqui.

> *Fazem-se móveis*
> *antigos aqui.*

a. Este sebo vende livros exclusivos.

c. A empresa oferece vagas para mecânico.

b. A família Alves busca cachorrinho perdido.

d. Eles alugavam casas na praia, mas já não há ofertas.

Torre de Babel

Gincana da língua

Divida o grupo em equipes chamadas Mangueira, Salgueiro e Beija-flor. Cada uma dessas equipes deverá participar de um sorteio dos seguintes temas e prepará-los para apresentar na aula seguinte:

1. Artigos.

2. Contrações.

3. Pronomes demonstrativos e suas contrações.

4. Uso dos pretéritos perfeito simples e composto do indicativo.

5. Desafio de pronúncia – selecione algumas dicas que você considera fundamentais para quem quer aprender português.

Use a sua imaginação. A equipe vencedora será a que melhor explicar o tema selecionado e for mais criativa. Ao final, o grupo deverá realizar um teste. Cada grupo terá 15 minutos para fazer sua apresentação. O júri selecionará os três primeiros colocados.

Prêmios

Primeiro lugar – Troféu "Torre de Babel" e caixa de brigadeiro.

Segundo lugar – Medalha de prata "Eu fal@ português".

Terceiro lugar – Medalha de bronze "Bora lá!".

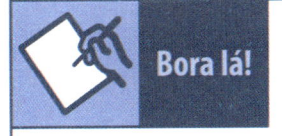

Você foi convidado para participar de uma edição especial da revista do Centro de Estudos Brasileiros. Escreva um artigo intitulado "O Brasil mandou lembranças". Feche os olhos e conte o que você aprendeu sobre o Brasil.

Foi um prazer conhecê-l@!
Até sempre!
Um abraço no coração.
Beatriz, Marly e Natalia!

Acesse o gabarito e
os textos transcritos
desta unidade!

http://uqr.to/1wj2o

FIGURAS – CRÉDITOS

UNIDADE 6 – REVISÃO UNIDADES 1-5

Página 67 – https://pt.wikipedia.org/wiki/S%C3%A9rgio_Porto / https://upload.wikimedia.org/wikipedia/pt/thumb/d/df/Febeap%C3%A1_original_1966.jpg/220px-Febeap%C3%A1_original_1966.jpg

Página 69 – Joe McUbed

Página 70 –Junior Santos

UNIDADE 7

Página 71 – Bet_Noire

Página 73 – grebeshkovmaxim

Página 76 – beeboys / waraphorn-aphai / Viacheslav Yakobchuk / Antonio Guillem / Drazen Zigic / ActionGP

Página 78 – Art Kovalenco

UNIDADE 8

Página 83 – Elena Shashkina

Página 86 – lineartestpilot

Página 87 – Macrovector

Página 88 – https://www.iti.org.uk/static/86b-4c1ab-13c8-4a5a-b4dd327f0ff248e3/fullbanner_51014176415e9df8377dee30c-fc99969/Training.jpg

Página 89 – jamesjames2541

Página 95 – Anna Savina

UNIDADE 9

Página 99 – Pavlo Stavnichuk / https://upload.wikimedia.org/wikipedia/commons/9/9e/Mercedes-Benz_Logo_2010.svg / tanuki-photo / somchaisom / fongfong2 / stockinasia / vesilvio / vesilvio / massimofusaro

Página 101 – Edson De Souza Nascimento

Página 112 – Scharfsinn

UNIDADE 10

Página 115 – Pedro

Página 116 –Jose Luis Stephens

Página 119 – https://sites.unipampa.edu.br/lehl/files/2018/10/kjasklfasl-1024x1024.jpg

Página 130 – https://pt.wikipedia.org/wiki/Semana_de_Arte_Moderna#/media/Ficheiro:Semana-de-22-.jpeg

UNIDADE 11

Página 131 – Roman Samborskyi

Página 136 – Ground Picture / Junior Santos

Página 137 – Junior Santos / Avocado_studio

Página 140 – Junior Santos

Página 147 – jcamilobernal

UNIDADE 12 – REVISÃO UNIDADES 7-11

Página 152 – Yusnizam Yusof / Vinicius Bacarin

Página 153 – https://commons.wikimedia.org/wiki/File:P%C3%A3o_de_A%C3%A7%C3%BAcar_visto_da_praia_de_Botafogo.jpg

Página 154 – https://pt.wikipedia.org/wiki/Tim_Maia#/media/Ficheiro:TIM_MAIA_SONIA_D'ALMEIDA_1987.jpg / https://www.blackpast.org/global-african-history/cartola-1908-1980 / https://pt.m.wikipedia.org/wiki/Ficheiro:Cazuza_flickr_(cropped).jpg

UNIDADE 13

Página 157 – ipopba

Página 158 – Grinbox

Página 164 – rvlsoft

Página 167 – Ground Picture

ÍNDICE

Siglas utilizadas

Seções da obra:

AP – Árvore de Palavras

AT – Antenado

BL – Bora lá

EFP – Eu Falo Português

GB – Galeria Brasil

MT – Martelando

PL – Praça da Língua

TB – Torre de Babel

Classificação gramatical dos termos:

art. = artigo

num. = numeral

adj. = adjetivo

prep. = preposição

adv. = advérbio

pron. = pronome

conj. = conjunção

interj. = interjeição

subst. = substantivo

vb = verbo

A

a (art.) PL, **16**

à (contr.) PL, **16**

a (prep.) PL, **16**

a (pron.) PL, **16**

a gente (pron.) TB, 3

abacaxi (subst.) TB, **19**

abaixa (vb) PL, 7

abaixando (vb) PL; 7

aberto (adj.) AT, **35**

abertos (adj.) PL, **84**

abraçam (vb) PL, 7

abraço (subst.) EFP, **3**

abriga (vb) PL, **9**

abrir (vb) TB, **31**

abriu (vb) AT, **35**

abstrair (vb) TB, **119**

abuso (subst.) PL, **87**

acabou (vb) TB, **3**

academia (subst.) TB, **11**

academias (subst.) PL, **84**

acadêmico (adj.) EFP, **44**

açaí (subst.) PL, **39**

acampar (vb) TB, **31**

ação (subst.) TB, **56**

acarajé (subst.) PL, **38**

aceitado (adj.) TB, **197**

aceitar (vb) TB, **197**

aceitaram (vb) PL, **52**

aceitaria (vb) TB, **73**

aceitável (adj.) BL, **172**

aceito (adj.) TB, **197**

acelerado (adj.) TB, **186**

acender (vb) TB, **197**

acendido (vb) TB, **197**

acento (subst.) TB, **88**

acercando (vb) TB, **138**

acessa (vb) TB, **11**

acessar (vb) EFP, **112**

acesse (vb) TB, **3**

acesso (subst.) BL, **75**

acessórios (subst.) AP, **17**

acham (vb) TB, **93**

acho (vb) PL, **7**

achocolatado (subst.) EFP, **48**

acidente (subst.) PL, **56**

ações (subst.) TB, **11**

acolhedora (adj.) TB, **79**

acolhem (vb) PL, **116**

acolhida (subst.) PL, **16**

acomodados (adj.) PL, **133**

acompanhada (adj.) PL, **38**

acompanhado (adj.) TB, **62**

acompanhamento (subst.) PL, **84**

acompanhar (vb) TB, **11**

acompanhou (vb) PL, **101**

acontece (vb) PL, **133**

aconteceu (vb) TB, **76**

acontecimentos (subst.) TB, **33**

acorda (vb) TB, **11**

acordo (subst.) PL, **4**

açoriano (adj.) PL, **39**

acostumará (vb) PL, **136**

Acre (subst.) PL, **9**

acredita-se (vb) PL, **38**

acrescentaria (vb) EFP, **53**

acrescente (vb) TB, **45**

açúcar (subst.) EFP, **48**

acudir (vb) TB, **141**

adequada (adj.) EFP, **164**

adequado (adj.) TB, **34**

adiantou (vb) TB, **62**

adicionamos (vb) TB, **45**

adicionar (vb) TB, **33**

adivinha (vb) PL, **72**

adivinhar (vb) MT, **33**

adivinhem (vb) PL, **105**

adjetivos (subst.) TB, **29**

adocicado (adj.) PL, **39**

adolescência (subst.) PL, **55**

adolescentes (subst.) EFP, **44**

adora (vb) PL, **136**

adorar (vb) TB, **11**

adormecer (vb) PL, **39**

adoro (vb) TB, **163**

adotar (vb) TB, **172**

adrenalina (subst.) EFP, **122**

adultos (subst.) AT, **26**

adversas (adj.) TB, **163**

advertência (subst.) TB, **47**

advogado (subst.) PL, **52**

advogados (subst.) PL, **52**

aeromoça (subst.) AP, **61**

aeronaves (subst.) EFP, **53**

aeroporto (subst.) TB, **76**

Afeganistão (subst.) BL, **75**

afetivos (adj.) EFP, **44**

afetos (subst.) TB, **192**

afetuosa (adj.) TB, **165**

afirmações (subst.) AT, **8**

afirmam (vb) TB, **93**

afirmou (vb) TB, **103**

afora (adv.) PL, **101**

África (subst.) TB, **21**

africana (adj.) PL, **38**

africanas (adj.) PL, **38**

afrodisíacas (adj.) PL, **39**

agência (subst.) TB, **152**

agenda (subst.) PL, **200**

agir (vb) AP, **63**

agito (subst.) PL, **116**

agora (adv.) TB, **3**

agradáveis (adj.) EFP, **6**

agridoce (adj.) PL, **39**

água (subst.) TB, **45**

agudo (adj.) TB, **88**

aguentam (vb) PL, **133**

aguentar (vb) TB, **75**

aguentava (vb) PL, **52**

aí (adv.) TB, **42**

ainda (adv.) PL, **16**

ajam (vb) EFP, **171**

ajudado (adj.) TB, **186**

ajudar (vb) EFP, **36**

ajude (vb) TB, **47**

Alagoas (subst.) PL, **9**

alambiques (subst.) TB, **20**

alarmes (subst.) PL, **56**

alegre (adj.) TB, **79**

alegria (subst.) PL, **16**

além disso (adv.) TB, **11**

alemães (subst.) TB, **30**

alertas (adj.) PL, **116**

alfabeto (subst.) TB, **3**

alfândega (subst.) PL, **66**

algas (subst.) MT, **69**

alguém (pron.) PL, **4**

alguma (pron.) TB, **93**

alguns (pron.) TB, **3**

alho (subst.) PL, **39**

aliados (subst.) EFP, **170**

aliança (subst.) PL, **200**

alimentação (subst.) PL, **135**

alimentares (adj.) PL, **87**

alimentos (subst.) PL, **84**

alma (subst.) TB, **79**

almoço (subst.) PL, **105**

almoços (subst.) PL, **39**

alta (adj.) MT, **69**

alterados (vb) PL, **23**

alternativa (subst.) PL, **200**

altíssimas (adj.) TB, **155**

alto (adj.) PL, **7**

altos (subst.) PL, **135**

altura (subst.) PL, **7**

aluguel (subst.) TB, **19**

aluno (subst.) TB, **138**

alunos (subst.) EFP, **69**

alunos (subst.) TB, **34**

amabilíssima (adj.) TB, **155**

amados (vb) TB, **31**

amadurecimento (subst.) PL, **133**

amamos (vb) PL, **72**

amanhã (adv.) TB, **62**

amanhecer (subst.) PL, **84**

Amapá (subst.) PL, **9**

amar (vb) PL, **72**

amarela (adj.) AP, **17**

amarelados (adj.) PL, **119**

amarelinha (subst.) MT, **59**

amarelo (adj.) PL, **39**

amava (vb) TB, **102**

amável (adj.) TB, **165**

Amazonas (subst.) PL, **9**

Amazônia (subst.) PL, **9**

amazônica (adj.) PL, **39**

ambição (subst.) PL, **170**

ambicioso (adj.) EFP, **86**

ambientais (adj.) PL, **35**

ambiente (subst.) TB, **32**

ame (vb) TB, **76**

ameaçam (vb) PL, **170**

América (subst.) TB, **21**

América do Sul (subst.) TB, **109**

americano (adj.) TB, **102**

amiga (subst.) TB, **31**

amigas (subst.) TB, **76**

amigo (subst.) EFP, **108**

amigos (subst.) PL, **7**

amizade (subst.) PL, **55**

amizades (subst.) PL, **135**

amor (subst.) EFP, **5**

amor (subst.) TB, **31**

amores (subst.) EFP, **6**

amorzinho (subst.) TB, **165**

amplos (adj.) PL, **135**

andar (vb) MT, **59**

andar (vb) PL, **66**

Angola (subst.) EFP, **2**

ângulo (subst.) EFP, **5**

angustiante (adj.) PL, **133**

aniversário (subst.) AT, **26**

ano (subst.) EFP, **40**

anorexia (subst.) EFP, **44**

anos (subst.) AT, **20**

anote (vb) AT, **16**

anseia (vb) TB, **159**

ansiar (vb) TB, **159**

Antártida (subst.) TB, **21**

antenados (adj.) TB, **29**

anteontem (adv.) BL, **59**

antepenúltima (adj.) TB, **79**

antes (adv.) EFP, **6**

anticoncepcional (adj.) EFP, **53**

antienvelhecimento (adj.) PL, **84**

antigamente (adv.) PL, **23**

antigos (adj.) AT, **20**

antiquário (subst.) AT, **35**

antropólogo (subst.) PL, **192**

anualmente (adv.) PL, **84**

anunciava (vb) TB, **202**

ao (contr.) TB, **3**

aos (contr.) PL, **28**

apague (vb) TB, **11**

apaixonadíssima (adj.) TB, **124**

apaixonada (adj.) PL, **4**

apanhei (vb) PL, **133**

aparecem (vb) PL, **136**

aparecer (vb) PL, **38**

apareciam (vb) MT, **69**

aparentemente (adv.) EFP, **44**

apartamento (subst.) TB, **41**

apartamentos (subst.) PL, **35**

apátridas (subst.) BL, **75**

apedrejado (vb) PL, **120**

apelido (subst.) TB, **3**

aperto (subst.) PL, **7**

apetite (subst.) EFP, **48**

apoiando (vb) AP, **61**

apoio (subst.) TB, **32**

aposentar (vb) TB, **31**

apreciações (subst.) BL, **49**

apreciados (adj.) BL, **172**

apreendo (vb) PL, **66**

aprenda (vb) EFP, **30**

aprendemos (vb) MT, **70**

aprender (vb) MT, **59**

aprendeu (vb) TB, **34**

apresentação (subst.) PL, **4**

apresentar (vb) EFP, **48**

apressado (adj.) MT, **69**

batida (adj.) PL, **55**
batido (adj.) PL, **39**
baú (subst.) TB, **42**
bebê (subst.) AT, **162**
bege (adj.) AP, **17**
beijam (vb) PL, **7**
beije (vb) AT, **8**
beijinho (subst.) AT, **8**
beijos (subst.) AT, **162**
Belém (subst.) PL, **84**
beleza (subst.) PL, **87**
belezas (subst.) PL, **16**
Belo Horizonte (subst.) MT, **59**
bem (adv.) EFP, **5**
bem-estar (subst.) BL, **172**
bem-vindos (interj.) PL, **16**
bençãos (subst.) EFP, **44**
benefícios (subst.) EFP, **44**
bens (subst.) PL, **28**
benzer-me (refl ex.) PL, **120**
benzinho (subst.) TB, **165**
berço (subst.) PL, **116**
bermuda (subst.) AP, **17**
biblioteca (subst.) TB, **11**
bibliotecas (subst.) PL, **116**
bicho (subst.) TB, **139**
bicicleta (subst.) EFP, **6**
bilhete (subst.) PL, **120**
bilionários (subst.) PL, **200**
biodiversidade (subst.) PL, **9**
biografia (subst.) EFP, **67**
bis (subst.) EFP, **55**
biscoitos (subst.) TB, **24**
bizarro (adj.) EFP, **86**
blog (subst.) PL, **4**
bloquear (vb) TB, **163**
blusa (subst.) AP, **17**
blusinhas (subst.) AP, **17**
boa (adj.) EFP, **7**
boa-fé (subst.) BL, **172**
boas-vindas (subst.) PL, **72**
bobagem (subst.) TB, **184**
boca (subst.) PL, **39**
bochecha (subst.) TB, **86**
bola (subst.) EFP, **4**
bolinha (subst.) MT, **59**
bolinho (subst.) PL, **38**
bolo (subst.) AT, **26**
bolsa (subst.) TB, **19**

bolsinha (subst.) PL, **160**
bolsos (subst.) PL, **116**
bom (adj.) AP, **17**
bombeiro (subst.) AP, **61**
bondade (subst.) PL, **192**
boné (subst.) AP, **17**
bonecas (subst.) MT, **59**
bonito (adj.) EFP, **6**
bordavam (vb) MT, **70**
bordo (subst.) TB, **20**
borracha (subst.) TB, **125**
bosques (subst.) EFP, **6**
Bossa Nova (subst.) EFP, **6**
botas (subst.) BL, **18**
bote (vb) PL, **105**
bovina (adj.) PL, **39**
braços (subst.) PL, **7**
branca (adj.) AP, **17**
branco (subst.) MT, **70**
brancos (adj.) AP, **17**
Brasil (subst.) TB, **3**
brasileira (adj.) EFP, **67**
brasileiras (adj.) EFP, **36**
brasileiro (adj.) EFP, **2**
brasileiros (adj.) EFP, **112**
brasileiros (subst.) TB, **138**
Brasília (subst.) PL, **9**
brasilidade (subst.) PL, **101**
brechó (subst.) AT, **35**
brigadeiro (subst.) AT, **26**
brigar (vb) AP, **63**
brigaram (vb) PL, **120**
brilhantes (adj.) EFP, **164**
brincadeira (subst.) PL, **105**
brincadeiras (subst.) PL, **55**
brincando (vb) EFP, **4**
brincar (vb) MT, **59**
brincava (vb) PL, **55**
brincávamos (vb) PL, **55**
brinquedo (subst.) TB, **128**
brinquedos (subst.) EFP, **59**
britânicas (adj.) MT, **70**
bronze (subst.) TB, **213**
bruma (subst.) PL, **72**
bruxa (subst.) BL, **54**
bulimia (subst.) EFP, **44**
buraco (subst.) TB, **118**
burburinho (subst.) TB, **117**
burro (subst.) PL, **66**

buscar (vb) PL, **56**
búzios (subst.) MT, **69**

C

cabeça (subst.) PL, **7**
cabeleireiro (subst.) AP, **61**
cabelos (subst.) PL, **55**
Cabo Verde (subst.) EFP, **2**
cacau (subst.) EFP, **48**
cachaça (subst.) PL, **16**
cachacinhas (subst.) TB, **165**
cachecol (subst.) BL, **18**
cacho (subst.) TB, **138**
cachoeiras (subst.) TB, **152**
cachorrinho (subst.) TB, **34**
cachorro (subst.) TB, **11**
cachorros (subst.) AP, **63**
cacique (subst.) PL, **84**
cadê (adv.) PL, **160**
cadeira (subst.) PL, **105**
cadeiras (subst.) TB, **102**
caderno (subst.) TB, **19**
caem (vb) TB, **117**
café (subst.) TB, **11**
cafezinho (subst.) TB, **165**
caipirinha (subst.) PL, **16**
cair (vb) TB, **118**
Cairo (subst.) TB, **21**
caixa (subst.) BL, **54**
calado (adj.) EFP, **171**
calça (subst.) AP, **17**
calçadas (subst.) PL, **55**
calçados (subst.) AP, **17**
calcanhar (subst.) EFP, **108**
calda (subst.) PL, **39**
cálida (adj.) TB, **79**
calma (subst.) TB, **179**
calor (subst.) PL, **39**
cama (subst.) TB, **19**
camarada (subst.) TB, **138**
camarão (subst.) PL, **38**
cambalear (vb) TB, **163**
caminhadas (subst.) TB, **11**
caminhando (vb) MT, **59**
caminho (subst.) TB, **31**
caminhos (subst.) MT, **69**
camisa (subst.) AP, **17**
camiseta (subst.) AP, **17**

camisolas (subst.) AP, **17**

campanha (subst.) TB, **11**

campus (subst.) TB, **11**

Canadá (subst.) TB, **19**

canal (subst.) TB, **20**

Canberra (subst.) TB, **21**

caneca (subst.) TB, **102**

caneta (subst.) TB, **19**

canoagem (subst.) TB, **152**

canta (vb) EFP, **6**

cantada (adj.) TB, **79**

cantar (vb) EFP, **5**

canto (subst.) TB, **43**

cantor (subst.) EFP, **6**

cantos (subst.) PL, **101**

cão (subst.) PL, **52**

capital (subst.) PL, **9**

Capricórnio (subst.) PL, **10**

cara (subst.) PL, **28**

características (adj.) PL, **16**

características (subst.) TB, **138**

caracterizaria (vb) AT, **132**

caranguejos (subst.) MT, **69**

caras (subst.) PL, **38**

cardápio (subst.) PL, **16**

cargo (subst.) TB, **41**

carinho (subst.) EFP, **36**

carioca (adj.) EFP, **6**

carismático (adj.) TB, **41**

caríssimo (adj.) TB, **75**

Carnaval (subst.) PL, **16**

carne (subst.) PL, **38**

caro (adj.) PL, **87**

carona (subst.) TB, **139**

carregando (vb) PL, **105**

carregue (vb) TB, **139**

carreira (subst.) AP, **61**

carro (subst.) TB, **41**

carros (subst.) PL, **28**

cartões-postais (subst.) PL, **16**

casa (subst.) TB, **19**

casaco (subst.) TB, **57**

casal (subst.) TB, **42**

casamento (subst.) TB, **125**

casas (subst.) PL, **35**

cascatas (subst.) MT, **69**

casinha (subst.) TB, **165**

caso (subst.) AP, **61**

castigado (adj.) TB, **186**

cataratas (subst.) PL, **16**

catequizados (vb) TB, **195**

cato (vb) PL, **120**

católica (adj.) PL, **23**

catolicismo (subst.) PL, **23**

causa (subst.) EFP, **170**

cavernas (subst.) TB, **152**

Ceará (subst.) PL, **9**

cebola (subst.) PL, **39**

celebridades (subst.) EFP, **74**

celular (subst.) PL, **160**

cem (num.) PL, **101**

cenários (subst.) PL, **16**

cenoura (subst.) EFP, **48**

cenouras (subst.) EFP, **48**

censo (subst.) PL, **10**

centenário (adj.) BL, **185**

centro (subst.) EFP, **69**

Centro-Oeste (subst.) PL, **9**

cerâmica (subst.) TB, **88**

cercas (subst.) PL, **56**

cérebro (subst.) TB, **79**

cerimônia (subst.) PL, **16**

cerrado (subst.) PL, **39**

certeza (subst.) PL, **38**

certifiquei-me (refl ex.) PL, **120**

cervejas (subst.) TB, **30**

céu (subst.) EFP, **6**

chamado (adj.) PL, **23**

chamará (vb) EFP, **69**

chamaram (vb) AT, **200**

chão (subst.) PL, **52**

chapéu (subst.) AP, **17**

charme (subst.) TB, **118**

chateou (vb) PL, **66**

chato (adj.) EFP, **108**

checar (vb) PL, **160**

chef (subst.) EFP, **48**

chefe (subst.) TB, **47**

chega (vb) TB, **11**

chegada (subst.) EFP, **53**

chegado (adj.) TB, **186**

chegam (vb) TB, **117**

chegando (vb) PL, **38**

chegar (vb) PL, **7**

chegar (vb) TB, **76**

chegou (vb) TB, **57**

cheinhos (adj.) PL, **87**

cheques (subst.) PL, **52**

chinês (adj.) TB, **57**

choro (subst.) PL, **84**

chova (vb) TB, **76**

churrasco (subst.) AT, **26**

churrasco (subst.) PL, **39**

chutar (vb) EFP, **108**

chuva (subst.) TB, **187**

cidadãos (subst.) EFP, **112**

cidade (subst.) AT, **35**

cidade (subst.) TB, **19**

Cidade do México (subst.) TB, **21**

cidades (subst.) TB, **21**

ciências (subst.) TB, **210**

científica (adj.) TB, **103**

cientista (subst.) AP, **61**

cigarro (subst.) TB, **138**

cílios (subst.) TB, **86**

cinco (num.) TB, **24**

cinema (subst.) TB, **19**

cinemas (subst.) PL, **116**

cinto (subst.) AP, **17**

círculo (subst.) EFP, **4**

circum-navegação (subst.) TB, **20**

circunflexo (subst.) TB, **88**

cirúrgico (adj.) TB, **125**

cirurgiões (subst.) PL, **87**

ciúme (subst.) TB, **19**

civis (adj.) TB, **30**

clarear (vb) TB, **163**

claro (adj.) TB, **73**

classe (subst.) BL, **59**

classificados (subst.) EFP, **136**

clima (subst.) AP, **17**

clube (subst.) TB, **11**

coalho (subst.) PL, **38**

cobertos (adj.) MT, **69**

cobertura (subst.) EFP, **48**

cobrir (vb) TB, **141**

cochilar (vb) EFP, **112**

cognitiva (adj.) EFP, **62**

coisa (subst.) PL, **52**

coisas (subst.) PL, **28**

coitado (adj.) PL, **52**

colares (subst.) AP, **17**

colaterais (adj.) PL, **87**

colega (subst.) EFP, **4**

colegas (subst.) PL, **7**

colégio (subst.) TB, **128**

colher (subst.) EFP, **48**

continente (subst.) EFP, **5**

continentes (subst.) TB, **21**

continua (vb) PL, **84**

continuam (vb) TB, **138**

continuamos (vb) PL, **55**

continuar (vb) PL, **16**

continuava (vb) PL, **105**

continuem (vb) TB, **76**

conto (subst.) PL, **120**

contrabando (subst.) PL, **66**

contradições (subst.) TB, **192**

contras (subst.) PL, **135**

contrato (subst.) TB, **177**

contribuem (vb) EFP, **44**

contribuição (subst.) EFP, **67**

contribuições (subst.) PL, **38**

contribuíram (vb) PL, **10**

contribuiu (vb) TB, **164**

contudo (adv.) PL, **7**

conversa (subst.) EFP, **74**

convida (vb) PL, **16**

convidado (subst.) TB, **73**

convidados (adj.) EFP, **40**

convivência (subst.) PL, **135**

convivendo (vb) TB, **138**

conviver (vb) PL, **135**

copa (subst.) EFP, **55**

Copacabana (subst.) TB, **20**

copiar (vb) TB, **159**

copo (subst.) TB, **45**

copos (subst.) PL, **101**

coqueiros (subst.) PL, **160**

cor (subst.) MT, **70**

cor (subst.) EFP, **3**

coração (subst.) PL, **7**

corações (subst.) PL, **101**

corada (adj.) TB, **86**

corda (subst.) MT, **59**

cordialidade (subst.) PL, **192**

cores (subst.) TB, **30**

corpo (subst.) EFP, **5**

corporação (subst.) BL, **172**

corporações (subst.) PL, **170**

corre (vb) TB, **11**

corre-corre (subst.) EFP, **44**

correntes (subst.) PL, **10**

correr (vb) PL, **55**

correria (subst.) PL, **135**

correta (adj.) PL, **4**

corretamente (adv.) EFP, **69**

corriam (vb) MT, **69**

corrida (subst.) PL, **200**

corrigir (vb) BL, **54**

corrupto (adj.) EFP, **86**

cortada (adj.) TB, **45**

cortado (adj.) PL, **10**

corte (vb) TB, **45**

costume (subst.) TB, **19**

costumes (subst.) PL, **116**

costura (subst.) PL, **120**

cotidiano (subst.) PL, **84**

couve (subst.) PL, **38**

cozido (adj.) PL, **38**

cozinha (subst.) EFP, **48**

creio (vb) PL, **120**

crescendo (vb) MT, **69**

cresceu (vb) PL, **84**

criação (subst.) BL, **32**

criação (subst.) TB, **93**

criada (adj.) EFP, **5**

criadores (subst.) EFP, **6**

criamos (vb) TB, **47**

criança (subst.) AP, **61**

crianças (subst.) PL, **7**

criar (vb) BL, **32**

criatura (subst.) PL, **72**

crise (subst.) EFP, **171**

crítica (subst.) BL, **49**

críticas (subst.) BL, **49**

crônicas (subst.) PL, **72**

crucial (adj.) BL, **172**

cruzada (subst.) PL, **200**

cruzados (adj.) PL, **7**

cruzeiros (subst.) PL, **120**

cruzes (subst.) MT, **70**

Cuba (subst.) TB, **21**

cubos (subst.) TB, **45**

cubra (vb) EFP, **48**

cuecas (subst.) PL, **133**

cuidado (subst.) TB, **47**

cuidar (vb) TB, **32**

culinária (subst.) EFP, **40**

culpa (subst.) TB, **164**

culta (adj.) TB, **138**

culto (subst.) PL, **87**

cultura (subst.) TB, **79**

culturais (adj.) PL, **9**

cultural (adj.) BL, **49**

culturas (subst.) PL, **135**

cumprimentar (vb) PL, **7**

cumprimentos (subst.) PL, **7**

cúpula (subst.) EFP, **55**

curadoria (subst.) BL, **130**

curiosidade (subst.) PL, **200**

curiosos (adj.) PL, **7**

curso (subst.) EFP, **5**

curta (adj.) AP, **17**

curtam (vb) TB, **194**

curte (vb) TB, **36**

curtem (vb) TB, **36**

curtido (vb) TB, **179**

curtimos (vb) TB, **36**

curtir (vb) TB, **36**

curto (vb) EFP, **36**

curtume (subst.) TB, **186**

curva (subst.) EFP, **5**

curvar (vb) PL, **7**

cuspir (vb) TB, **141**

D

da (contr.) PL, **16**

damas (subst.) TB, **125**

danado (adj.) PL, **56**

dança (subst.) EFP, **3**

dar (vb) TB, **20**

das (contr.) AT, **35**

data (subst.) TB, **3**

datas (subst.) PL, **28**

de (prep.) PL, **16**

de repente (adv.) PL, **136**

debate (subst.) MT, **188**

debates (subst.) BL, **80**

década (subst.) EFP, **53**

decide (vb) TB, **10**

decidem (vb) TB, **10**

decidida (adj.) PL, **84**

decidimos (vb) TB, **10**

decidindo (vb) AP, **61**

decidir (vb) TB, **141**

decidiu (vb) TB, **11**

decido (vb) TB, **10**

decisão (subst.) MT, **130**

decisões (subst.) EFP, **62**

declaração (subst.) PL, **170**

decretou (vb) PL, **52**

dedicado (adj.) TB, **11**

entendermos (vb) TB, **53**
entendeu (vb) GB, **64**
entendiam (vb) TB, **195**
entidade (subst.) BL, **172**
entrada (subst.) EFP, **55**
entrando (vb) PL, **133**
entrar (vb) EFP, **55**
entre (prep.) PL, **28**
entregado (adj.) TB, **173**
entregando (vb) AT, **20**
entregar (vb) TB, **173**
entregaria (vb) TB, **194**
entregar-se (refl ex.) PL, **72**
entregue (adj.) TB, **173**
entreolharam (vb) PL, **105**
entrevista (subst.) AT, **58**
entrevista (subst.) BL, **146**
envolvem (vb) TB, **32**
envolveu (vb) TB, **138**
épico (adj.) BL, **185**
epifania (subst.) TB, **103**
episódio (subst.) AT, **132**
época (subst.) PL, **28**
equipe (subst.) EFP, **62**
equipes (subst.) MT, **70**
equivale (vb) TB, **3**
erro (subst.) TB, **118**
erudita (adj.) EFP, **6**
escalada (subst.) EFP, **122**
escassez (subst.) PL, **38**
escola (subst.) TB, **21**
escolha (vb) EFP, **40**
escolha (vb) TB, **32**
escolhas (subst.) PL, **55**
escolher (vb) MT, **70**
escolheria (vb) EFP, **74**
esconde (vb) EFP, **158**
esconde-esconde (subst.) MT, **59**
escondidinho (subst.) PL, **38**
escravizados (adj.) PL, **10**
escreva (vb) PL, **4**
escreve (vb) TB, **10**
escrevem (vb) TB, **10**
escrevemos (vb) TB, **10**
escrever (vb) TB, **11**
escreveria (vb) TB, **195**
escrevia (vb) TB, **57**
escrevo (vb) TB, **10**
escrita (adj.) TB, **33**

escritor (subst.) EFP, **6**
escritora (subst.) AP, **61**
escritora (subst.) PL, **119**
escritores (subst.) PL, **192**
escritório (subst.) TB, **41**
escrivaninha (subst.) TB, **152**
escutando (vb) EFP, **7**
escute (vb) AT, **40**
escute (vb) AT, **20**
esfregam (vb) PL, **7**
espacial (adj.) TB, **177**
espaço (subst.) PL, **135**
espaços (subst.) PL, **35**
espalhou (vb) PL, **38**
Espanha (subst.) TB, **21**
espanhóis (subst.) PL, **10**
espanhol (adj.) PL, **23**
espasmo (subst.) TB, **138**
especiais (adj.) EFP, **40**
especial (adj.) EFP, **6**
especialidade (subst.) PL, **38**
especialista (subst.) PL, **4**
especialistas (subst.) PL, **39**
especializado (adj.) EFP, **48**
especialmente (adv.) PL, **7**
espécie (subst.) PL, **200**
espécies (subst.) PL, **170**
específicas (adj.) TB, **33**
esperança (subst.) TB, **93**
esperançosos (adj.) EFP, **171**
esperava (vb) PL, **52**
espero (vb) TB, **159**
espetacular (adj.) TB, **144**
Espírito Santo (subst.) PL, **9**
espiritual (adj.) PL, **72**
esporte (subst.) PL, **84**
esportista (subst.) EFP, **86**
esportivos (adj.) AP, **17**
esqueça (vb.) AP, **17**
esquina (subst.) PL, **56**
esquinas (subst.) PL, **116**
essa (pron.) PL, **28**
essas (pron.) PL, **28**
está (vb) PL, **16**
estabelecendo (vb) BL, **172**
estabelecido (adj.) BL, **172**
estádios (subst.) TB, **91**
estado (subst.) PL, **39**
estado civil (subst.) TB, **3**

estados (subst.) PL, **9**
Estados Unidos (subst.) TB, **21**
estão (vb) PL, **16**
estar (vb) TB, **3**
estaremos (vb) TB, **62**
estava (vb) PL, **105**
estavam (vb) PL, **105**
esteja (vb) PL, **7**
estenda (vb) AT, **8**
estende (vb) PL, **10**
esteroides (subst.) PL, **87**
esteve (vb) TB, **62**
estima-se (vb) PL, **28**
estimular (vb) EFP, **62**
estiver (vb) AT, **8**
estonteante (adj.) PL, **116**
estou (vb) TB, **62**
estrada (subst.) PL, **38**
estrangeiro (adj.) EFP, **75**
estrangeiros (subst.) EFP, **3**
estranhando (vb) PL, **52**
estranho (adj.) TB, **103**
estrear (vb) TB, **163**
estrelas (subst.) EFP, **6**
estresse (subst.) PL, **116**
estrofes (subst.) BL, **185**
estrutura (subst.) EFP, **53**
estruturas (subst.) TB, **155**
estudado (vb) TB, **179**
estudando (vb) TB, **62**
estudante (subst.) EFP, **69**
estudantes (subst.) PL, **135**
estudar (vb) PL, **133**
estudar (vb) EFP, **2**
estudaram (vb) TB, **118**
estudaria (vb) TB, **73**
estudássemos (vb) TB, **201**
estude (vb) TB, **34**
estudem (vb) TB, **200**
estudiosos (subst.) TB, **29**
estudo (subst.) PL, **4**
esvaziou (vb) PL, **66**
étnica (adj.) PL, **10**
eu (pron.) TB, **3**
Europa (subst.) TB, **20**
europeias (adj.) PL, **38**
europeu (adj.) PL, **192**
evento (subst.) AP, **17**
eventos (subst.) PL, **28**

física (subst.) PL, **7**

fisioterapeuta (subst.) AP, **61**

fitinhas (subst.) TB, **20**

fixas (adj.) PL, **135**

fizeram (vb) GB, **64**

flanelinha (subst.) AP, **61**

flexibilidade (subst.) EFP, **62**

flor (subst.) TB, **19**

flora (subst.) EFP, **6**

flores (subst.) EFP, **6**

floresta (subst.) PL, **84**

floresta amazônica (subst.) PL, **9**

floridos (adj.) TB, **103**

fogo (subst.) EFP, **48**

foi (vb) EFP, **6**

foi-se (refl ex.) PL, **120**

folclórico (subst.) PL, **16**

folha (subst.) TB, **20**

folhear (vb) TB, **163**

folheto (subst.) BL, **80**

fomos (vb) TB, **110**

fonema (subst.) TB, **19**

fonética (subst.) TB, **88**

fora (prep.) TB, **103**

foram (vb) PL, **23**

força (subst.) EFP, **5**

forma (subst.) PL, **28**

forma (subst.) TB, **45**

formação (subst.) PL, **10**

formada (adj.) PL, **4**

formados (vb) TB, **20**

formal (adj.) TB, **138**

formal (adj.) TB, **33**

formalidade (subst.) PL, **7**

formar (vb) TB, **31**

formas (subst.) TB, **53**

formato (subst.) AT, **58**

formatura (subst.) TB, **139**

fórmula (subst.) EFP, **55**

forno (subst.) TB, **57**

fortalecem (vb) EFP, **44**

fosse (vb) PL, **16**

fotográfica (adj.) PL, **72**

fotos (subst.) TB, **42**

fragmento (subst.) BL, **185**

fragmentos (subst.) EFP, **170**

framboesa (subst.) PL, **105**

francês (subst.) TB, **62**

franceses (subst.) TB, **30**

frase (subst.) PL, **28**

fraterno (adj.) TB, **93**

frenético (adj.) PL, **116**

frente (subst.) PL, **66**

fria (adj.) MT, **69**

frio (adj.) TB, **20**

friorentos (adj.) TB, **57**

frita (adj.) PL, **38**

frito (adj.) PL, **38**

fronteira (subst.) PL, **66**

fruta (subst.) PL, **39**

frutas (subst.) PL, **84**

frutos (subst.) TB, **75**

fugir (vb) TB, **75**

funcionam (vb) PL, **135**

funcionário (subst.) PL, **160**

funcionou (vb) TB, **93**

funções (subst.) TB, **155**

fundações (subst.) EFP, **170**

furiosa (adj.) MT, **69**

furo (subst.) EFP, **48**

futebol (subst.) TB, **3**

futuras (adj.) TB, **32**

futuro (subst.) TB, **53**

G

galera (subst.) AT, **162**

galocha (subst.) EFP, **108**

gangue (subst.) TB, **160**

ganhado (adj.) TB, **173**

ganhar (vb) TB, **75**

ganhei (vb) PL, **120**

ganho (adj.) TB, **173**

ganhou (vb) MT, **70**

garagem (subst.) TB, **19**

garçom (subst.) TB, **43**

gargalhada (subst.) TB, **118**

garoa (subst.) PL, **116**

garota (subst.) PL, **133**

garoto (subst.) PL, **52**

gastado (adj.) TB, **173**

gastar (vb) TB, **173**

gaste (vb) TB, **11**

gasto (adj.) TB, **173**

gastos (subst.) PL, **135**

gastrite (subst.) MT, **211**

gastronomia (subst.) PL, **16**

gastronômica (adj.) PL, **38**

gato (subst.) AP, **63**

gaúchos (subst.) PL, **39**

geladeira (subst.) TB, **19**

gelo (subst.) TB, **165**

generosa (adj.) PL, **182**

generosidade (subst.) PL, **39**

generoso (adj.) EFP, **86**

geniais (adj.) TB, **144**

gente (subst.) TB, **20**

geografia (subst.) BL, **172**

geração (subst.) EFP, **6**

gerações (subst.) TB, **32**

geral (adj.) AT, **8**

geralmente (adv.) AT, **8**

gerenciamento (subst.) BL, **172**

gerúndio (subst.) TB, **62**

gesticulam (vb) AT, **8**

gesto (subst.) PL, **7**

gincana (subst.) MT, **70**

ginga (subst.) PL, **38**

gírias (subst.) PL, **55**

global (adj.) PL, **35**

goiano (adj.) AT, **35**

Goiás (subst.) PL, **9**

goma (subst.) PL, **39**

gorda (adj.) TB, **76**

gorjeiam (vb) EFP, **6**

gorro (subst.) TB, **18**

gosta (vb) EFP, **36**

gostado (adj.) TB, **186**

gostam (vb) TB, **31**

gostar (vb) TB, **11**

gostaria (vb) TB, **73**

gostei (vb) EFP, **6**

gosto (vb) PL, **4**

gostoso (adj.) PL, **105**

gostou (vb) AT, **16**

graça (subst.) TB, **75**

graças (subst.) TB, **53**

grades (subst.) PL, **56**

grafites (subst.) PL, **116**

gramática (subst.) TB, **138**

grande (adj.) EFP, **2**

grandes (adj.) PL, **28**

grandeza (subst.) TB, **172**

granola (subst.) PL, **39**

gratos (adj.) BL, **75**

gravação (subst.) AT, **40**

gravar (vb) EFP, **55**

latente (adj.) PL, **116**

lavadas (adj.) PL, **133**

lavagem (subst.) PL, **16**

lavo (vb) PL, **120**

lazer (subst.) PL, **28**

leais (adj.) TB, **145**

legal (adj.) BL, **54**

legume (subst.) TB, **19**

leia (vb) TB, **138**

leite (subst.) TB, **45**

leitores (subst.) PL, **72**

leitura (subst.) PL, **7**

lê-lo (vb) TB, **118**

lema (subst.) TB, **11**

lembra (vb) TB, **138**

lembranças (subst.) TB, **53**

lembrancinhas (subst.) TB, **57**

lembrar (vb) TB, **45**

lembre (vb) AP, **17**

lembro (vb) PL, **56**

Lençóis (subst.) PL, **16**

lenda (subst.) PL, **84**

lenha (subst.) PL, **120**

lentamente (adv.) EFP, **7**

ler (vb) PL, **7**

letra (subst.) EFP, **4**

letras (subst.) EFP, **55**

leva (vb) PL, **66**

leva (vb) AP, **63**

levantei (vb) PL, **120**

levantou-se (refl ex.) PL, **105**

levar (vb) AP, **17**

levaram (vb) EFP, **75**

leve (vb) BL, **59**

li (vb) TB, **110**

lia (vb) TB, **57**

liam (vb) TB, **56**

liberdade (subst.) PL, **55**

libertação (subst.) PL, **10**

libertador (adj.) PL, **133**

líder (subst.) EFP, **62**

líderes (subst.) EFP, **74**

ligado (adj.) EFP, **158**

ligam (vb) PL, **136**

ligeiramente (adv.) PL, **7**

ligou (vb) TB, **62**

limo (subst.) MT, **69**

limpado (adj.) TB, **197**

limpar (vb) TB, **197**

limpo (adj.) TB, **197**

linda (adj.) EFP, **6**

lindas (adj.) TB, **42**

língua (subst.) TB, **2**

linguagem (subst.) TB, **33**

línguas (subst.) PL, **24**

linguiça (subst.) PL, **38**

linguístico (adj.) TB, **138**

linha (subst.) EFP, **5**

liquidificador (subst.) TB, **19**

líquido (subst.) PL, **39**

lisos (adj.) TB, **86**

lista (subst.) PL, **16**

listrado (adj.) AP, **17**

literária (adj.) BL, **80**

literatura (subst.) BL, **80**

livre (adj.) PL, **4**

livremente (adv.) PL, **55**

livro (subst.) TB, **19**

lixo (subst.) TB, **103**

local (subst.) AP, **17**

localização (subst.) PL, **135**

localizada (adj.) PL, **84**

lógica (subst.) PL, **170**

logo que (conj.) TB, **187**

loiros (adj.) TB, **86**

loja (subst.) TB, **19**

lojas (subst.) PL, **35**

longa (adj.) TB, **86**

longas (adj.) TB, **75**

longe (adv.) PL, **7**

longínqua (adj.) PL, **55**

longos (adj.) TB, **86**

loteria (subst.) TB, **75**

louca (adj.) PL, **72**

louro (subst.) PL, **39**

Lua (subst.) PL, **24**

lugar (subst.) PL, **7**

lugares (subst.) PL, **7**

lusofonia (subst.) PL, **182**

luta (subst.) PL, **119**

luvas (subst.) BL, **18**

luxo (subst.) PL, **28**

luz (subst.) TB, **11**

luzes (subst.) TB, **30**

M

maçã (subst.) TB, **45**

maçãs (subst.) TB, **30**

macias (adj.) MT, **69**

macios (adj.) TB, **86**

mãe (subst.) PL, **52**

maestro (subst.) EFP, **6**

mágica (adj.) PL, **72**

magrinhas (subst.) PL, **87**

maior (adj.) PL, **35**

maiores (adj.) TB, **20**

maioria (subst.) PL, **7**

mais (adv.) EFP, **2**

majestosamente (adv.) MT, **69**

mal (adj.) PL, **120**

mala (subst.) AP, **17**

malandro (adj.) PL, **66**

maldizendo (vb) PL, **120**

maleável (adj.) PL, **182**

malha (subst.) TB, **57**

malhar (vb) TB, **11**

malvado (adj.) AT, **162**

mamãe (subst.) PL, **133**

mamão (subst.) TB, **45**

mande (vb) AT, **26**

mandasse (vb) PL, **52**

mandioca (subst.) PL, **38**

mandioca-brava (subst.) PL, **39**

maneira (subst.) AP, **63**

manga (subst.) AP, **17**

mangas (subst.) EFP, **55**

Mangueira (subst.) TB, **20**

manhã (subst.) PL, **52**

manter (vb) PL, **135**

mantimentos (subst.) PL, **120**

manto (subst.) MT, **69**

mão (subst.) PL, **7**

mãos (subst.) MT, **70**

mãozinha (subst.) EFP, **164**

mapas (subst.) TB, **20**

máquina (subst.) PL, **72**

mar (subst.) EFP, **5**

Maranhão (subst.) PL, **9**

maratona (subst.) PL, **160**

maravilha (subst.) TB, **43**

maravilhosos (adj.) MT, **69**

marca (subst.) PL, **101**

marcada (adj.) TB, **138**

marcadas (adj.) PL, **9**

marcante (adj.) EFP, **53**

marcantes (adj.) BL, **130**

marcas (subst.) PL, **7**

maré (subst.) MT, **69**

mares (subst.) EFP, **5**

margarina (subst.) EFP, **48**

margem (subst.) PL, **116**

marido (subst.) TB, **42**

marítima (adj.) PL, **182**

marketing (subst.) PL, **4**

marque (vb) PL, **4**

Marte (subst.) PL, **23**

mas (conj.) PL, **16**

massa (subst.) EFP, **48**

matéria (subst.) EFP, **75**

materna (adj.) TB, **79**

maternas (adj.) TB, **93**

mato (subst.) AP, **63**

Mato Grosso (subst.) PL, **9**

Mato Grosso do Sul (subst.) PL, **9**

máximo (subst.) BL, **54**

mecatrônica (adj.) TB, **76**

medalha (subst.) TB, **213**

medeiam (vb) TB, **159**

mediar (vb) TB, **159**

médias (adj.) EFP, **48**

médica (adj.) BL, **75**

médica (subst.) AP, **61**

médico (subst.) AP, **61**

medida (subst.) EFP, **74**

medir (vb) TB, **141**

meditar (vb) PL, **72**

medo (subst.) EFP, **171**

megabiodiversidade (subst.) PL, **170**

megalópoles (subst.) EFP, **116**

megaprojetos (subst.) PL, **170**

meigo (adj.) EFP, **86**

meio (subst.) TB, **32**

meio ambiente (subst.) TB, **11**

meio-dia (subst.) TB, **11**

meios (subst.) PL, **35**

melancia (subst.) TB, **45**

melhor (adj.) EFP, **2**

melhorar (vb) EFP, **36**

melhor (adj.) PL, **16**

melódica (adj.) TB, **79**

melões (subst.) TB, **30**

membros (subst.) EFP, **44**

memorável (adj.) PL, **16**

memória (subst.) TB, **53**

menção (subst.) EFP, **40**

mencionados (adj.) EFP, **55**

meninas (subst.) AP, **17**

menininha (subst.) TB, **42**

meninos (subst.) PL, **120**

menores (adj.) PL, **135**

menos (adv.) AP, **17**

mensais (adj.) PL, **135**

mente (subst.) PL, **72**

mercado (subst.) EFP, **2**

mercado (subst.) TB, **21**

mercearia (subst.) TB, **47**

mercosul (subst.) EFP, **55**

Mercúrio (subst.) PL, **23**

mês (subst.) TB, **43**

mesa (subst.) PL, **16**

mesmo (adj.) TB, **57**

metade (subst.) PL, **136**

metrô (subst.) TB, **57**

metrópoles (subst.) TB, **20**

meu (pron.) BL, **54**

meus (pron.) PL, **4**

mexendo (vb) EFP, **48**

México (subst.) TB, **21**

midiático (adj.) PL, **28**

migrantes (subst.) TB, **117**

mil (num.) PL, **119**

milagre (subst.) GB, **167**

milhão (num.) PL, **84**

milhões (subst.) PL, **28**

millennial (subst.) PL, **28**

mímica (subst.) EFP, **8**

minas (subst.) PL, **38**

Minas Gerais (subst.) PL, **9**

mineira (adj.) PL, **38**

mineração (subst.) PL, **170**

minha (pron.) EFP, **5**

minissaias (subst.) AP, **17**

ministério (subst.) AP, **61**

mirando (vb) PL, **72**

miscigenação (subst.) TB, **192**

missões (subst.) AT, **200**

místico (adj.) GB, **147**

mistura (subst.) PL, **38**

misturada (adj.) PL, **38**

misturado (adj.) PL, **84**

misture (vb) EFP, **48**

mobilidade (subst.) EFP, **112**

moçada (subst.) PL, **84**

moçambicano (adj.) PL, **210**

Moçambique (subst.) TB, **2**

mochila (subst.) TB, **11**

mochilinha (subst.) PL, **160**

moda (subst.) PL, **38**

modelo (subst.) AP, **61**

moderna (adj.) PL, **116**

modernista (adj.) TB, **138**

modernistas (subst.) TB, **138**

modo (subst.) PL, **28**

modos (subst.) PL, **7**

moeda (subst.) TB, **164**

moer (vb) PL, **120**

moletom (subst.) AP, **17**

molho (subst.) PL, **39**

momento (subst.) TB, **53**

momentos (subst.) EFP, **44**

monges (subst.) PL, **7**

monopolização (subst.) BL, **172**

montada (adj.) PL, **66**

montanha (subst.) TB, **165**

montanhas (subst.) EFP, **5**

monte (subst.) PL, **39**

mora (vb) TB, **10**

morador (subst.) AT, **132**

moradores (subst.) BL, **80**

moram (vb) TB, **10**

moramos (vb) TB, **10**

morango (subst.) PL, **39**

morangos (subst.) TB, **45**

morar (vb) PL, **133**

morar (vb) PL, **72**

morava (vb) MT, **69**

morde (vb) AP, **63**

moro (vb) BL, 5

morrido (adj.) TB, **186**

mortalidade (subst.) TB, **177**

morte (subst.) PL, **84**

morte (subst.) TB, **103**

Morumbi (subst.) TB, **3**

mostra (vb) EFP, **158**

mostrar (vb) EFP, **40**

mostre (vb) PL, **16**

motivos (subst.) EFP, **75**

motorista (subst.) AP, **61**

motoristas (subst.) TB, **210**

móveis (subst.) PL, **28**

movimento (subst.) AT, **16**

muamba (subst.) PL, **66**

mudado (vb) TB, **179**

mudanças (subst.) AT, **58**

mudando (vb) PL, **35**

mudará (vb) EFP, **112**

mudaram (vb) PL, **55**

mudou (vb) PL, **28**

muito (adv.) PL, **4**

muitos (pron.) PL, **38**

mulato (subst.) TB, **138**

mulher (subst.) EFP, **5**

mulheres (subst.) PL, **7**

multicultural (adj.) EFP, **3**

multifacetado (adj.) BL, **172**

mundial (adj.) PL, **28**

mundo (subst.) EFP, **2**

mundos (subst.) PL, **87**

museus (subst.) PL, **16**

música (subst.) EFP, **5**

musicais (adj.) EFP, **6**

musical (adj.) TB, **79**

musicalidade (subst.) TB, **79**

músicas (subst.) PL, **116**

musicista (subst.) TB, **176**

músico (subst.) EFP, **6**

mutante (adj.) TB, **79**

mutirão (subst.) TB, **179**

mutuamente (adv.) BL, **172**

N

na (prep. + art.) BL, **18**

nação (subst.) TB, **138**

nacionais (adj.) BL, **80**

nacional (adj.) TB, **20**

nacionalidade (subst.) TB, **3**

nadar (vb) TB, **11**

namastê (subst.) PL, **7**

namorada (subst.) TB, **41**

namoradas (subst.) PL, **136**

namorado (subst.) TB, **57**

não (adv.) AP, **17**

naquela (pron.) PL, **7**

nariz (subst.) PL, **7**

narra (vb) PL, **119**

nasal (adj.) TB, **88**

nasalização (subst.) TB, **79**

nasceram (vb) BL, **75**

nasceram (vb) PL, **28**

nativa (adj.) PL, **101**

naturais (adj.) PL, **16**

naturalidade (subst.) TB, **3**

natureza (subst.) EFP, **3**

náutico (adj.) EFP, **6**

nave (subst.) EFP, **6**

navegações (subst.) BL, **185**

navio (subst.) EFP, **6**

necas (subst.) PL, **160**

necessário (adj.) PL, **135**

necessários (adj.) AP, **63**

necessidade (subst.) TB, **73**

necessitam (vb) PL, **135**

negativas (adj.) BL, **49**

negativos (adj.) EFP, **53**

negro (subst.) TB, **138**

negros (subst.) PL, **38**

nelas (pron.) PL, **116**

nele (pron.) AT, **26**

nem (adv.) PL, **7**

nenhum (pron.) PL, **101**

nervosa (adj.) PL, **120**

nessa (pron.) PL, **9**

neste (pron.) EFP, **3**

ninar (vb) TB, **20**

ninguém (pron.) PL, **105**

nível (subst.) AT, **8**

no (prep.) PL, **16**

no entanto (adv.) AT, **8**

noite (subst.) BL, **59**

noite (subst.) PL, **84**

noites (subst.) PL, **55**

nômade (adj.) PL, **4**

nome (subst.) TB, **3**

nomear (vb) TB, **163**

nomes (subst.) TB, **21**

nona (num.) EFP, **2**

nordeste (subst.) TB, **3**

norma (subst.) TB, **138**

normal (adj.) PL, **7**

normalmente (adv.) PL, **38**

norte (subst.) PL, **9**

nós (pron.) TB, **3**

nos (refl ex.) TB, **118**

nossa (pron.) BL, **54**

nossas (pron.) TB, **31**

notas (subst.) EFP, **36**

notícia (subst.) TB, **79**

notícias (subst.) TB, **11**

Nova York (subst.) TB, **21**

Nova Zelândia (subst.) PL, **7**

novas (adj.) PL, **116**

nove (num.) TB, **24**

novidades (subst.) PL, **120**

novo (adj.) PL, **133**

novos (adj.) PL, **105**

nuances (subst.) TB, **53**

nuclear (adj.) EFP, **53**

número (subst.) EFP, **75**

números (subst.) PL, **101**

nunca (adv.) EFP, **7**

nuvem (subst.) TB, **3**

O

o (art.) PL, **16**

o (pron.) PL, **105**

obedeci (vb) PL, **120**

objetivamente (adv.) PL, **38**

objetivo (subst.) EFP, **40**

objeto (subst.) TB, **103**

objetos (subst.) AT, **35**

oblíquos (adj.) TB, **138**

obra (subst.) BL, **49**

obras (subst.) EFP, **6**

obrigadas (adj.) BL, **75**

obrigado (adj.) EFP, **3**

obrigatório (adj.) TB, **138**

observe (vb) TB, **34**

obsessão (subst.) PL, **87**

óbvio (adj.) PL, **135**

ocasião (subst.) BL, **80**

ocasiões (subst.) PL, **7**

Oceania (subst.) TB, **21**

oceano (subst.) AT, **20**

ocidental (adj.) PL, **7**

ocorrendo (vb) TB, **62**

ocorrer (vb) TB, **76**

ocorreram (vb) TB, **53**

óculos (subst.) TB, **18**

ocupando (vb) PL, **101**

odeiam (vb) TB, **159**

odeiem (vb) TB, **159**

odiar (vb) TB, **159**

ódio (subst.) TB, **164**

odontólogo (subst.) PL, **66**

oferecer (vb) PL, **16**

oferta (subst.) PL, **116**

oficial (adj.) EFP, **2**

oito (num.) TB, **24**

óleo (subst.) EFP, **48**

olhadinha (subst.) TB, **32**

olhado (subst.) PL, **120**

olho (subst.) TB, **75**

olhos (subst.) PL, **52**

olhou (vb) PL, **105**

onça (subst.) EFP, **108**

ondas (subst.) EFP, **5**

ônibus (subst.) TB, **30**

on-line (adj.) TB, **118**

ontem (adv.) TB, **57**

onze (num.) TB, **24**

opinião (subst.) BL, **32**

opositores (subst.) EFP, **170**

opostas (adj.) PL, **55**

óptica (adj.) TB, **103**

opusemos (vb) BL, **172**

orações (subst.) TB, **73**

oral (adj.) PL, **84**

ordem (subst.) AT, **8**

ordenou (vb) PL, **66**

ordens (subst.) TB, **73**

organização (subst.) PL, **136**

organizada (adj.) TB, **42**

organizar (vb) TB, **53**

organize (vb) EFP, **40**

órgãos (subst.) TB, **103**

orgulho (subst.) TB, **204**

orgulhosos (adj.) PL, **133**

orientar (vb) TB, **196**

Oriente Médio (subst.) PL, **7**

origem (subst.) EFP, **8**

originalmente (adv.) PL, **39**

os (art.) PL, **16**

os (pron.) PL, **16**

ossos (subst.) TB, **138**

otimista (adj.) EFP, **5**

ou (conj.) PL, **16**

ouça (vb) TB, **3**

ouriços (subst.) MT, **69**

outra (adj.) PL, **136**

outras (pron.) PL, **39**

outro (adj.) PL, **7**

outros (adj.) PL, **66**

ouvidos (subst.) EFP, **108**

ouvimos (vb) EFP, **6**

ouvir (vb) PL, **105**

ouviu (vb) AT, **26**

ovos (subst.) EFP, **48**

oxítonas (subst.) TB, **79**

P

paciente (subst.) AP, **61**

pacientes (subst.) AP, **61**

Pacífico (subst.) TB, **20**

pacote (subst.) TB, **126**

padrão (subst.) PL, **87**

pagado (adj.) TB, **173**

pagãos (adj.) PL, **24**

pagar (vb) PL, **52**

pago (adj.) TB, **173**

pai (subst.) PL, **105**

país (subst.) PL, **16**

pais (subst.) TB, **31**

paisagem (subst.) PL, **16**

paisagens (subst.) TB, **30**

países (subst.) EFP, **2**

paladar (subst.) PL, **105**

palavra (subst.) EFP, **3**

palavras (subst.) AT, **16**

palestrante (subst.) TB, **186**

paletó (subst.) PL, **52**

palhaço (subst.) TB, **42**

pálido (adj.) MT, **130**

palmas (subst.) PL, **7**

palmeira (subst.) PL, **84**

palmeiras (subst.) EFP, **6**

pampas (subst.) PL, **39**

Panamá (subst.) TB, **19**

panela (subst.) PL, **39**

pânico (subst.) EFP, **171**

pantanal (subst.) PL, **9**

pão (subst.) PL, **38**

papéis (subst.) TB, **30**

papel (subst.) GB, **64**

papo (subst.) MT, **70**

par (subst.) AP, **17**

para (prep.) PL, **16**

Pará (subst.) PL, **9**

Paraíba (subst.) PL, **9**

Paraná (subst.) PL, **39**

Paraná (subst.) PL, **9**

paraquedas (subst.) TB, **117**

parar (vb) PL, **66**

Paraty (subst.) BL, **80**

parece (vb) PL, **136**

parecerá (vb) PL, **136**

parecia (vb) PL, **105**

parede (subst.) PL, **105**

paredes (subst.) EFP, **108**

parentes (subst.) PL, **136**

Parintins (subst.) PL, **16**

Paris (subst.) TB, **21**

paroxítonas (subst.) TB, **79**

parque (subst.) TB, **56**

parques (subst.) PL, **16**

parte (subst.) PL, **9**

partes (subst.) PL, **39**

participação (subst.) BL, **32**

participando (vb) PL, **16**

participar (vb) BL, **32**

participarem (vb) BL, **80**

participou (vb) EFP, **6**

partidos (adj.) TB, **45**

partir (vb) EFP, **59**

Páscoa (subst.) PL, **23**

passada (adj.) PL, **39**

passado (adj.) TB, **11**

passagem (subst.) TB, **179**

passando (vb) AP, **63**

passar (vb) MT, **59**

passarelas (subst.) PL, **87**

passarinhos (subst.) TB, **79**

pássaro (subst.) TB, **88**

passas (subst.) TB, **138**

passatempo (subst.) MT, **70**

passava (vb) PL, **66**

passavam (vb) MT, **69**

passe (vb) TB, **76**

passear (vb) TB, **75**

passei (vb) MT, **59**

passeios (subst.) PL, **16**

passos (subst.) EFP, **48**

passou (vb) PL, **72**

pasta (subst.) PL, **52**

pastéis (subst.) TB, **24**

pato (subst.) PL, **39**

patrimônio (subst.) BL, **172**

patriótico (adj.) PL, **182**

pauleira (subst.) PL, **160**

paulista (adj.) EFP, **6**

pausa (subst.) TB, **138**

pavê (subst.) TB, **174**

paz (subst.) PL, **7**

pé (subst.) EFP, **4**

peças (subst.) PL, **16**

Portugal (subst.) EFP, **2**
português (adj.) PL, **23**
portuguesa (adj.) TB, **79**
portugueses (subst.) EFP, **6**
posicionamentos (subst.) EFP, **170**
positivas (adj.) BL, **49**
positivos (adj.) EFP, **53**
possessivo (adj.) EFP, **69**
posso (vb) TB, **36**
possuir (vb) EFP, **62**
posto (subst.) AP, **61**
potencial (subst.) EFP, **2**
potências (subst.) PL, **200**
pouco (adv.) TB, **3**
poucos (num.) PL, **16**
pouquinho (subst.) EFP, **67**
pousar (vb) TB, **93**
povo (subst.) EFP, **5**
praia (subst.) PL, **39**
praias (subst.) PL, **16**
prata (subst.) TB, **213**
pratica (vb) TB, **11**
praticamente (adv.) BL, **75**
praticar (vb) MT, **3**
prático (adj.) PL, **28**
pratique (vb) MT, **3**
prato (subst.) PL, **16**
prato-feito (subst.) AP, **44**
pratos (subst.) PL, **38**
prazer (subst.) TB, **31**
precedente (adj.) BL, **172**
precisa (vb) TB, **33**
precisam (vb) PL, **28**
precisamos (vb) TB, **118**
precisava (vb) PL, **120**
precoce (adj.) EFP, **44**
pré-datados (adj.) PL, **52**
predomínio (subst.) TB, **138**
preencha (vb.) AT, **20**
preencher (vb) TB, **34**
prefere (vb) TB, **36**
preferem (vb) TB, **36**
preferência (subst.) EFP, **48**
preferida (adj.) EFP, **5**
preferimos (vb) TB, **36**
preferir (vb) TB, **36**
prefiro (vb) TB, **36**
preguiça (subst.) PL, **87**
preguiçoso (adj.) EFP, **86**

preocupações (subst.) PL, **35**
preocupamos (vb) BL, **172**
prepara (vb) TB, **11**
preparação (subst.) PL, **38**
preparado (adj.) PL, **38**
preparamos (vb) TB, **195**
preparando (vb) AT, **26**
prepare (vb) TB, **45**
preparativos (subst.) BL, **130**
prepare (vb) EFP, **40**
presas (adj.) PL, **56**
presença (subst.) PL, **72**
presenciar (vb) EFP, **74**
presente (subst.) TB, **3**
presente do indicativo (subst.) TB, **10**
preservar (vb) PL, **200**
preservar (vb) TB, **11**
preservarmos (vb) TB, **32**
presidente (subst.) EFP, **74**
preso (adj.) BL, **54**
pressa (subst.) TB, **210**
preta (adj.) AP, **17**
pretendiam (vb) GB, **64**
pretendo (vb) PL, **120**
pretérito (subst.) TB, **73**
preto (adj.) AP, **17**
prévio (adj.) TB, **73**
previsto (adj.) EFP, **112**
primeira (adj.) AT, **20**
primeira-feira (subst.) PL, **23**
primeiro (adv.) TB, **45**
primeiros (adj.) EFP, **40**
primos-irmãos (subst.) PL, **200**
principais (adj.) AP, **17**
principiantes (subst.) EFP, **6**
prisão (subst.) TB, **160**
privacidade (subst.) PL, **136**
privações (subst.) TB, **117**
privadas (adj.) PL, **200**
privado (adj.) BL, **172**
privados (adj.) PL, **35**
privilegia (vb) TB, **138**
proativo (adj.) EFP, **62**
problema (subst.) BL, **54**
problemas (subst.) PL, **28**
procedimento (subst.) TB, **125**
processo (subst.) GB, **64**
processos (subst.) TB, **56**
procura (vb) AP, **63**

procurando (vb) PL, **56**
produção (subst.) PL, **84**
produto (subst.) PL, **38**
produtos (subst.) PL, **23**
produzida (adj.) PL, **84**
professor (subst.) EFP, **69**
professora (subst.) TB, **42**
profissão (subst.) TB, **3**
profissionais (subst.) EFP, **62**
profissões (subst.) EFP, **62**
profundidade (subst.) PL, **72**
projetos (subst.) PL, **4**
prolongada (adj.) TB, **56**
promessa (subst.) TB, **192**
promete (vb) EFP, **112**
promovem (vb) TB, **32**
promover (vb) TB, **11**
pronome (subst.) TB, **3**
pronomes (subst.) TB, **138**
pronominais (subst.) TB, **138**
pronúncia (subst.) TB, **88**
pronunciadas (adj.) TB, **79**
pronunciamos (vb) EFP, **30**
pronúncias (subst.) EFP, **30**
propaganda (subst.) AT, **35**
proparoxítonas (subst.) TB, **79**
proporções (subst.) PL, **10**
propôs (vb) PL, **66**
proposta (subst.) TB, **152**
própria (adj.) AT, **40**
propriedades (subst.) PL, **39**
próprios (adj.) PL, **38**
prós (subst.) PL, **135**
prosperidade (subst.) PL, **28**
proteção (subst.) TB, **32**
proteger (vb) EFP, **171**
prova (subst.) TB, **118**
provar (vb) PL, **16**
provável (adj.) TB, **76**
proveniente (adj.) PL, **38**
provocou (vb) PL, **84**
próximas (adj.) TB, **31**
próximo (adj.) PL, **7**
próximos (adj.) MT, **33**
psicólogo (subst.) AP, **61**
pública (adj.) AT, **20**
publicada (vb) BL, **146**
publicado (vb) BL, **32**
publicidade (subst.) PL, **28**

resolvido (vb) TB, **179**

respectivo (adj.) AP, **17**

respeitar (vb) TB, **32**

respeitem (vb) PL, **135**

respeito (subst.) PL, **7**

respeitosa (adj.) BL, **172**

respeitosos (adj.) PL, **135**

responda (vb) AT, **20**

responder (vb) EFP, **69**

responder (vb) PL, **38**

respondeu (vb) PL, **66**

responsabilidade (subst.) TB, **32**

responsáveis (adj.) TB, **144**

responsável (adj.) PL, **35**

resposta (subst.) PL, **5**

ressaltavam (vb) TB, **138**

restaurante (subst.) TB, **21**

restaurantes (subst.) PL, **116**

restavam (vb) PL, **66**

resto (subst.) PL, **84**

restringir (vb) TB, **174**

resultado (subst.) AP, **61**

resumo (subst.) BL, **49**

reta (adj.) EFP, **5**

retangular (adj.) TB, **86**

retas (adj.) TB, **86**

retire (vb) EFP, **48**

reto (adj.) EFP, **5**

retrair (vb) TB, **118**

retratada (vb) AT, **132**

réu (subst.) TB, **160**

reúne (vb) PL, **39**

reuniam (vb) MT, **70**

reunião (subst.) AP, **61**

reunidos (adj.) AT, **26**

reuniões (subst.) PL, **7**

reverter (vb) EFP, **170**

revisado (vb) TB, **196**

rica (adj.) PL, **38**

Rio de Janeiro (subst.) PL, **38**

Rio de Janeiro (subst.) TB, **3**

Rio Grande do Norte (subst.) PL, **9**

Rio Grande do Sul (subst.) PL, **9**

rios (subst.) EFP, **5**

riqueza (subst.) TB, **93**

risadas (subst.) TB, **42**

riscos (subst.) PL, **72**

risos (subst.) AT, **162**

rítmico (adj.) TB, **79**

ritmo (subst.) EFP, **7**

ritual (subst.) PL, **39**

robôs (subst.) PL, **200**

rochas (subst.) MT, **69**

rochedos (subst.) MT, **69**

rochosa (adj.) PL, **200**

rodelas (subst.) PL, **38**

rodízio (subst.) PL, **39**

rodou (vb) PL, **119**

romântica (adj.) EFP, **6**

Rondônia (subst.) PL, **9**

Roraima (subst.) PL, **9**

rosa (subst.) PL, **120**

rosto (subst.) AT, **8**

rosto (subst.) PL, **105**

roubaram (vb) TB, **125**

roupa (subst.) AP, **17**

roxo (adj.) MT, **69**

rua (subst.) EFP, **6**

ruas (subst.) PL, **38**

rude (adj.) EFP, **86**

ruim (adj.) TB, **110**

Rússia (subst.) EFP, **6**

S

sábado (subst.) PL, **23**

sabão (subst.) PL, **120**

sabe (vb) EFP, **30**

sabe (vb) TB, **93**

sabedoria (subst.) PL, **192**

saber (vb) EFP, **3**

saberia (vb) TB, **73**

sabiá (subst.) EFP, **6**

sabia (vb) PL, **66**

sabido (adj.) TB, **138**

sábio (adj.) TB, **103**

sabor (subst.) PL, **39**

saborear (vb) TB, **163**

saboreie (vb) TB, **45**

sabores (subst.) PL, **38**

sacar (vb) BL, **54**

saco (subst.) PL, **66**

sacola (subst.) PL, **120**

sacudir (vb) TB, **141**

saem (vb) TB, **117**

safado (adj.) AT, **162**

sagrado (adj.) TB, **103**

sai (vb) PL, **84**

saiba (vb) AT, **8**

saidinha (subst.) TB, **165**

sair (vb) TB, **118**

sal (subst.) PL, **39**

sala (subst.) PL, **52**

salgada (adj.) PL, **38**

salgados (adj.) PL, **38**

salto (subst.) AP, **17**

saltou (vb) PL, **66**

Salvador (subst.) TB, **20**

salvaguardar (vb) BL, **172**

salvos (vb) TB, **198**

salvou (vb) PL, **84**

samba-enredo (subst.) TB, **20**

Sampa (subst.) PL, **116**

sandália (subst.) AP, **17**

Santa Catarina (subst.) PL, **9**

são (vb) PL, **16**

São João (subst.) PL, **16**

São Paulo (subst.) EFP, **6**

São Paulo (subst.) TB, **109**

São Tomé e Príncipe (subst.) TB, **2**

sapatilha (subst.) AP, **17**

sapato (subst.) AP, **17**

sapatos (subst.) PL, **120**

sara (subst.) TB, **57**

sarada (adj.) PL, **39**

sarça (subst.) TB, **103**

satélite (subst.) EFP, **53**

Saturno (subst.) PL, **23**

saudações (subst.) PL, **7**

saudade (subst.) TB, **42**

saudades (subst.) PL, **55**

saudável (adj.) PL, **84**

saudavelmente (adv.) PL, **87**

saúde (subst.) AT, **20**

se (conj.) PL, **16**

sebo (subst.) EFP, **36**

sebos (subst.) AT, **35**

seca (adj.) PL, **38**

secado (adj.) TB, **197**

secar (vb) PL, **38**

seco (adj.) PL, **39**

secretária (subst.) TB, **177**

século (subst.) PL, **39**

seguem (vb) TB, **138**

seguida (adj.) PL, **4**

seguido (adj.) PL, **66**

seguinte (adj.) TB, **11**

seguir (vb) PL, **7**

segunda-feira (subst.) PL, **23**

segurança (subst.) PL, **87**

segurando (vb) PL, **105**

segurar (vb) EFP, **108**

sei (vb) TB, **93**

seis (num.) TB, **24**

selo (subst.) PL, **84**

selvagem (adj.) BL, **172**

selvas (subst.) PL, **116**

sem (prep.) PL, **28**

semana (subst.) AP, **17**

Semana de Arte Moderna (subst.) EFP, **6**

semelhanças (subst.) TB, **34**

semestre (subst.) TB, **11**

semiescuridão (subst.) PL, **52**

sempre (adv.) TB, **34**

senhor (subst.) PL, **52**

Senhor do Bomfim (subst.) PL, **16**

senhoras (subst.) MT, **70**

sensação (subst.) PL, **200**

sensações (subst.) EFP, **6**

sensibilidades (subst.) BL, **172**

senso (subst.) PL, **35**

sensual (adj.) EFP, **5**

sentada (adj.) PL, **105**

sentar (vb) TB, **197**

sentem-se (refl ex.) TB, **117**

sentido (subst.) TB, **34**

sentidos (subst.) TB, **103**

sentimento (subst.) PL, **182**

sentimentos (subst.) TB, **76**

sentir (vb) AT, **40**

sentir (vb) EFP, **6**

separar (vb) PL, **55**

ser (vb) TB, **3**

serão (vb) EFP, **40**

Sergipe (subst.) PL, **9**

seria (vb) EFP, **74**

seriam (vb) PL, **16**

série (subst.) TB, **138**

serpente (subst.) TB, **138**

serve (vb) PL, **105**

servido (adj.) PL, **39**

servidos (vb) PL, **16**

sessão (subst.) BL, **49**

sete (num.) TB, **24**

seu (pron.) AT, **26**

seus (pron.) PL, **16**

sexta-feira (subst.) PL, **23**

short (subst.) AP, **17**

shortinho (subst.) TB, **57**

significa (vb) PL, **7**

significado (subst.) TB, **53**

significar (vb) EFP, **44**

sílaba (subst.) TB, **79**

silabado (adj.) TB, **79**

simbolicamente (adv.) PL, **7**

simbólico (adj.) BL, **172**

simbolismo (subst.) BL, **172**

símbolo (subst.) PL, **16**

símbolos (subst.) PL, **38**

simpático (adj.) EFP, **86**

simples (adj.) TB, **3**

simplesmente (adv.) MT, **70**

simpósio (subst.) TB, **205**

simule (vb) BL, **146**

singular (adj.) TB, **45**

sinônimo (subst.) AT, **26**

sintoma (subst.) TB, **19**

sinto-me (refl ex.) TB, **103**

sinuoso (adj.) EFP, **5**

Síria (subst.) BL, **75**

sírio-libaneses (subst.) PL, **10**

sirva-se (vb) TB, **45**

siso (subst.) TB, **118**

sistema (subst.) TB, **19**

Sistema Solar (subst.) PL, **23**

Sistema Único de Saúde (subst.) TB, **20**

Sistemas (subst.) AP, **61**

sítio (subst.) TB, **183**

situação (subst.) AT, **8**

situações (subst.) BL, **54**

smartphone (subst.) EFP, **112**

só (adv.) EFP, **3**

soa (vb) EFP, **6**

soberano (adj.) PL, **182**

sobrancelhas (subst.) TB, **86**

sobre (prep.) EFP, **3**

sobremesa (subst.) PL, **105**

sobremesas (subst.) EFP, **48**

sobrenome (subst.) TB, **3**

sobressair (vb) TB, **117**

sobressair-se em (vb) tb, **119**

sobretudo (adv.) PL, **7**

sobrevivência (subst.) PL, **170**

sobreviver (vb) PL, **119**

sociais (adj.) AT, **20**

social (adj.) PL, **7**

sociável (adj.) EFP, **86**

sociedade (subst.) TB, **32**

sociólogo (subst.) AP, **61**

sofá (subst.) TB, **19**

sofisticação (subst.) PL, **84**

sofisticadas (adj.) PL, **16**

sofisticou-se (vb) PL, **39**

sofrimento (subst.) PL, **84**

sol (subst.) EFP, **3**

solidária (adj.) PL, **182**

solidário (adj.) EFP, **86**

sólidos (adj.) TB, **164**

solta (adj.) BL, **54**

solteiro (adj.) PL, **133**

solucionar (vb) PL, **84**

soluções (subst.) TB, **159**

som (subst.) TB, **79**

somas (subst.) PL, **200**

sombrio (adj.) BL, **75**

somente (adv.) PL, **4**

somos (vb) PL, **101**

sonhadores (subst.) TB, **93**

sonhando (vb) TB, **62**

sonhar (vb) TB, **75**

sonho (subst.) TB, **192**

sonhos (subst.) TB, **117**

sonoridade (subst.) EFP, **6**

sons (subst.) EFP, **7**

sopro (subst.) PL, **7**

sorrindo (vb) PL, **105**

sorriso (subst.) PL, **72**

sorriu (vb) PL, **66**

sorte (subst.) PL, **120**

sorvete (subst.) PL, **39**

sotaque (subst.) TB, **42**

sotaques (subst.) EFP, **3**

sozinho (adv.) TB, **34**

status (subst.) PL, **7**

sua (pron.) AP, **17**

suaves (adj.) EFP, **6**

subir (vb) MT, **59**

subjuntivo (subst.) TB, **76**

subsistência (subst.) PL, **84**

substantivos (subst.) TB, **29**

substitui (vb) TB, **3**

substituiu (vb) PL, **23**

subtrair (vb) TB, **118**
sucessivamente (adv.) EFP, **4**
sucesso (subst.) TB, **76**
suco (subst.) TB, **45**
Sudão (subst.) BL, **75**
Sudeste (subst.) TB, **3**
sueca (adj.) EFP, **170**
suéter (subst.) BL, **18**
suficiente (adj.) AP, **17**
sufixo (subst.) TB, **33**
sugeridas (adj.) BL, **54**
sugeridos (vb) TB, **183**
suja (vb) TB, **103**
sujado (adj.) TB, **197**
sujar (vb) TB, **197**
sujeitos (subst.) MT, **70**
sujo (adj.) TB, **197**
Sul (subst.) PL, **9**
Sul-Americana (adj.) EFP, **55**
sumir (vb) TB, **141**
sumiu (vb) PL, **136**
superá-los (vb) PL, **135**
superficialismo (subst.) PL, **182**
superfinas (adj.) TB, **125**
superioridade (subst.) TB, **91**
supermercado (subst.) TB, **124**
suplementos (subst.) PL, **87**
súplica (subst.) BL, **47**
surgimento (subst.) PL, **28**
Suriname (subst.) TB, **109**
surpreendente (adj.) PL, **7**
surpreendeu (vb) EFP, **75**
surpresa (subst.) PL, **136**
suscita (vb) PL, **72**
sustentabilidade (subst.) TB, **11**
sustentável (adj.) AT, **35**
susto (subst.) TB, **174**

T

tabuleiro (subst.) PL, **38**
tacacá (subst.) PL, **39**
taças (subst.) PL, **105**
talentoso (adj.) TB, **91**
talvez (adv.) PL, **66**
tamanha (adj.) PL, **28**
também (adv.) AP, **17**
também (adv.) TB, **3**
tão (adj.) PL, **16**

tapioca (subst.) PL, **38**
tarde (subst.) BL, **59**
tarefa (subst.) TB, **176**
tarefas (subst.) PL, **135**
tartaruga (subst.) TB, **118**
táxi (subst.) TB, **19**
taxista (subst.) TB, **206**
teatro (subst.) PL, **16**
teatrólogo (subst.) EFP, **6**
técnico (subst.) AT, **132**
tecnologia (subst.) PL, **5**
tecnologias (subst.) EFP, **62**
tecnológicos (adj.) PL, **28**
tela (subst.) PL, **160**
telefone (subst.) TB, **102**
telefonou (vb) PL, **52**
televisão (subst.) TB, **19**
tem (vb) EFP, **2**
têm (vb) EFP, **2**
tema (subst.) BL, **49**
temido (adj.) PL, **39**
temo (vb) TB, **79**
temos (vb) TB, **36**
temos (vb) TB, **76**
temperam (vb) PL, **39**
temperaturas (subst.) PL, **39**
tempero (subst.) TB, **192**
tempo (subst.) BL, 5
temporário (adj.) TB, **3**
tempos (subst.) PL, **35**
tendência (subst.) TB, **138**
tendências (subst.) PL, **35**
tenho (vb) TB, **36**
tênis (subst.) AP, **17**
tenta (vb) PL, **4**
tentando (vb) PL, **7**
tentar (vb) PL, **84**
tentativa (subst.) TB, **93**
tente (vb) MT, **33**
teorema (subst.) TB, **19**
teoria (subst.) EFP, **53**
ter (vb) TB, **31**
terça-feira (subst.) PL, **23**
terei (vb) EFP, **7**
teria (vb) PL, **16**
terminação (subst.) TB, **45**
terminações (subst.) TB, **33**
terminado (vb) TB, **183**
terminados (adj.) TB, **45**

terminar (vb) EFP, **108**
terminasse (vb) PL, **84**
termos (subst.) PL, **101**
Terra (subst.) PL, **200**
terra (subst.) PL, **55**
terremotos (subst.) TB, **164**
territorial (adj.) PL, **10**
território (subst.) PL, **9**
testa (subst.) PL, **7**
teve (vb) GB, **64**
texto (subst.) PL, **7**
Tibete (subst.) PL, **7**
tigela (subst.) EFP, **48**
tímido (adj.) EFP, **86**
Timor-Leste (subst.) EFP, **2**
tinha (vb) TB, **93**
típica (adj.) PL, **28**
tipicamente (adv.) PL, **38**
típico (adj.) EFP, **40**
tipo (subst.) EFP, **112**
tipos (subst.) EFP, **36**
tira (vb) TB, **103**
tiracolo (subst.) PL, **72**
tirar (vb) TB, **45**
tive (vb) PL, **133**
tiverem (vb) EFP, **112**
tivesse (vb) TB, **73**
tivessem (vb) TB, **185**
tivéssemos (vb) TB, **185**
tocá-la (vb) TB, **118**
tocam (vb) PL, **7**
Tocantins (subst.) PL, **9**
tocar (vb) PL, **66**
toda (adj.) PL, **7**
todas (adj.) MT, **69**
todo (adj.) MT, **59**
todos (pron.) EFP, **3**
tolerantes (adj.) PL, **135**
tolo (adj.) TB, **103**
tom (subst.) PL, **105**
toma (vb) TB, **11**
tomar (vb) EFP, **62**
tomei (vb) EFP, **6**
toneladas (subst.) PL, **84**
tônica (adj.) TB, **79**
tônica (subst.) TB, **88**
tonicidade (subst.) TB, **79**
toparia (vb) PL, **136**
Tóquio (subst.) TB, **21**

torcendo (vb) TB, **76**

tornaram-se (refl ex.) BL, **75**

tossir (vb) TB, **141**

total (adj.) PL, **84**

trabalhar (vb) PL, **5**

trabalho (subst.) PL, **35**

tradição (subst.) PL, **39**

tradicional (adj.) PL, **39**

tradições (subst.) EFP, **44**

tradução (subst.) TB, **177**

tradutores (subst.) TB, **79**

tráfico (subst.) PL, **170**

traga (vb) EFP, **36**

trair (vb) TB, **118**

trancadas (adj.) PL, **56**

tranquila (adj.) EFP, **6**

tranquilidade (subst.) PL, **55**

tranquilo (adj.) TB, **43**

transatlântico (adj.) EFP, **53**

transformar (vb) PL, **72**

trânsito (subst.) TB, **76**

transmite (vb) TB, **176**

transparente (adj.) MT, **69**

transplantes (subst.) TB, **20**

transporte (subst.) PL, **35**

transtornos (subst.) PL, **87**

trapo (subst.) MT, **59**

travessia (subst.) PL, **72**

travessuras (subst.) TB, **34**

traz (vb) BL, **80**

trazer (vb) TB, **33**

trazido (adj.) TB, **186**

trazidos (vb) PL, **38**

trem (subst.) TB, **19**

três (num.) TB, **24**

tribo (subst.) PL, **84**

tribos (subst.) AT, **20**

tricampeão (adj.) EFP, **55**

trigo (subst.) PL, **38**

trilha (subst.) TB, **75**

tripulante (subst.) EFP, **200**

triste (adj.) PL, **56**

troca (subst.) EFP, **44**

trocar (vb) EFP, **74**

trocarem (vb) PL, **23**

troféu (subst.) TB, **213**

tropical (adj.) BL, **172**

trópico (subst.) EFP, **3**

troque (vb) MT, **33**

truque (subst.) AP, **63**

tu (pron.) TB, **3**

tucupi (subst.) PL, **39**

tudinho (subst.) TB, **165**

tudo (pron.) PL, **101**

Tupã (subst.) PL, **84**

turismo (subst.) AT, **16**

turista (subst.) PL, **72**

turistas (subst.) PL, **16**

turístico (adj.) TB, **110**

turísticos (adj.) AP, **17**

turma (subst.) PL, **87**

U

Ucrânia (subst.) BL, **75**

última (adj.) TB, **79**

últimas (adj.) PL, **52**

último (adj.) PL, **7**

últimos (adj.) PL, **35**

um (art.) PL, **16**

um (num.) TB, **24**

uma (art.) PL, **16**

uma (num.) EFP, **2**

uma (pron.) TB, **138**

união (subst.) EFP, **3**

União Soviética (subst.) PL, **200**

única (adj.) PL, **16**

único (adj.) PL, **101**

unidades (subst.) PL, **9**

unisse (vb) TB, **93**

universal (adj.) TB, **93**

universidade (subst.) TB, **19**

universidades (subst.) PL, **135**

universitária (adj.) PL, **135**

universo (subst.) PL, **116**

uns (pron.) PL, **133**

untada (adj.) EFP, **48**

urbana (adj.) EFP, **112**

urbanas (adj.) TB, **20**

urubu (subst.) TB, **19**

urucum (subst.) PL, **39**

usamos (vb) TB, **33**

usamos (vb) TB, **76**

usar (vb) MT, **33**

usa-se (vb) AP, **63**

uso (subst.) TB, **21**

úteis (adj.) TB, **30**

utiliza (vb) PL, **5**

utilizados (vb) TB, **20**

utilizando (vb) BL, **54**

utiliza-se (vb) AP, **63**

V

vai (vb) PL, **4**

vale (vb) TB, **34**

válidos (adj.) EFP, **3**

valor (subst.) TB, **118**

valorizadas (adj.) EFP, **62**

vamos (vb) TB, **18**

vantagens (subst.) PL, **135**

vão (vb) TB, **31**

varal (subst.) PL, **136**

varia (vb) PL, **136**

variação (subst.) TB, **45**

variados (adj.) PL, **16**

várias (adj.) EFP, **6**

vários (adj.) PL, **55**

varões (subst.) TB, **125**

várzeas (subst.) EFP, **6**

vaso (subst.) TB, **57**

vassoura (subst.) TB, **103**

vatapá (subst.) PL, **38**

vazia (adj.) MT, **69**

veem (vb) AT, **58**

veículo (subst.) EFP, **112**

veículos (subst.) EFP, **112**

vejo (vb) TB, **103**

vela (subst.) EFP, **108**

velha (adj.) AT, **58**

velhas (adj.) PL, **7**

velhinha (subst.) PL, **66**

velho (adj.) AP, **63**

vem (vb) TB, **34**

venda (subst.) AT, **35**

vendedores (subst.) EFP, **36**

vender (vb) PL, **120**

vendidos (adj.) PL, **119**

veneno (subst.) TB, **138**

Venezuela (subst.) BL, **75**

Vênus (subst.) PL, **23**

ver (vb) TB, **73**

verão (subst.) TB, **57**

verbais (adj.) TB, **62**

verbo (subst.) TB, **45**

verbos (subst.) TB, **3**

verdade (subst.) TB, **34**

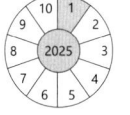